图 1-1 川农英姿

图 1-2 川农的温室和住房

图 1-4 杨康在日光温室

图 1-5 奇长日光温室内部

图 1-6 奇长日光温室外部

图 2-1 全国优秀科技特派员陈林先

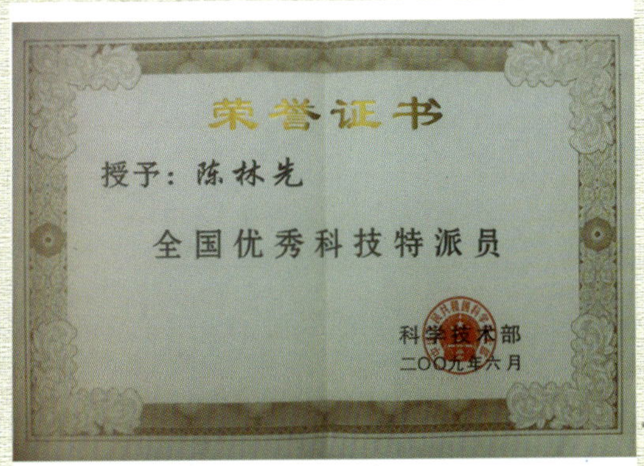


图 2-2 陈林先被授予“全国优秀科技特派员”荣誉称号

图 2-3 头戴矿工头灯的杨康

图 2-4 满怀丰收喜悦的艾国

图 3-1 阿克苏市良种场的温室群

图 3-2 冬春茬辣椒套种菜豆模式

图 3-3 冬春茬辣椒套种生菜模式

图 3-4 冬春茬辣椒冷床育苗

图 3-5 冬春茬辣椒加沙育苗

图 3-6 日光温室土壤深翻

图 3-7 辣椒疫病植株

图 3-8 辣椒大苗定植

图 3-10 冬春茬辣椒套种甘蓝

图 3-12 秋冬茬番茄种植

图 3-15 冬春茬黄瓜落蔓栽培

图 3-16 早春茬西葫芦种植

图 3-17 茄子双杆整枝

图 3-19 温室番茄越冬茬栽培

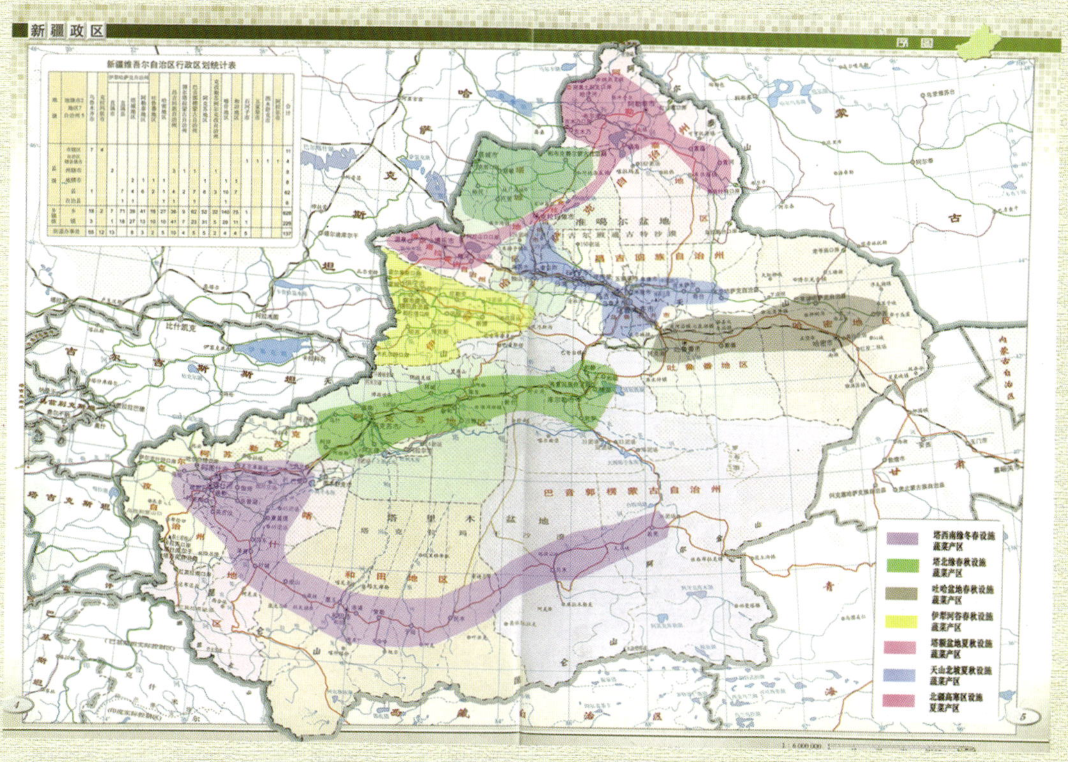


图 3-20 新疆设施农业功能区划

图 3-23 火车上看阿克苏市良种场设施农业基地

图 3-24 干打垒温室群

图 4-1 阿克苏市良种场的富民安居新村

# 戈壁奇葩

——新疆阿克苏市良种场设施农业礼赞

陈青云　王　浩
秦　勇　张　宏　著

中国农业大学出版社
·北京·

## 内 容 简 介

新疆阿克苏地区依据市场经济规律，正确处理政府、农民、市场三者之间的关系，走出了一条设施农业的科学发展之路。阿克苏市良种场由政府出面做好土地流转，建设日光温室园区的水、电、路等基础设施，四处招揽技术骨干。一批又一批四川农民(川农)不远万里来到园区，自建日光温室进行生产经营，创造了良好的经济效益和社会效益。

此书既展现了阿克苏地区、阿克苏市对设施农业发展模式的探索，总结了他们的成功经验，得出了可资借鉴的启示；又对川农的生产技术进行了充分挖掘，这些技术经验来自于农民，来自于生产实践第一线，这些接地气的技术更容易推广普及；还提出了设施农业未来的发展方向，要扶持那些掌握了过硬技术的农民扩大生产规模，建设真正意义上的家庭农场。

**图书在版编目(CIP)数据**

戈壁奇葩——新疆阿克苏市良种场设施农业礼赞/陈青云等著. —北京：中国农业大学出版社，2014.5

ISBN 978-7-5655-0964-3

Ⅰ.①戈… Ⅱ.①陈…②王…③秦…④张… Ⅲ.①设施农业-农业发展-发展模式-调查研究-阿克苏市 Ⅳ.①F327.453

中国版本图书馆 CIP 数据核字(2014)第 087838 号

**书　　名**　戈壁奇葩——新疆阿克苏市良种场设施农业礼赞

**作　　者**　陈青云　王　浩　秦　勇　张　宏　著

**策划编辑**　王笃利　宋俊果　　**责任编辑**　王笃利

**封面设计**　郑　川　　**责任校对**　陈　莹　王晓凤

**出版发行**　中国农业大学出版社

**社　　址**　北京市海淀区圆明园西路 2 号　　**邮政编码**　100193

**电　　话**　发行部 010-62818525，8625　　读者服务部 010-62732336

编辑部 010-62732617，2618　　出　版　部 010-62733440

**网　　址**　http://www.cau.edu.cn/caup　　**e-mail**：cbsszs @ cau.edu.cn

**经　　销**　新华书店

**印　　刷**　涿州市星河印刷有限公司

**版　　次**　2014 年 5 月第 1 版　2015 年 10 月第 2 次印刷

**规　　格**　787×1 092　16 开本　14.75 印张　194 千字　彩插 3

**定　　价**　48.00 元

# 序

人们都说，新疆是个好地方。新疆的光照资源丰富，具有发展设施农业的诸多有利条件，在自治区政府的大力扶持下，目前新疆的设施农业面积已超过100万亩，新疆各族人民现在一年四季都能品尝到新鲜蔬菜和瓜果，设施农业功莫大焉。然而，由于地理位置和自然环境的限制，新疆经济发展较内地有一定的差距，技术缺乏与从业人员短缺等因素一直制约着新疆设施农业的发展。新疆各地都在根据自身情况积极寻求解决问题的答案。位于南疆的阿克苏地区阿克苏市良种场，依据市场经济规律，由政府出面做好土地流转，建设日光温室园区的水、电、路等基础设施，四处招揽技术骨干。一批又一批四川农民(川农)不远万里来到园区，自建日光温室进行生产经营，创造了良好的经济效益和社会效益，丰富了人们的“菜篮子”，实现了政府、川农、菜贩、当地农民、市民的多方共赢。

来自中国农业大学的援疆干部陈青云教授是我国知名的设施农业专家。在新疆农业大学工作期间，他深入南北疆，积极考察新疆的设施农业发展情况。在考察过程中，他发现了阿克苏市良种场这个堪称“奇葩”的典型。为进一步推动新疆设施农业的发展，陈青云教授组建调研团队，多次深入阿克苏，对该园区的建设运行、经营管理、技术经验、产品销售、川农的奋斗历程进行了深度调研。《戈壁奇葩——新疆阿克苏市良种场设施农业礼赞》一书正是他们调研成果的汇集和辛劳结晶。该书既展现了阿克苏地区、阿克苏市对设施农业发展模式的探索，总结了他们的成功经验，得出了可资借鉴的启示；又对川农的生产技术进行了充分挖掘，这些技术经验来自于农民，来自于生产实践第一线，这些接地气的技术更容易推广普及；还提出了设施农业未来的发展方向，要扶持那些掌握了过硬技术的农民扩大生产规模，建设真正意义上的家庭农场。该书视角独特，结构新颖，文字流畅，图文并茂，可读性强，既适合于设施农业的决策者，又适合于从事设施农业生产的农民，是一本设施农业领域的好书。

陈青云教授来到新疆后，在做好校内本职工作的同时，充分发挥自身优势，为新疆设施农业建言献策。近三年来，他的脚印遍布天山南北，昌吉、吐鲁番、哈密、石河子、阿克苏、疏勒、墨玉、尉犁、阿拉尔、塔城、乌尔禾、阿勒泰……，他用脚丈量着新疆设施农业发展的点点滴滴。

他提出跨学院、跨专业整合资源组建设施农业研究所，在新疆农业大学的全力支持下，研究所正式成立，在社会上获得了巨大反响。研究所成立以来，取得了日光温室防风结构的专利，承担自治区科技攻关课题，为地方政府编制设施农业园区规划，为新疆设施农业发展提供着实实在在的技术支撑。在陈青云教授身上，我们看到了“特别能吃苦、特别能奉献、特别能适应、特别能创新”的援疆精神，我们也对陈青云教授情系援疆事业，情系新疆设施农业的奉献精神表示由衷敬佩。

相信本书的出版发行对新疆设施农业的发展，展现与宣传新疆设施农业所取得的成就会发挥积极作用。也衷心祝愿陈青云教授和他的设施农业事业平步青云，取得更大成绩。

新疆农业大学党委书记、副校长 李宝斌

2014年4月28日

# 川农赞

川农，我亲爱的兄弟，

　　巴山蜀水，培育了你的精明与刚毅。

　　你跋山涉水，不远万里，

　　来到阿克苏，祖国的西陲边地。

　　你不知疲倦，辛勤耕耘，

　　将设施农业的功业建立。

川农，我亲爱的兄弟，

　　你开创了多少神奇。

　　日光温室，长度两百米，

　　堪称华夏第一。

　　偌大的园区，不设一个专人管理，

　　诚信和谐，秩序井然一盘棋。

　　几家共用一台抽水机，费用、管理曾经是问题，

　　“谁用谁将油加满”，简单方式解决了好多难题。

　　今天交菜，明天收钱，

　　你与菜贩结成产销联盟，彼此不猜疑。

　　春种辣椒、黄瓜与番茄，秋冬芹菜和快菜，

顺从自然，因地制宜，
茬口安排，与光温环境巧统一。
人均收入好几万，创出奇高效益。
阿克苏人民的菜篮子，丰富且美丽，
与你的辛劳不可分离。
你扎根阿克苏，把老小户口迁移，
你是共和国的特殊群体，是农民但无耕地。
你高价租地，自建温室和住房，
住房与温室，一路之隔紧相依，真可谓职住一体。
你的住房实在太简陋，
如日光温室，干打垒土坯，且家徒四壁。
就是在这样的环境里，
你创造着设施农业的高效业绩。
你刻苦钻研种菜科技，
能与蔬菜对话，摸透了蔬菜脾气。

川农，我亲爱的兄弟，
多少次问你，为何创出如此神奇？
你的回答，总是那样的单一，
勤劳，勤劳，勤劳，
是啊，有什么比勤劳更荣耀。
勤劳，的确是你成功的真谛，
三百六十五天啊，你哪天肯休息？
矿工头灯，与种菜有何关系？
而你却戴上它，劳作在黎明前落日后的温室里，
用它来照亮你采摘丰收的果实，早早装箱备货整齐，

只待菜贩尽早发往各地。

川农，我亲爱的兄弟，
我要欣慰地告诉你。
一号文件，春风吹遍神州大地。
家庭农场，政府积极鼓励，
政策配套，现代农业要升级。
你的梦想，扩大规模，增加耕地，
为阿克苏菜篮子再给力。
新农村建设上台阶，
安居富民新村，已在阿克苏开花落地，
你的居住环境，改善已有期。
川农梦牵中国梦，
政府好政策，定会照耀你。
你的困难大家记在心里，
定会为你排忧解难题，
助你实现梦想，再创佳绩。

川农，我亲爱的兄弟，
我知道我笨拙的笔，
难以绘出你的全部神奇。
我坚信，必有后来者，挥洒如椽大笔，
将你的业绩，你的神奇，
铺向中华大地！

**陈青云**
2013 年 10 月 28 日作于阿克苏市良种场

# 前言

2011年8月我作为第七批援疆干部从中国农业大学来到新疆农业大学。我从事的专业是设施农业，想利用这次援疆机会多了解一些新疆设施农业的发展情况，也想尽我这个中国农业工程学会设施园艺工程专委会主任的职责，做一些促进新疆与内地的设施农业交流与合作的工作。来到新疆的当年冬季就考察了乌鲁木齐县、木垒县、石河子市等地的日光温室园区。尤其是2012年4月新疆农科院邀请我作为项目验收专家，随同项目组考察了"自治区科技成果转化专项——设施农业产业化(二期)"的实施情况。这次考察历时半个月，行程万里，足迹遍布吐鲁番、阿克苏、喀什、和田、塔城5个地区。为了解全疆最寒冷地带阿勒泰地区的日光温室冬季运行情况，于2013年元旦期间和兵团农垦科学院的研究人员一起到北屯市调研。通过这些考察与调研，对这几个地区乃至全疆设施农业的发展态势、特色、优势、前景有了更进一步体认。不论在新疆，还是在全国其他地方召开的有关会议、活动上，我都是这样评价和介绍新疆设施农业：

投资力度巨大，发展势头迅猛；

创新创意可喜，高产典型称奇；

从业人员短缺，设施存在闲置；

区域优势明显，发展潜力诱人；

加强内外合作，互利共赢可期。

总体说来，所考察地区的设施农业从设施类型、管理水平，到生产技术、生产效益都各具特色，虽然各地都有一些技术先进的高产典型，然而考察组成员都公认阿克苏市良种场设施农业园区的技术、效益、管理的先进性尤为突出，令人惊讶，足以称奇。我认为不仅在新疆，甚至在全国也不多见，不禁称之为"戈壁奇葩"。我在考察总结会上说，自从我作为改革开放后的首批留学生赴日本筑波大学学习设施农业算起，我从事设施农业已满 30 年，也考察过世界多地、全国各省的设施农业，应该说对我国乃至世界的设施农业还是有相当了解。看过这么多地方，唯有两处让我深受感动、震撼，一是 2010 年在荷兰看到的高度自动化设施农业生产体系，另一个就是阿克苏市良种场的日光温室生产。至今我还清楚地记得，考察该场是 2012 年 4 月 19 日上午，那天阳光明媚、春风送爽，尽管我们考察了喀什、和田，穿越沙漠公路到阿拉尔市看过我校（中国农业大学）毕业生所在的兵团一师温室园区，已是八千里路云和月，但大家并不觉得累，看到项目实施所带来的进步，我们心情都格外的好。我们一早就驱车来到该场，一进入温室就被眼前的情景怔住了：日光温室并非高档，也就是普通的钢木混合结构，但温室内长势茂盛的作物、丰收在望的累累硕果、井然有序的管理令人耳目一新。首先看的是一个辣椒套种四季豆的温室，栽培畦打造得整齐划一，其高度宽度角度是那样的规整，犹如用模具打造一般；地膜覆盖整齐严密，地面平整干净可谓是一尘不染；室内温湿度适宜；植株健壮，枝叶干洁鲜嫩，看不见病斑虫眼，充满生机与活力；辣椒挂满植株，沿走道的一长排豆角、间隔约 1 米每畦套种的豇豆也是长势旺盛已经开始收获。40 岁模样的夫妇俩和他们 20 岁模样的儿子在采收辣椒并装箱，他们只顾埋头苦干，以至于我们的到访也没有影响他们的作业。在我的请求下，男主人才肯花几分钟的时间接受采访，最后我问他一年的收入时，我伸出两个手指头，他说你指的是 20 万元吗？接着给出了肯定的回答，且说比这只多不少。殊不知，他们一家三口经营这不到 5 亩的日光温室，人均纯收入 7 万多元，亩均净产值 4 万多元，这是多么令人欣慰的成绩啊！要是我国广大农民一年下来都有这么好的收入，“三农”还是问题吗?！接下来我们又随机看了几家温室，同样是技术精湛、管理良好、丰收在望，其效益各家不相上下。接下来更加了解到，该场有20多户农民，每户农民平均经营2栋日光温室(净栽培面积约5亩)，种植作物有辣椒、茄子、黄瓜、番茄、芹菜等，普遍采用间套作方式生产，茬口配置模式采取早春茬以辣椒、黄瓜、茄子、番茄等果类菜为主，间作套种叶菜类和菜豆、豇豆，秋冬茬以芹菜、莴苣为主，形成黄瓜、茄子、辣椒、番茄、菜豆、豇豆、芹菜、莴苣的专业化生产基地，每户收入都在20万元左右。

这么高的效益水平，不用说在我们考察区内是最好的，就是在全国范围内也是不多见的，单就该基地的生产水平来说，新疆设施农业与其他省市相比毫不逊色，甚至有过之而无不及。但是从我这次以及在新疆其他地方的考察中来看，新疆整体的设施农业生产水平尚待提高，有些地方的生产技术甚至还比较低，有些地方由于技术力量欠缺或者经营上入不敷出而出现设施闲置。现在的情况是，一边是技术欠缺、经营不善，一边是技术精湛、堪称全国一流。据当地技术人员介绍，对这些先进技术、农民的创造性经验未能充分有效地挖掘整理，他们的先进技术也难以得到宣传推广。这些农民之所以取得如此高效业绩，据我的观察，他们在品种选择、土地耕整、地力培育、灌水施肥、植株管理、温光调控、病虫防治、设施建造、销售经营等方面都有其独特技术与先进理念，是他们勤劳和智慧的结晶。任何成功的背后必有艰辛付出，天上不会自动掉馅饼。于是乎，我一边考察，一边就萌生了一个想法:何不花些功夫对该场典型农户的生产过程进行全程跟踪研究，将其经验深入挖掘整理，将他们的生产管理“诀窍”进行科学的量化分析，形成文字报告、音像材料，以此作为技术推广的活生生教材，让新疆其他地方的农民朋友们也来分享他们的成功呢？目前，有些农业技术推广课程比较空洞，缺乏高产高效的先进案例，推广效果受限。如果能切实弄清该地区设施农业生产的诀窍并加以宣传推广，必将有力地推进新疆设施农业又好又快地发展。

当时我的想法还是很传统,因为要做这样的事情也是需要人力、物力的,尤其需要资金。由于缺乏资金支持,美好的行动计划只得告停。但这个想法一直在我脑海萦绕,从未泯灭。又过了一年,一个偶然的机会到挂职单位新疆农业大学阿克苏实习基地看望实习学生,我抽空到良种场去察看,其情其景与去年别无二致,管理水平还是那样的高,作物长势还是那样的喜人,农民朋友还是那样满怀丰收的喜悦。这也再次证实,这里的高技术、高效益不是偶然的,而是形成了"成熟"技术,连年如此,连年丰收,一年更比一年好。这时我又产生了一个想法,何不自己动手克服困难创造条件来实施呢?况且我的援疆总共3年,已经过去快2年了,回到北京后再想来做比现在难度更大,确有时不我待之感,此时不做更待何时啊!不就是需要一些资金嘛,自掏腰包也不是什么大不了的事情。进行这样全面的深度挖掘整理,说实在的,单靠我一人也是难以完成,我找到了自治区农科院园艺所的王浩研究员、新疆农业大学园艺系主任秦勇教授和阿克苏地区园艺站站长张宏高级农艺师,他们也认可我的想法,表示全力合作,助我实现夙愿。于是乎,我们4人开始了展现"戈壁奇葩"的征程。

2013年的"五一"小长假期间,我们再度深入良种场,和技术员、菜农、菜贩进行深度切磋交流,继续探究他们的技术特点、创业历程、园区管理、产品营销以及家庭生活等方方面面,也走访了阿克苏地区农业局、菜篮子办公室、阿克苏市良种场等主管单位的多位负责人,更加了解到当地政府别具一格的园区建设模式与管理方式。时隔2个多月,也就是2013年7月中旬我们又来到良种场进行夏季生产情况的调研。这次不仅是来考察调研,还给每位川农朋友带来了我们自行设计的印有"戈壁奇葩"的T恤衫。T恤衫上还印有我写的几行字:"阿克苏市良种场,川农创业乐满园。日光温室小舞台,设施农业出大彩。"面对这么一群为我国设施农业开创了独特模式的川农们,我心底里充满了敬佩之情,总想给他们送点什么纪念品来见证我们的调研、我们之间的互动、我们之间的兄弟情谊。思来想去，觉得定做T恤衫，印上反映他们风貌的图文，应该是一个不错的选择。我的这个想法也得到了我家人的一致赞成，同意我们家庭自费来做这件事情，我的小儿子还主动承担了图案设计任务，既有文字，又有漫画式的日光温室模样。当川农朋友们兴高采烈地穿上这个“限量版”T恤衫，和我们一起拍照留影时，我们感到格外的激动与兴奋。

通过数次深度调研，我们更加深切地体会到在高产高效“奇迹”背后，更有鲜为人知的“奇人”、“奇事”，真是小小良种场，故事奇又多。我们每去一次，都会有新的感受、新的见闻，为这些农民朋友们的聪明才智所惊叹，更为他们百折不挠的精神所震撼。真希望我们的拙笔也能奇迹般地妙笔生花，来将他们的事迹、业绩完美生动地展现。当然，这个奇迹是难以发生的，只是出于对这群可爱可敬的奋战在我国设施农业第一线，谱写祖国设施农业精彩华章的农民精英们的崇敬之情，出于发现先进、宣传先进，为设施农业又好又快发展贡献一份心力的责任感，我们四人不由自主地拿起了手中的笔。

我们的报告摒弃传统的篇章名称，拟用四个以花为特色的篇章标题来描述川农们的经历、经验，分别是：戈壁奇葩、香自苦寒、艺超群芳、流芳溢彩。第一章“戈壁奇葩”展现“奇”在何处，何以称“奇”；第二章“香自苦寒”展现他们的艰难奋斗历程；第三章“艺超群芳”全方位挖掘整理他们的技术诀窍和先进理念；第四章“流芳溢彩”展现他们经验的传播与启示以及更加美好的未来。我负责第一、第二和第四章，王浩、秦勇和张宏他们三人共同完成第三章。

我设想我们所要完成的报告、所要编撰的书籍应该对三方面的人有益：首先是广大从事设施农业的农民朋友们，他们通过本书学到设施农业的高产要诀，体会到成功与致富背后的酸甜苦辣，进而可以扩展先进技术与理念，使少数农民精英的技术与经验成为社会的共同财富；其次是领导干部、设施农业发展的决策者们，因为他们可以通过本书更加清楚设施农业的发展规律、设施农业取得高效的条件，进而更好地规划设施农业的科学发展，而不是人云亦云，盲目效仿，造成闲置和浪费；再者是其他行业、其他地区的人们，他们则可通过本书加深对新疆农业尤其是设施农业，乃至对全新疆的了解，激发人们热爱新疆、建设新疆的热情和信心。我们四人将竭尽全力来实现这些美好愿景。

**陈青云**

2013 年 12 月

# 目录


**第一章　戈壁奇葩** / 1

一、奇葩芬芳 / 1

二、丰厚底蕴 / 21

**第二章　香自苦寒** / 42

一、技术为本,喀什揽才 / 43

二、群英荟萃,香自苦寒 / 46

三、政策为基,科学制定 / 63

**第三章　艺超群芳** / 72

第一节　间套复种初见神奇 / 73

一、芹菜—辣椒/豇豆或菜豆 / 74

二、芹菜—辣椒/豆类/甘蓝/生菜/油麦菜 / 76

三、黄瓜/苦瓜 / 77

四、草莓/甜瓜 / 78

第二节　高超技艺二见神奇 / 79

一、冷育苗,质量高 / 79

二、加沙育苗,有道理 / 83

三、前茬施肥,养后茬 / 86

四、高温闷棚,效果好 / 90

五、翻地深一寸,胜施十遍粪 / 94

六、高垄双行,植单株 / 95

七、全程防控，疫病无 / 97
八、适龄定植，有讲究 / 102
九、调节剂，难取舍 / 105
第三节　农家技术三见神奇 / 108
一、农家技术，农家芹菜 / 108
二、五菜同台，合唱高效 / 113
三、一室双瓜，同甘共苦 / 124
四、草莓熟了，哈密瓜依然香甜 / 128
第四节　设施蔬菜家族 / 131
一、日光温室番茄秋冬茬栽培技术 / 132
二、日光温室番茄早春茬栽培技术 / 135
三、日光温室黄瓜早春茬栽培技术 / 139
四、日光温室辣椒早春茬栽培技术 / 142
五、日光温室西葫芦早春茬栽培技术 / 143
六、日光温室茄子早春茬栽培技术 / 146
七、日光温室四季豆早春茬栽培技术 / 148
八、日光温室芹菜秋冬茬栽培技术 / 151
九、日光温室儿菜与棒菜栽培技术 / 152
十、日光温室快菜栽培技术 / 155
第五节　栽培制度解析 / 159
一、如何确立设施蔬菜种植制度？/ 160
二、如何安排设施蔬菜茬口模式？/ 162
三、因地制宜，发挥“新疆优势” / 167
四、典型周年高效模式简析 / 174
第六节　80 厘米干打垒里的阳光 / 180
一、温室蔬菜对温度的要求及调控措施 / 182
二、温室蔬菜对光照的要求及调控措施 / 185
三、温室蔬菜对水分的要求及调控措施 / 186
四、温室蔬菜对气体的要求及调控措施 / 187

**第四章　流芳溢彩** /192

一、戈壁奇葩放异彩，求真务实启示多 /192

二、共和国特殊群体，是农民但无耕地 /200

三、家庭农场上台阶，川农梦牵中国梦 /201

**后记(我的梦)**/209

**南疆行**/215

# 第一章

## 戈壁奇葩

阿克苏，维吾尔语意为“白色的水”，此水浇灌出的一株设施农业“奇葩”深深植根在这片神奇的戈壁绿洲上，正散发出她独特的芬芳。

### 一、奇葩芬芳

随着一曲优美动听的“新疆是个好地方”，新疆美景传遍祖国四面八方。能歌善舞的新疆人和蔼善良，喀纳斯风景如画令人神往，那拉提草原风吹草低见牛羊，赛里木湖碧波荡漾犹如珍珠镶嵌在高山上，巴音布鲁克九曲十八弯令人流连忘返，塔克拉玛干乌金闪亮，广袤戈壁呵护着无尽宝藏。更有天山雪松、绿洲白杨、戈壁红柳、沙漠胡杨诠释着当代新疆人坚定信念、执着追求、坚韧不拔、甘于奉献的精神向往。新疆是个神奇的地方，世界四大文化体系在此交汇，古丝绸之路沟通了东西方交流；世界各种地形分类几乎都可在新疆看到，平原、高山、沙漠、戈壁、绿洲、草原、雪山、冰川、湖泊、湿地、雅丹、丹霞构成了新疆壮美图景，在一个省域范围内能够看到如此差别迥异的地形地貌，恐怕世所罕见；不仅地面景象万千，地下宝藏更是数不胜数，新疆已成为我国重要的煤炭、石油、天然气生产基地，轮台、拜城、库车就是西气东输的源头，其他矿产也极为丰富；更有 2000 多年来我国多民族人民在这里繁衍生息、屯垦戍边，抵御外侮、维护祖国统一的英雄业绩世代相传。进入21世纪，新疆正以昂扬的姿态，乘着改革开放的春风，开启长治久安、稳疆兴疆的新征程。

无论古代，还是当今，无论人文社会，还是自然景观，新疆都不乏奇迹诞生。而坐落在阿克苏市良种场的设施农业园区在新疆众多奇境中又增添了一道靓丽风景。人们不禁要问，设施农业园区在我国比比皆是，大的、小的，个人的、政府的、公司的，高档的、低档的，蔬菜的、花果的，国产的、进口的，传统的、现代的，应有尽有，阿克苏市良种场的设施农业园区又有什么特别之处，何以称为“戈壁奇葩”呢？是的，我国设施农业发展早已驶入快车道，不仅成为丰富人们菜篮子的主要手段，也成了农民致富的法宝。然而，阿克苏市良种场的设施农业园区可以说是与众不同，在园区建设、运行管理等方面另辟蹊径，甚至经营主体也是犹如神兵天降，这种奇特的模式创造出了奇高效益。当你读完本书，就会觉得将她称为“戈壁奇葩”是再恰当不过的了。

## (一)神奇的川农

前不久一部电视连续剧《铁血川军》风靡全国，一支装备低劣到“不堪使用”的军队，一支给养短缺到“几乎没有”的队伍，然而，就是这支严格说来都算不上正规军的川军队伍，硬是凭着顽强斗志与牺牲精神闯出了“川军能战”、“无川不成军”的巨大声名，以至于“八年抗战，川军之功，殊不可没”。70年后的今天，一批特殊的“川军”，来自四川、重庆的农民——“川农”，硬是凭着他们的顽强斗志，一股拼命三郎的劲头，携家带口，背井离乡，不远万里，来到新疆，来到阿克苏这片戈壁绿洲，发展设施农业，经营日光温室，为丰富当地“菜篮子”做出了不可磨灭的贡献，也为他们自己创造了财富，过上了幸福的小康生活，创造出了现代版设施农业神话。当你走进良种场的设施农业园区，你听到的全是标准的四川话，“要得”、“啥子”不绝于耳，仿佛你不是在新疆，而是置身于四川、重庆某县某乡某村。是的，将阿克苏市良种场的设施农业园区称为新疆的四川村一点也不为过。良种场位于阿克苏市近郊，耕地面积2万亩，常住人口5 000人，人均耕地4亩，和内地和四川相比也算得上地广人稀，这也是吸引川农进疆的一个基础条件。在这2万亩耕地上，日光温室约有4 000亩，且是净栽培面积，按占地面积为栽培面积的1.7倍来算，良种场的设施农业约占全部耕地的1/3。据良种场负责人介绍，在20世纪八九十年代，还是有一些当地农民从事设施农业，从10多年前开始当地农民逐渐退出设施农业领域，目前几乎全是来自四川的农民朋友，大约有2 000人在经营这4 000亩日光温室，川农占95%，其余来自河南、甘肃等地。实际从事日光温室生产的每户都是夫妇俩，加上他们的孩子实际上有3 000多四川人在良种场生产生活，占到良种场常住人口的60%，5 000常住人口中并没有包括这批川农及其家属。读者也许会好奇，这些川农怎么会来到这里，是政府统一组织的移民吗？还是四川和新疆友好合作的结果呢？答案是否定的，这不是政府行为，不是行政组织，也绝不是省区间有什么协议，而完全是在市场经济条件下，根据市场经济法则，资源(包括人力资源)合理配置，辅以政府服务引导的结果，是自然法则使然。因此，良种场的设施农业园区运转高效，资源节约，劳动生产率高，可持续性强，农民(包括川农和当地农民)、政府、市民可以共赢。当然，这些川农不是一夜之间从天而降的，而是由于各种各样的机缘陆陆续续到来的。改革开放带来了我国人口大流动，大批的是孔雀东南飞，飞往广东、福建、浙江、上海、江苏这些发达地方寻求机会，打工谋生，四川应该是劳务输出大省。这些发达地区的就业机会虽然较多，但是随着大量农民工的涌入必定会加剧就业竞争，所得也并不是像人们想象的那么高。于是就有一些感觉特异灵敏的人们把目光转向西部，转向大西北，转向“新西兰”(新疆、西宁、兰州)，他们意识到新疆地广人稀，也许有更好更多的发展机会，有更广阔的发展空间。就有这样一些敢于先吃“螃蟹”的四川人来到新疆一探究竟。他们在这里略有小成后又回去向其他亲友介绍，有时甚至还带有那么一点点“吹嘘”，夸大他们在新疆的业绩，以吸引亲友过来。这也不难理解，他们只身在外，在做生意找机会时难以发挥团体优势，期盼多一些亲友来到新疆和他们一起打拼。就这样另一批亲友又踏上了奔赴新疆的旅途。这样一传十十传百，就形成了如今的阿克苏市“四川村”。有一家五兄妹全到了阿克苏，现在都在良种场安家落户了，有些人的第二代都已长大成人，图 1-1(参见彩插)即为在良种场安家落户的部分川农合影。整个园区内各户的住房都是彼此相连，离山墙一路之隔，路宽约 5 米，可以方便菜贩的车辆出入，基本上各自的住房都是对着自家的温室(图 1-2，参见彩插)。在这里真正实现了目前城镇化建设的一个响亮口号“职住一体”。所以，在阿克苏市良种场的这些川农们基本上都互相认识，或多或少或远或近都是亲朋好友。他们哪家有喜事，整个园区甚至邻近园区的人们都会前来祝贺，往往要在园区住房与温室间的路上摆上长长的桌席，真是名副其实的百家宴。据他们讲，这种情景反而在他们四川老家已不多见了。

**图 1-1　川农英姿**

读者不免对这批川农到底是通过什么样的关系或途径来到新疆感到好奇，为了解开这个谜团，我们在一个园区对这些川农来源做了详细调查，表 1-1 就是调查结果。征得他们的同意，在此以真名实姓列出。该园区共有 30

图 1-2 川农的温室和住房

户，除了 1 户来自陕西榆林外，其余 29 户都是来自四川、重庆，四川 18 户，重庆 11 户，表中家庭成员中的前 2 名是夫妇，第 3 以后就是他们的子女。该园区中的川农来到新疆最早的是 1985 年，最近的是 2009 年，20 世纪 80 年代来的有 5 户，90 年代来的有 11 户，2000 年以后来的有 14 户。从表 1-1 中可以清楚地看出这些川农们的连锁迁移路径和复杂的亲属关系。从中挑出一例来看看他们的关系：先前来疆的高先福于 1990 年介绍儿子高宏升来疆，高宏升又于 2004 年介绍内舅蒋伟来疆，蒋伟又于 2005 年介绍其内舅高道伟来疆，高道伟又接着介绍朋友向继财来疆，向继财又于当年介绍外甥左权银来疆，左权银又于 2009 年介绍侄子左瑞海来疆。表中姓名后的数值就是他们来疆的先后顺序。其他人的情况也基本如此，只是大同小异，总之是通过亲朋好友之间的联系介绍而来，没有半点的行政干预，没有任何的强制性，完全是自发的，也是来去自由。据川农们介绍，也有个别来到新疆后发展不太顺利而打道回府的，陈林先的妹妹陈蓉一家、小舅子贾良康一家就是在温室遭受火灾后承受不了打击而回成都的。从表 1-1 中还可看出，几乎每人都介绍了其他人来疆。从这些川农所创造的辉煌业绩来看，完全可以说，这种迁徙不仅对发展新疆设施农业发挥着积极的推动作用，甚至对新疆社会安定、民族团结都无疑增添了“正能量”。

**表 1-1　阿克苏市良种场日光温室某园区业主来源调查**

| 家庭成员 | 来自省、县 | 初次到新疆时间 | 谁介绍你到新疆（姓名、关系） | 你又介绍了谁到新疆来（时间、姓名、关系） |
|---|---|---|---|---|
| 陈林先、贾茂华、陈伊梨 | 四川西充县 | 1992 年 | 庞玉豹（表姐夫）、陈宏先（四弟） | 先后介绍陈玉先（大哥）、陈朴先（二哥）、陈剑舟（五弟）、陈蓉（妹妹）、贾良康（小舅子）、郑志敏（表舅子）等亲属举家迁到阿克苏 |
| 杨康、高红梅、杨鹏 | 四川广安县 | 1995 年 | 冯建国（表叔） | 2004 年介绍张涛（朋友） |
| 爱国、羊大勤、爱英杰 | 重庆璧山县 | 1985 年 | 杨永忠（叔叔） | 2001 年介绍羊光荣（内舅） |
| 董艳红、陈素芬、董成新 | 重庆璧山县 | 2001 年 | 袁时勋（内舅） | 2002 年介绍陈世友（内舅） |
| 熊化红、陈芬、熊晓荣 | 四川溪县 | 1997 年 | 陈新元（内舅） | 2001 年介绍夏天（表兄） |
| 羊光荣、刘晓琴、羊长峰 | 重庆璧山县 | 2001 年 | 爱国（内舅） | 2002 年介绍易大权（朋友） |
| 高宏升②、胡群辉、高杰 | 重庆合川区 | 1990 年 | 高先福（父亲）① | 2004 年介绍蒋伟③（内舅） |
| 蒋伟③、高美玲、蒋欢 | 重庆合川区 | 2004 年 | 高宏升②（内舅） | 2005 年介绍高道伟④（内舅） |
| 高道伟④、何芬、高原 | 重庆合川区 | 2005 年 | 蒋伟③（内舅） | 2005 年介绍向继财⑤（朋友） |
| 左权银⑥、向明英、左刚 | 重庆合川区 | 2005 年 | 向继财⑤（姑父） | 2009 年介绍左瑞海⑦（侄子） |
| 康建飞、袁乐、康佳 | 陕西榆林 | 2012 年 | 董艳红（舅舅） | 2012 年 6 月介绍杨永奇（朋友） |
| 何兵、郑位、何杰 | 四川渠县 | 2009 年 | 高道伟（朋友） | 2009 年介绍易大权（朋友） |

续表1-1

| 家庭成员 | 来自省、县 | 初次到新疆时间 | 谁介绍你到新疆（姓名、关系） | 你又介绍了谁到新疆来（时间、姓名、关系） |
|---|---|---|---|---|
| 陈建伟、周建春、陈强 | 重庆合川 | 2004年 | 左权银（姑父） | 2006年介绍李春（朋友） |
| 李兵、杨晓琼、李慧苹 | 四川荣山县 | 2004年 | 高宏升（朋友） | 2006年介绍李碧辉（朋友） |
| 李兴国、康琼、李璐 | 四川合川 | 2009年 | 袁时勋（朋友） | 2009年介绍张春斌（朋友） |
| 李贤明、陈耀秀、李伟 | 四川广安市 | 1985年 | 陈耀合（内弟） | 2000年介绍李小平（弟弟） |
| 余善国、李贤琼 | 四川广安市 | 1995年 | 李贤明（哥哥） | 2000年介绍李成（弟弟） |
| 李小平、陈耀翠 | 四川广安市 | 1995年 | 李贤明（哥哥） | 2000年介绍陈厚（内弟） |
| 张继红、陈凤兰 | 四川广安市 | 1986年 | 陈耀立（哥哥） | 2000年介绍张继伟（弟弟） |
| 张继伟、向永英 | 四川广安市 | 1992年 | 张继红（哥哥） | 2001年介绍向永红（弟弟） |
| 张树清、陈小兰 | 四川广安市 | 1993年 | 张继红（哥哥） | 2001年介绍贺小辉（姑父） |
| 梅显林、陈耀贵 | 四川广安市 | 1993年 | 陈贵林（哥哥） | 2010年介绍陈贵云（哥哥） |
| 陈大虎、张树兰 | 四川广安市 | 2000年 | 陈耀立（哥哥） | 2000年介绍张树全（弟弟） |
| 陈小春、杜全菊 | 四川广安市 | 2000年 | 陈耀合（哥哥） | 2010年介绍陈耀元（堂弟） |
| 付上林、付全辉 | 四川遂宁市 | 1985年 | 自己来新疆 | 2007年介绍陈应国（朋友） |
| 付上兵、周光彩 | 四川遂宁市 | 2007年 | 付上林（哥哥） | 2008年介绍王明（弟弟） |
| 王明、付贵英 | 四川遂宁市 | 2004年 | 付上兵（哥哥） | 2005年介绍陈六红（朋友） |

续表1-1

| 家庭成员 | 来自省、县 | 初次到新疆时间 | 谁介绍你到新疆（姓名、关系） | 你又介绍了谁到新疆来（时间、姓名、关系） |
|---|---|---|---|---|
| 陈新元、邓秀娟、陈热明、陈扬州 | 四川渠县 | 1991 年 | 舅舅 | 2003 年介绍兄弟姐妹熊化红、李小华、陈强来 |
| 刘端、夏中玉、刘兵、刘洋 | 四川渠县 | 1994 年 | 刘学习（叔叔） | 2006 年介绍夏出太、夏天（弟弟） |
| 陈果 | 重庆荣昌 | 1992 年 | 余天龙（舅舅） | |

注：数字①②③……表示这些川农来到新疆的先后顺序。

你还会了解到，这批川农大多数已将户口从四川迁到阿克苏，成了真正的新疆人、阿克苏人。但是，由于我国土地、耕地政策，他们在阿克苏没有宅基地、没有耕地，而在四川的宅基地和耕地随着户口迁出已经上交。可以说在阿克苏市良种场的这批川农是我国的一个特殊群体，是农民，但无农地；虽无农地，但死心塌地在农地上无怨无悔地耕耘，播种着希望，收获着理想。他们要向阿克苏当地农民租借耕地，且租金不菲，目前已涨到每年每亩2 800元，殊不知这个价格在内地都是很难接受的高位了，在四川根本就是不可能的。读者朋友看到这里，不免会感觉到这个良种场说不定还真的藏有不少玄机，是的，就请你随着我们的笔锋一步一步去接近这个奇境，一起去采撷这株“戈壁奇葩”，一起去感受她带来的沁人肺脾的芬芳吧！

## （二）奇高的效益

这批川农之所以能够扎根阿克苏，还能用那样的高价租借耕地建设与经营日光温室，可想而知他们的产出应该是高的，他们没有享受到任何政府补贴，完全靠自力更生，如果入不敷出肯定难以为继。那么他们的投入、产出到底有多少，他们的收入到底有多高呢？就让我们用一组数据来说明。至于这些高产出、高收入背后肯定有“高”技术，后面辟有专章《艺超群芳》来剖析他们的技术、秘诀，在此只谈“金钱”，不谈“技术”。

良种场有10多个设施农业园区，也就是10多个集中连片的日光温室园区，每个园区占地面积200～300亩不等，栽培净面积则为100～200亩不等，分布在5个行政村。现以杨康的生产经营为例来看他们的收入状况。杨康，43岁(1970年生人)，四川广安人，是该园区无公害蔬菜生产专业合作社主任，和妻子一起生产经营，孩子(出生在新疆)8岁，就在阿克苏当地上小学，1995年经先前来疆的亲戚介绍来到阿克苏，2007年将户口迁到阿克苏。杨康共租借13亩土地，建有三间住房共约80米$^2$，建有四栋日光温室，均为自筹资金建设。日光温室净栽培面积7.3亩，其余的为温室墙体、温室间的空地、道路以及他们的住房，地租按13亩计。3年前签约时的地租为每年每亩1 800元，13亩则每年要向当地农民支付约2.4万元的租金。一年的茬口安排是这样的：春茬主栽辣椒，每畦套种6穴豇豆，沿后墙走道靠栽培畦一侧还要种一长排菜豆，在辣椒苗尚小期间还要套种一些叶菜；秋茬主种芹菜，冬茬主种小白菜、油麦菜等。图1-3是杨康(图1-4，参见彩插)销售收入的记账本，图中显示了其中的3页，这是2012年4月至2013年3月的部分记录，前一项是菜贩姓名，被乘数是重量(千克)，乘数是单价(元/千克)。表1-2中的收入部分则是完全根据账本整理得出，支出部分则是根据回忆匡算。

从表1-2可以看出，杨康两夫妇每年纯收入高达34.4万元，亩均近5万元。据杨康讲他家去年存款25万元。这样的收入水平在全国农村范围内应该属于上乘，甚至和江浙发达地区相比也不逊色，况且这个收入百分之百来自于农业、农产品生产。目前我国有许多农村致富典型，如江苏的华西村、山西的皇城相府村等，这些地方与其说是农村，不如说已全然变成了一个又一个工业开发区，农业已经萎缩到不值一提的地步。华西村靠炼钢，皇城相府村靠开挖煤矿起家。实际上这些典型对农业发展已经没有什么意义，相反，要是我国广大农村向他们看齐，去大搞工业，一片片沃土良田变成工业开发区，在农村到处都是烟囱林立、矿眼遍地的话，我国农业还真是个问题。

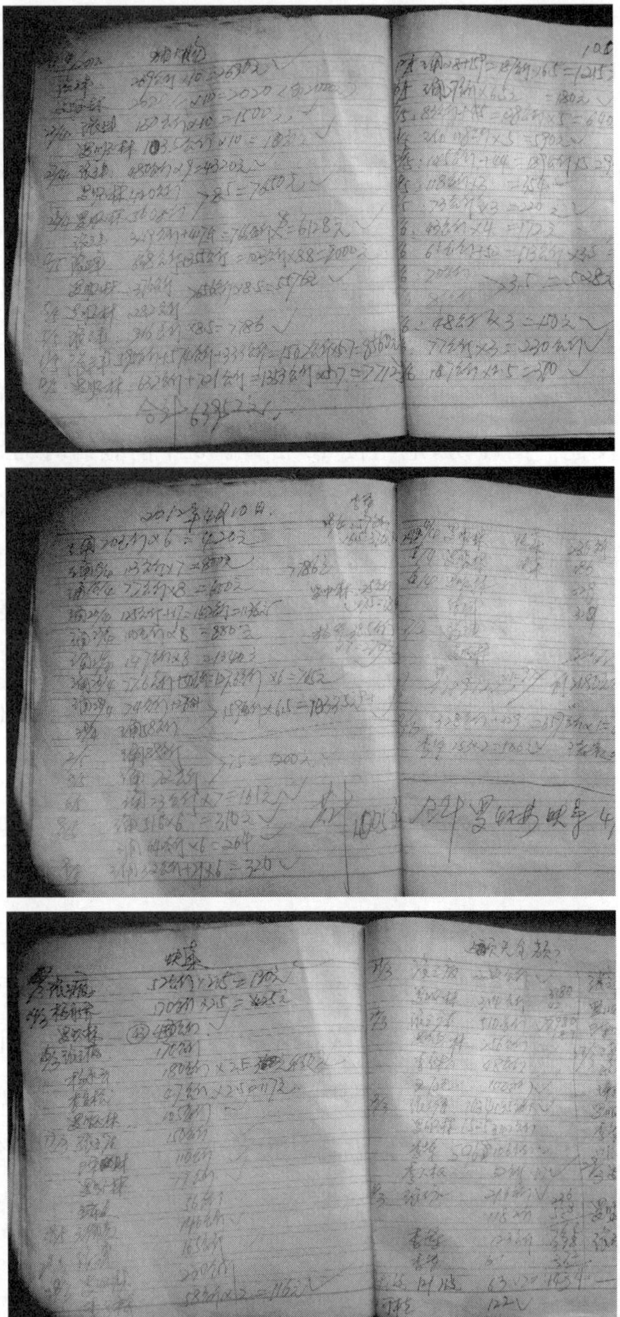

图 1-3　杨康的账本

表 1-2 杨康家投入产出明细(日光温室净面积 7.3 亩)

| 收入 | | | | | 支出 | |
|---|---|---|---|---|---|---|
| 作物 | | 产量/千克 | 均价/(元/千克) | 产值/万元 | 项目 | 金额/万元 |
| 春夏茬 | 辣椒 | 38 710.0 | 6.2 | 24.0 | 肥料 | 3.5 |
| | 套种豇豆 | 11 546.0 | 6.7 | 7.7 | 棚膜 | 1.0 |
| | 套种四季豆 | 3 509.0 | 5.7 | 2.0 | 农药 | 0.1 |
| | 套种叶菜 | | | 1.0 | 水、电 | 0.7 |
| 秋茬 | 芹菜 | | | 5.0 | 燃煤 | 1.0 |
| 冬茬 | 小白菜 | | | 7.0 | 雇工 | 5.0 |
| | 油麦菜 | | | 7.0 | 折旧 | 5.0 |
| | | | | | 地租 | 2.4 |
| | | | | | 其他 | 0.6 |
| 收入合计 | | | | 53.7 | 支出合计 | 19.3 |
| 纯收入=总收入-总支出=34.4 万元 | | | | | | |

图 1-4 杨康在日光温室

大家也许对这些川农在阿克苏从事日光温室生产有如此高的收益还持有怀疑,为了解开这个谜团,有必要再做一些分析展开。对此抱有疑虑是完全正常的，因为就全国日光温室以及其他设施农业生产园区来看，不靠门票、不靠餐饮、不靠项目、不靠补贴，百分之百靠农业生产，靠卖自产农产品，就凭一家夫妇俩在7亩地上能够创造出50多万元的产值、30多万元的纯利润，亩均产值、亩均利润分别为7万余元、4万余元，人均产值、人均利润分别为25万元、15万元，完全可以称为奇迹，甚至是难以置信。在此要用产值元素法来分析这个问题。首先弄清楚产值由哪些元素构成？无疑产值应该由产量、价格、成本构成，这是经济学意义的产值元素，不是技术上的，也不是地理学意义上的。在此，只需分析经济学意义上的三元素即可。三元素当中，产量、价格与产值是正比关系，与成本是反比关系。要想获得高产值，产量和价格要高，成本要低。从表1-2看出他们的产量是处于高水平，辣椒（品种：猪大肠）的春夏茬一般为3.5～4.5吨/亩，这是在没有间套种的情况下的高水平，而他们在间套种的情况下辣椒产量仍超过4吨/亩，间套种的豆角和豇豆亩产也达到了2吨/亩，产值约1.5万元。也就是说和其他地区纯种辣椒相比，他们的每亩1.5万元是“额外”产生的。秋茬的芹菜和冬季叶菜产量也是很可观。再看价格，表中列出的是均价，果菜类豆角、豇豆和辣椒分别为每千克5.7元、6.7元和6.2元，叶菜类为3.6元/千克。应该说这些价格在全国范围内都不算低。从杨康的销售记录本上看出，辣椒、豆角、豇豆是3月底4月初开始上市，上市的头10天三种产品的价格分别为每千克13元、10元、9元。销售中期的5月份仍然是每千克5～7元，销售后期的6月份也在每千克2～4元。而叶菜价格都保持在每千克2～5元。将阿克苏市的蔬菜价格和乌鲁木齐，甚至和北京相比，也是不低，甚至有些时段会更高。为何阿克苏地区的蔬菜价格能够保持高位？这要从阿克苏的地理位置、蔬菜产销状况说起。任何地方的蔬菜供应都是靠两方面，即自产和外调。阿克苏地处南疆，夏季高温、冬季严寒，露地生产受限，主要是靠温室生产。而当地农民主要是从事林果业或畜牧业，不用说缺乏温室蔬菜生产基础，就连露地蔬菜也很少种植，因此，缺乏蔬菜种植能手是阿克苏面临的一大问题，这是不争的事实，如不承认这一点，也就无法解释那么多川农会聚集于此。虽然有那么多川农在这里建功立业，但和有 200 多万人口的阿克苏地区、50 多万人口的阿克苏市的蔬菜需求相比还是很不相适应的。另外，距自治区首府乌鲁木齐和通往内地的门户吐鲁番 1 000 多千米，从内地调运蔬菜可想而知难度也是很大的，有一些蔬菜经销商从事自内地调运蔬菜到新疆的业务，大多是从寿光、北京、西安，甚至华南经甘肃到入疆的必经之地，也可以说是新疆门户——吐鲁番，内地来的蔬菜在这里集散，很大一部分要继续运往乌鲁木齐，从吐鲁番到阿克苏还有上千千米，可想而知许多菜贩是知难而退，运到阿克苏的蔬菜量就不大了，而且由于众所周知的中国最热的地方就是吐鲁番，火焰山就是吐鲁番的一大景点(那个象征孙悟空金箍棒的巨型温度计在 2013 年 8 月某日指示的地表温度高达 78℃)，3 月底开始气温就达 30 多℃，4 月份就可能升到 40℃，7～8 月份更是可升到 45℃左右，一年当中有一半时间处于这样的高温酷暑状态，所以内地蔬菜只有在 10 月到翌年的 3 月间才有可能运抵新疆，内地蔬菜自 4 月开始一直到 10 月是过不了吐鲁番火焰山这道坎的。因此，不仅是阿克苏地区，甚至整个新疆的蔬菜供应大部分只能靠自己解决。这样就造成了菜价居高不下，不仅阿克苏是这样，即使乌鲁木齐、吐鲁番等地的蔬菜价格都是在高位运行。另外，阿克苏市也和全国其他地方一样，在努力扩大城市规模，前两年就将近郊的 1 万多亩简易日光温室全部铲平，用作城市扩张之用，这样蔬菜生产受到进一步削弱，马上就反馈到菜价上。因此，在阿克苏没有像内地某些地方，在蔬菜生产旺季菜价大跌，甚至跌到宁肯烂在地里也不去收获的情况。面对这样的高位菜价，川农们的脸上挂满了微笑。当然，也并不是说阿克苏就全面解决了蔬菜价格年间波动的问题，据说今年的辣椒价格就比去年低了不少。要从根本上解决蔬菜等农产品价格波动过大的问题，既保护消费者的利益，又要保护好生产者利益，看来还得从保险、产业规划等大的方针上采取更强有力的措施。产值三元素当中的最后一项是成本，对于川农们来说成本还是很高的，基本生产资料，如肥料、农药、薄膜、水电等和其他地方差别不大，亩均在 1 万元以内，但他们和其他地方的农民不一样的是要付出高昂的地租和雇请临时工，仅此两项亩均也是 1 万元左右。如果像其他地方的农民一样是自有耕地的话，他们的效益还会更高一些。除了上述三元素之外，他们的种植模式即茬口安排也是获得高收益的重要因素。春夏季种果菜类，秋季种芹菜等叶菜，冬季种耐寒叶菜，这样能够充分利用温室性能，做到稳产丰产，将气候风险降到最低，冬季绝对不种果菜类，而这时的果菜则可通过内地调运，也不影响当地蔬菜供应，而叶菜不宜长途运输，只能靠当地生产。这些川农们就是这样，因地制宜，创建了风险小、收益高的种植模式和品种选择。看到这里，读者也许对这批川农创造如此业绩有了些许释怀吧，至于他们的技术诀窍，早在前面说过，请看第三章《艺超群芳》。

### (三)奇长的日光温室

在设施农业教科书中一般推荐日光温室长度不宜超过百米，理由是从保温被的卷放、通风、作业等方面考虑不宜过长，以 60～80 米为宜。但在阿克苏市良种场就一改教科书的传统，当然这里的川农们可能压根儿就没看过这些教科书，因而也就没有什么禁忌，他们自建的日光温室之长可谓“超长”，也可谓“奇长”，长得让许多专业人士都不敢相信。到底有多长呢？一般的也有 150 米，甚至有 280 米长的，杨康家的就是 150 米长。他们又为何要建如此之长呢？如前所述，这批川农完全是“职住一体”，温室与住房仅一路之隔，也就是 5 米左右的距离。他们的住房实际上就是日光温室的工作间，只不过把这个工作间和温室分离了，面积扩大了一些，并且家家户户彼此相连而形成一条“长街”，他们自诩为“长安街”。因为这是农地，按我国土地政策在农地上是不能建房，不能大兴土木的，因此他们的住房结构也和他们建的日光温室差不多，四周墙体也是干打垒，就是建造温室的同时，由同一帮人建成他们的“住房”，其建造手法、建造材料与日光温室别无二致。因此，日光温室也就是他们家的一部分，在温室里劳作甚至也就成了他们生活的唯一。明白了这个背景后，就明白了建造如此奇长日光温室的3个理由：一是可以提高劳动生产率。他们一进入这个长长的温室就是劳作半天，免得在短温室里不断进进出出，影响作业进度，同时保温被卷放的效率也高，电钮一按100多米、200多米，也就是好几亩的问题一下子就解决了。二是可以节约建造费用、建造时间。日光温室不论长短都必有东西两面山墙，在相同面积的情况下，长温室肯定比短温室要节省一些山墙，既节省建造山墙的材料，又节省建造时间，肯定会降低造价，何乐而不为呢。三是因地而建。良种场就给他们这块地，一般来说这块地有多长他们就建多长的温室。因为这些川农们满脑子装的就是效率、效益，效率效益如何高他们就如何来。从此也可看出，凡事不能绝对，要因地制宜，从实际出发，不唯本本、教条。殊不知，川农们在如此奇长的日光温室中作业得很好、很舒心。什么东西用起来好就是好，说的再好听一些，用起来这不方便那不管用就是不好，要知道鞋子合不合适脚最知道。要是再拔高一点的话，这批川农在“努力践行科学发展观”。尽管他们没有经过一天的科学发展观的教育培训，从他们嘴里也从来听不到科学发展观的字眼，可他们比那些满嘴科学发展观，一到实践就行违背客观规律之实的人要可爱百倍千倍。顺便提一句，这里的川农计算他们有多少温室时，计量单位已经不用“亩”了，而是直接用“米”，因而大家的温室都差不多一样宽，大约9米，要比较温室大小、温室效益、温室建造费用的话，用“米”则更直观。这是不是这批川农求真务实的又一体现呢？图1-5和图1-6（参见彩插）分别是奇长日光温室的内外部构造。

### （四）奇妙的管理方式

这么一个园区，30个业主，每天有那么多产品、农资进出，肯定还是要管理的，只不过管理的方式不同而已，管理理念不同而已。有的时候是事半功倍，用较少的人去管理而获得较好的效果，相反有时可能管理人员一堆，管

图 1-5　奇长日光温室内部

图 1-6　奇长日光温室外部

理层级过多，其结果只能是事倍功半。在阿克苏市良种场的日光温室园区应该属于前者，没有一个专职的园区主任、副主任之类，全是由他们集体协商、兼职管理，且管理人员不收任何报酬，可以说管理费用等于零，管理效果却是井然有序，到处都是那么顺理成章，没有扯皮、没有争执。在此仅举一例以说明他们奇妙的管理方式。

灌溉水泵要用到柴油机，300 多亩地的园区有 2 口井，10 多户共用一口井。柴油机如何使用、如何管理，柴油耗费如何分摊？在其他许多地方，尤其是在人民公社解体过渡到分田到户的时候，发生过许多由于大家争相抢用公共设施设备而酿成的事件。酿成事件的原因不外乎谁先用，机器坏了谁修理，耗费谁承担之类的问题。良种场的这批川农们用一套奇招轻而易举地就解决了这个难题。他们是这样做的：将新买的柴油机加满柴油，这第一桶柴油的费用由每户均摊，以后谁灌水谁用了柴油机，用完后务必将柴油加满，那么接下来用的人总是看到一箱满满的柴油，一不影响灌水，二不发生争执。请看，这么一个小小的约定，柴油机的管理难题就这么迎刃而解了。这个管理方式说起来也是非常公平合理的，“谁用谁加满”，根本不存在谁占谁便宜的问题，因而也就没有利益被侵占而发生不愉快的事情。同时，总是将机器保持在可用状态，也提高了机器的利用效率，最大限度地满足农事需要，也让每一位使用者用起来都能舒心、开心。假如前一个用户将柴油用光了而没有添加，后面去的用户一看油箱是空的，一是用不上机器影响农事农时，二是不高兴很烦人，说不定就会暴跳如雷，对前一个用户谩骂责备，搞得不好就免不了一场战争。如果按地块面积来计算分摊费用，则会徒增一些计算的烦扰，也会增加管理计算的人力投入；如果按时间如按月结算的话，平时就要集资或者是某人垫资购买柴油，也会增添一些烦扰。而在川农们的“谁用谁加满”的管理模式下，这一切一切的烦扰都消失得无影无踪。留给大家的就是开心、舒心。从此又可看出，这一群川农是多么的精明，多么的可爱啊！也许有人还会问，如果用后不加满怎么办？这个请你大可放心，据川农们介绍，他们都十分讲诚信，几年下来没有一个违规的。因为他们有着共同且神圣的事业——养家糊口、发家致富，唯有诚信他们才能达此目的，全局利益维护好了才有自身利益，他们彼此达成共识这是最好的方式，需要大家共同维护。从他们的管理方式上来看，“诚信”已成为他们坚定不移的价值观。因此，从社会学的角度来深入剖析良种场、剖析这批川农也是蛮有意思的，这些问题留给社会学专家继续探讨，在此只是初步展现他们的一些奇事奇法的表现形式。

### （五）奇特的销售策略

不论做何种产业，制定销售策略、打开产品销路都是极其重要的问题，农业科技园区也不例外。农产品卖难也是不少地方、不少园区面临的共同课题。阿克苏市良种场的川农们又开创了一个奇特的销售模式或者称为销售策略，奇妙地解决了销售问题，打通了销售环节。这一奇特的销售策略很好地处理了销售与生产的矛盾，协调好了菜农与菜贩之间的利益关系，效率奇高，效果奇好，又堪称一绝、一奇。具体做法是这样的：菜贩到菜农家收菜，当场不用谈价格，也不向菜农支付货款，菜农早就将菜采收并装袋或装箱，准备着菜贩前来拉货，菜贩将货拉走的时候只需双方记下种类和重量即可。许多读者看到这里也许不敢相信这是真的，不谈价格不收货款，就把自己辛辛苦苦的劳动果实拱手送人？这不是傻子也是疯子。请别着急，菜农不疯也不傻，不是不要钱，只是要钱的时候还未到。这里边有一个“机制”问题。下次菜贩再来收菜拉货的时候，把上一次的交易款给菜农。怎么给、给多少呢？这就是川农和菜贩之间达成了默契，形成了“机制”，上次的成交价超过 10 元 1 千克的菜贩提成 1 元或更多一些，低于 10 元 1 千克的提成 0.5 元至 0.9 元不等，大概是菜贩提成占菜价的一成，菜价越低提成比例越大。这种销售模式暗藏许多玄机，如：菜贩把货款吞为已有，把货拉走后一走了之怎么办？菜贩谎报菜价、谎报菜损怎么办？他们又是如何彼此监督的？他们的彼此信任又是如何建立的？他们的分成比例又是如何确定的等？

要详细解析他们的这套销售策略、销售模式，还真要费一些笔墨。其中还涉及一些深层次的经济学、管理学、社会学的问题。理论上的探讨、论证留待专业学者去解决。在此只是简略地回答上面几个人们最关心的问题。

在任何销售策略、销售链条中，都是三种人：生产者、销售者、消费者，但在这里主要是探讨生产者和销售者间的关系，也就是菜农和菜贩的关系。他们之间存在着博弈，他们都想利益最大化，同时又要将风险化为最小，又要把关系处理好，把买卖做成。首先，这些园区有多个菜农，同时有多个菜贩，这样就没有所谓的垄断问题了，不会一方独大，这是市场机制发挥作用的基石。一个菜贩和几家菜农、一家菜农和几家菜贩建立销售关系，请注意这不是收购关系，因为在交收货时没有发生交易买卖，也就是说菜贩与菜农之间不是简单的买卖关系，而是形成了一个利益整体，卖的价格高，两者均获利更多。菜农与菜贩也并非雇佣关系，如是雇佣关系的话，菜农就得付给菜贩工资，两者之间的关系、位置就是另外一番景象了。因此，菜农将菜“无偿”交给菜贩也就大可放心了，不必担心他会拿去贱卖，也不要担心菜贩一走了之，因为菜贩也要养家糊口、也要谋生，养家糊口不是做一笔买卖就能解决的问题，况且一车菜充其量就是数千至几万元，算不上是“巨款”，也就不会存在菜贩卷款而逃的问题，再者这些菜贩也是四川人，也是和这些菜农一样来自四川、来自重庆，也是亲朋好友，彼此亲密无间，知根知底。人们常说蔬菜生产消费是“两头哭中间笑”，说的是菜农辛辛苦苦种菜，收入很低，消费者高价吃菜，钱都被中间商赚走了。但从良种场的销售模式来看，至少菜农和菜贩的利益分成不是像人们所说的那样，菜贩拿走一成，其余90%还是落入菜农腰包。那么，为何菜贩仅提一成还乐此不疲呢？因为，在这个销售模式中，菜贩所承担的风险最小，甚至说风险已经降为零，这是一个很有趣的现象，世上竟有风险为零的买卖！你看，他在收货时不要付款，将菜卖完后提成一些，他的生意是必赚无疑的，也就是说菜贩没有亏损的时候，只是赚多赚少的问题。换句话说，他要是一点也没有卖掉，他自己也没有什么“伤老本、伤筋动骨”的损失。风险最小，当然获利就要少一些。再看菜贩的收入状况，如果10元1千克的菜，他一天能收到并卖出2 000千克，他则可以收入2 000元，他的设备家当就是一部车(一般载重量就是2～3吨)，然后就是他一个人，有时也许菜贩妻子也帮忙销售，一部车一个人或两个人每天能稳赚 2 000 元(当然不是每天都是这样)，而且基本上纯赚，他的付出就是汽车折旧和汽油费，这是不多的，对一个家庭来说每天有这么多收入也是不错的了。另外菜贩的辛苦度远不如菜农，这些菜贩都是事先电话通知菜农准备好何种何种菜，在他们等待菜农收菜时，这些菜贩就聚在一起闲聊或者玩点麻将打发时间。他们不用辛苦耕作、不用现付货款、不需承担太多风险，而且有比较稳定的收入，又何乐而不为呢？这种模式对菜农来说也是很惬意的，他们完全免去了销售的烦扰，可以全心全意、百分之百的时间、全身心地投入到高产优质生产活动，不因销售而分心，不因销售耽误时间。因为风险基本上都由菜农承担了，所以菜农的分成占绝大部分也是合情合理的，这也是对他们辛劳的合理回报，这不就是很好的双赢吗？菜农和菜贩之间还有一些不成文的约定，如一个菜贩要负责一个菜农所有的蔬菜，从第一次收获到拉秧，不是说你今天喜欢，你觉得什么菜好卖你就收什么菜，假如菜贩不守信用，菜农则断绝和菜贩的关系，所有菜都不给你了转而给别的菜贩，这样菜贩没有货源他又怎么赚钱获利呢？要知道菜贩赚钱的来源是菜农供给他高产优质的产品。假如菜贩谎报了菜价，那菜贩也是没有生路的，因为这些菜农彼此间都在打听各家的菜价，还在通过电视、手机、网络等媒体了解天下事，每天的蔬菜价格信息他们都了如指掌，如果发现某个菜贩做假了，菜农也会和他断绝关系，也就断了他的财路。因此，在这个销售链条中，交易的双方构成了一个利益整体，形成了有联系、有依存、有矛盾、有监督的机制，形成了一个利益共享、风险共担、彼此依存、“谁也离不开谁”的利益有机整体。在这个关系链条中，效率实现了、公平实现了、利益实现了。这个模式、这个策略是何等奇妙，又是何等高效啊！

朋友，从上述“神奇的川农”、“奇高的效益”、“奇长的日光温室”、“奇妙的管理方式”、“奇特的销售策略”的记叙中，你是否感觉到了阿克苏市良种场设施农业园区真的很特别呢？对将其称为“戈壁奇葩”不感到奇怪了吧？当然，这个“奇葩”的诞生、散发出持续的芬芳是有其理由的，也就是说它诞生在阿克苏这块地方不是偶然的，而是有其深厚的且丰富的自然、社会、文化甚至历史的渊源。接下来，就去领略诞生“戈壁奇葩”的丰厚底蕴吧。

## 二、丰厚底蕴

阿克苏地区位于新疆维吾尔自治区天山南麓、塔里木盆地北缘，东经78°03′～84°07′，北纬39°30′～42°41′，总面积13.2万千米$^2$，人口230万。东接巴音郭楞蒙古自治州，西北同吉尔吉斯斯坦共和国、哈萨克斯坦共和国交界，南隔塔克拉玛干沙漠与和田地区相望，西南连接喀什地区和克孜勒苏柯尔克孜自治州，北以天山为分水岭同伊犁哈萨克自治州相连。阿克苏市为地区行署驻地，距乌鲁木齐市车程989千米，直线距离650千米。全市总面积2.33万千米$^2$，城区面积28.5千米$^2$，人口56万。新疆地形为“三山夹两盆”，形似“疆”字。北边的阿尔泰山和中部的天山之间有宽广的准噶尔盆地，天山和南边的昆仑山之间为辽阔的塔里木盆地，盆地中央为世界第二大沙漠塔克拉玛干沙漠。阿克苏地区位于天山之南、昆仑山之北，地属南疆，天山昆仑以其博大胸怀滋养着阿克苏这片肥美的戈壁绿洲。阿克苏市郊土地宽阔，光热资源、水资源都十分丰富，有着发展设施农业得天独厚的自然条件。阿克苏地区为古代龟兹、姑墨故地，自古以来就是多民族聚居地区，是古丝绸之路的主要驿站，东西文化交流的重要据点，人文荟萃，名人辈出，有着海纳百川、纳贤惜才的文化传统。在阿克苏建起四川村，那么多川农在阿克苏扎根立业，绝不是偶然的事情，而是和阿克苏的人文传统、自然禀赋密切相关。应该说在阿克苏占尽了发展设施农业的天时、地利、人和。接下来就让我们一起去亲自感受一番吧。

### (一)丰富的光热资源

光热资源是发展农业的基础条件,也是发展设施农业首先要考虑的环境因素。设施农业也叫环境控制农业,是在建筑物(温室、畜禽舍等)内进行的农业生产,通常需要通过环境控制手段调节建筑物内的光、温、湿、气等环境因子,创造作物或者动物生长所需的环境条件。从大的方面讲设施农业包括设施种植(设施园艺)和设施养殖(畜禽的设施化生产),但由于畜禽养殖自古以来就有利用畜禽舍的养殖传统,在人们心目中畜禽的设施养殖是常态性的,是不言而喻的,甚至是理所当然的,因而也就没有将畜禽养殖特别定义为设施养殖或设施农业。而作物栽培就不一样了,在人们的心目中,实际上也的确如此,作物栽培,不仅水稻、小麦、玉米、棉花这些所谓的大田作物,甚至包括蔬菜、花卉、果树等所谓的园艺作物,传统上都是在露地种植的,受自然气候影响很大,即所谓的"靠天吃饭、吃菜"。尽管在古代也有利用设施进行蔬菜、花卉栽培的历史记录,在设施农业教科书中将世界的蔬菜、花卉的设施栽培甚至追根溯源到了两千多年前的古罗马时期,我国的蔬菜设施种植也被追溯到了汉朝,甚至更远的春秋战国时期,《论语》中的"不时之食"被众多学者奉为我国设施栽培的最早文字记载。

作者不是历史学家,对这样的看来没有太多考古学、历史学佐证的结论甚至都无力去辨别真伪。但不管设施栽培有多么悠久的历史,它走进大众生活,成为改变人们的生活方式,从过去冬季北方地区靠吃腌菜、窖藏大白菜、萝卜为主到如今一年四季可吃到任何的新鲜蔬菜,则是近几十年的事情。以前是"有什么吃什么",现在是"吃什么有什么",这一简单的词序调位带来的可是翻天覆地的变化,在这个功劳簿上设施农业应该占据重要位置。由于设施种植一改以往的传统,所以在人们心目中设施种植就显得很神奇了,中国农业大学已故院士娄成后先生就将设施农业称为"惊天动地的事业",可不是嘛,不听天老爷的了,刮风下雨不怕了,要是用无土栽培的话,栽培作物也不用土壤了。因此，也就给了它一些命名，赋予一些专有名词，且这些命名、专业名词还是在与时俱进，不断变更不断翻新，你知道设施种植有多少种称谓吗？解放初期直到改革开放初期，教科书也罢，人们口头表达也罢，都称为"保护地栽培"，意为加盖了一层塑料薄膜将作物从风雨雪雹中"保护"起来了。保护地栽培和英文"protected horticulture"很有等同之感，可谓东西方不谋而合，异曲同工。到了20世纪80年代我国和日本的交往开始增多起来，那时也是我国国门洞开的时候，对外国，尤其是近邻日本的人、物、事很感兴趣，当时的青少年如今的中老年都还记忆犹新，日本电影《望乡》、《追捕》、《生死恋》，影视明星栗原小卷、中野良子、高仓健，丰田汽车，三洋音响可谓在中国是家喻户晓。学术界也不例外，国人到日本考察，日本专家来我国讲学是络绎不绝。那时候从日本学者的讲课中发现他们叫"设施园艺"，好像比"保护地栽培"更好听，于是乎，我国的设施园艺就这么叫开了。

日本人的文字就是从中国"借用"去的，不过迄今为止未收到分文租借费，他们就直截了当用汉字给设施种植命名为"施设园艺"，据说日本借用汉字的时候很是粗心大意，把好多词序都给颠倒了，这个"施设"就是明显一例，当然还有我国的"和平"日本谓之"平和"、"介绍"谓之"绍介"、"命运"谓之"运命"等令人啼笑皆非的事情。当然出口转内销的时候我们还是要将它正本清源，还其本来面目的，是一定要把"施设"这个难听的令人讨厌的叫法改成"设施"的，因此我国教科书也罢，各种会议也罢，都将"保护地栽培"说成"设施园艺"了，久而久之"保护地栽培"就淡出人们的言谈、书本。到了90年代国家要大力发展设施园艺，认为似乎就是设施园艺能够表征现代农业，科技部要上一些设施园艺的大项目，这时候有人觉得设施园艺也叫了十多年了，没有啥新鲜感了，大项目、大手笔、新举措也得配上一些新名词才行，于是发动专家学者开动脑筋，甚至是绞尽脑汁，终于新名词诞生了！这就是"工厂化农业"，"九五"期间的科技部支撑计划项目名称就是"工厂化农业关键技术研究与示范”，一个农业项目研究经费破天荒地突破千万元大关，获得如此巨额支持也许与名词创新不无关系。进入21世纪了，可谓是万象更新，地新城新，山新水新，尤其是人新意识更要新，于是乎“工厂化农业”似乎也不解渴了，也不符合那些整天爱标新立异的人们，有时候可能还是决策者们的口味了，又开始琢磨新鲜玩意儿。这时又是日本这个也爱玩文字游戏的近邻先行一步，又拔得头筹，他们干脆把设施园艺升格为“植物工厂”。你看，“工厂”该多好听啊，把“农业”两个字干脆不要了，于是“植物工厂”就开始大行其道。

时代是发展的、前进的，与时俱进是时代潮流所向、所要，想必今后还会有更多的新名词出现，更好听、更令人心旷神怡、更能鼓舞人心。但是万变不离其宗，其本质还是那个“保护地栽培”，还是那个“设施农业”、“设施园艺”。英文的“protected horticulture”亘古未变，百年前就这么叫，现在还是这么称呼，你可要知道设施农业、设施园艺的最先进、最具创新的不是在那些名字层出不穷的地方，而是在那个从来不改其名的欧洲，准确地说就在荷兰，在上百亩成片连栋温室里面进行全自动的蔬菜花卉生产，可以说是真正的植物工厂、工厂化农业，可人家还是叫作“protected horticulture”，或是“greenhouse horticulture”，他们是把真功夫用在技术研发、技术创新上了，至于名字新不新、响不响亮不是那么重要的一件事情。就好比一个人，在读小学时候名叫“张三”，难道他读到中学、大学就要去改名“张四”、“张五”吗？假如此君当了总理、当了总统，那要改成什么呢？要知道即使当了总统，他还是那个昔日的“张三”，而没有必要改成“张六”、“张七”的。本节是说阿克苏得天独厚的光热资源很适合于发展设施农业，但花了一点笔墨说了这么多设施农业的概念甚至名称的演变，其实这也谈不上文不对题，本书介绍阿克苏市良种场设施农业的初衷不是谈阿克苏而谈阿克苏，而是希望借助整理挖掘阿克苏市良种场设施农业求真务实的经验和理念，让人们多了解一些设施农业的内部发展规律，进而促使我国设施农业又好又快地科学发展，走内涵式发展道路，走符合市场经济规律的发展道路。殊不知，在我国的设施农业发展过程中有好多违背了客观规律，违背了市场经济原则，违背了设施农业本质要求的反例。例如四川盆地某浅山地区要大规模发展设施农业，在大片水稻地上盖起了温室大棚，可此地整个冬季没几天能见到太阳，都是阴雨连绵雾气沉沉，塑料薄膜上长有一层厚厚的青苔都无法清洗掉，在这种地方搞设施栽培能有好的效果吗？又如目前好像要成为一种风气——将光伏多晶硅薄膜贴在温室覆盖材料上，说什么用其发电，还说什么不仅不影响温室内的作物产量，还可增产云云，美其名曰光伏农业、新能源农业、绿色能源农业。

殊不知，温室设计建造、结构优化、覆盖材料的不断创新的重要目的之一就是要增加温室的透光量，当然有时光照太强导致温室内气温过高的情况下，需要遮阳，甚至要启动降温设备，这是修正之策，不是温室本质要求，温室本质是要增加透光量的，荷兰有个名叫“百分之一”的规则，说的是透光量增加百分之一作物产量相应增加百分之一。不说配套那么多发电变电蓄电装置，增加温室建造成本，也发不了多少电，就说与温室基本要求相悖的长期遮光来讲应该不是一个什么发展方向，或者根本就不值得尝试。把这些光伏膜要是贴在楼堂馆所、住房建筑的墙面和屋面，倒是一个不错的选择。还有，如在日光温室内搞什么“四位一体”，说的是在温室一端辟出来一块地养几头猪，将猪粪化成沼气，沼气可以燃烧产热，甚至可用于照明煮饭，沼液可浇于作物，沼渣也可用作肥料。此做法似乎还可以标上“生态”、“循环”的美丽标签，也曾经忽悠了不少人，农业部甚至拨巨款支持建设。试问真的有几家在运行，又有几家不是摆设呢？

为什么说得好听，实际行不通？就在于它违背了温室生产的根本要求、基本规律，因为作物生产要防治病虫害、以防为主，需要清洁的环境，养猪、粪尿都是与此天然相悖。还不用说就那么几头猪，也产生不了什么丰富的沼气，产气效率肯定高不了。如果在一个有一定规模的园区，既有养殖业又有种植业，在园区一隅专建规模化的沼气发生设施，将沼气、沼渣、沼液、甚至二氧化碳合理输送到温室也许是不错的选择。上述几例还算是与设施农业有些瓜葛，下面的这些例子则是完全违背了设施农业初衷，甚至有些是在钻政策空子，以农之名行非农之实。许多地方利用发展设施农业的资金或政策，花巨资建造的玻璃温室，改成了所谓的“生态餐厅”，这里的第一产业农业摇身一变成了第三产业，成了服务业。众所周知，作为农业的第一产业与作为第三产业的餐厅在用地、税收、管理等方面存在很大不同，总体来说，农业作为基础性、微利性产业，政府有许多扶持政策。如这样移花接木，将用于农业的扶持政策用于扶持餐饮业的结果可想而知，是的，餐饮业是发展了，许多“生态餐厅”的业务甚至还很“火爆”。更有甚者，有些地方在花巨资建造的温室里面大建山水景观，甚至还有小船游荡其间。试问，这是在发展农业吗？农业发展了吗？设施农业的水平提高了吗？好在许多地方看到了这中间的弊端，开始对其进行整治，北京等地已经明令禁止将农业温室改成餐厅，大有誓将投资于设施农业的资金百分之百用于设施农业之势，而不是挪作他用。唯有这样，我国的设施农业，甚至整个农业才有希望。

在设施农业中违背客观规律的事情还有很多很多，好在如今从中央到地方的各级领导层动真格地开始科学发展、求真务实了，许多地方都在重新检讨审视前阶段设施农业中的盲干，在着手制定更加科学更加合理的发展规划。阿克苏市良种场的设施农业为什么管理得那样井然有序，劳动生产率是那样的高，产量、效益也是那样的高，归根结底是当地政府和这批川农们都在求真务实，都在努力践行科学发展观。此时此刻，向社会展示他们的做法，对于设施农业的可持续的科学发展尤具非凡意义。

书归正传，还是来看看阿克苏的光热资源到底如何，到底有多适合发展设施农业吧。一般将新疆地域从大的方位划分成北疆、南疆与东疆，好像没有西疆和中疆的说法，南、北疆以天山山脊为界，东疆主要指哈密、吐鲁番，如果再细分的话北疆又可分为北疆北部，即阿勒泰、塔城地区，北疆西部，即伊犁直属县市与博州，再有天山北坡，即乌鲁木齐、昌吉、石河子、奎屯一带。新疆地域辽阔，面积 166 万千米$^2$，占全国陆地面积的 1/6，且地形复杂多样，可想而知各地气候差异较大，有些地方适合于发展设施农业，有些地方则不太适合。当然，适合与否的条件也许是难有统一标准，甚至是仁者见仁智者见智，尤其是设施农业的基本特征就是可以人工调控环境，因此从理论上来说任何地方都可以进行设施农业，但经济上即投入产出是否有比较优势，形成产品的产量与品质的气候资源是否丰富应该是主要的判断标准，实际上就是在获得类似产量和品质的前提下投入少的地方当然就有竞争优势，说到底，衡量一个地方是否适合发展设施农业还是一个经济性的问题，这也符合更高层次更大范围的判断准则，即市场经济原理与法则。而将这个经济性原则落到实处就是根据气候资源，主要是光热水土资源状况进行判断并合理规划设施农业布局。新疆农大设施农业研究所的老师们对新疆设施农业与气候特征的关系做过专门研究，发表了研究论文。在此引用他们的研究成果来阐述这个问题。

该研究选取了纬度、日均气温低于－20℃的寒冷天数、12 月的日照时数和极端低温 4 项指标作为设施农业分布区域的主要划分依据，总辐射量、无霜期、1 月平均温度和低于零度月数等特征作为辅助划分依据。根据这些指标，将新疆设施农业划分出 4 个区域：谨慎发展区、限制发展区、适宜发展区、优先发展区。北疆西部，即伊宁、新源、昭苏等地为适宜发展区；天山北坡，即从塔城到克拉玛依、石河子、昌吉、乌鲁木齐一带为谨慎发展区；北疆北部，即阿尔泰、富蕴、福海一带为限制发展区；东疆与南疆，即哈密、吐鲁番以及库尔勒、阿克苏、喀什、和田等环塔里木盆地一带为优先发展区。阿克苏市在具有丰富的光热资源从而被划为优先发展区的基础上，还独具水资源丰富的优势，因此可称之为最优先发展区。

从表 1-3 的数据可以看出，喀什的全年日照量居全疆之首，高达 6 400

兆焦/米²,其次就是阿克苏、吐鲁番、哈密、和田,高达 6 200 兆焦/米² 左右,也就是说环塔里木盆地的南疆地区和东疆的吐鲁番、哈密具有优于新疆其他地区的光照资源,地处北疆的阿勒泰市、塔城只有 5 500～5 600 兆焦/米²,天山北坡和新疆西部的乌鲁木齐、石河子、伊宁等地的全年日照量要比阿克苏低 1/5。就全年日照时数而言,东疆的吐鲁番、哈密超过 3 000 小时,虽然阿勒泰、塔城高于阿克苏,但对于设施农业冬季日照时数更为重要,阿克苏仅次于哈密,冬季期间即 11 月至翌年 2 月间的日照时数阿克苏高达近 800 小时。从这些光照资源的数据与全国其他地方相比也可以看出,阿克苏具有优势,如沈阳、北京、寿光的全年日照量、全年日照时数、冬季日照时数均低于阿克苏。从无霜期来看阿克苏与哈密为220天,居全疆之首,也高于

**表 1-3　新疆各地光热资源比较**

| 地名 | 全年日照量/(兆焦/米²) | 全年日照时数 | 11 月至翌年 2 月日照时数 | 无霜期/天 |
|---|---|---|---|---|
| 阿克苏市 | 6 220 | 2 873.3 | 788.3 | 220 |
| 乌鲁木齐市 | 5 102 | 2 733.6 | 574.7 | 166 |
| 阿勒泰市 | 5 505 | 2 963.4 | 167.6 | 160 |
| 石河子市 | 5 357 | 2 797.5 | 584.5 | 171 |
| 伊宁市 | 5 511 | 2 802.4 | 628.8 | 180 |
| 塔城市 | 5 632 | 2 947.3 | 647.5 | 160 |
| 喀什市 | 6 400 | 2 784.0 | 687.1 | 198 |
| 和田市 | 6 332 | 2 610.6 | 747.5 | 201 |
| 库尔勒市 | 6 023 | 2 846.7 | 721.1 | 200 |
| 哈密市 | 6 214 | 3 360.3 | 865.6 | 190 |
| 吐鲁番市 | 6 286 | 3 049.5 | 750.8 | 220 |
| 沈阳市 | 5 872 | 2 630.6 | 691.0 | 183 |
| 北京市 | 5 513 | 2 793.7 | 787.4 | 200 |
| 寿光市 | 5 185 | 2 548.8 | 704.4 | 195 |

沈阳的183天，北京的200天和寿光的195天。从表1-4的近50年间月均气温数据可以看出，北疆的阿勒泰、塔城最为寒冷的1月平均气温和东北的长春相差无几，1月均温为－20～－16℃，阿克苏为－9℃，最低气温为－15℃左右。不仅从这些气象数据可以看出阿克苏具有发展设施农业的良好光热资源，从那些川农们的实际感受来看也的确如此，据他们讲，阿克苏的冬季下雪天很少，下雨天几乎没有。殊不知，具有丰富的日照量和日照时数是发展设施农业的基础条件。只要光照好，即光照量丰富、光照时间长，即使温度偏低一些，也不太妨碍日光温室获得优质高产，因为光热是可以转化的，只要有了“光”，“热”就在其中了。

## (二)丰富优质的水资源

水利是农业的命脉，水资源丰富与否、水质优良与否直接关系到农业生产的规模和质量，也是发展设施农业的基础条件。阿克苏市的年降水量仅60毫米，而年蒸发量却高达2 000毫米。但由于受惠于天山冰川雪山容纳的巨大储水量，阿克苏地区成为新疆水资源最为丰富的地区之一。区内共有冰川1 298条，冰川面积4 098千米$^2$，储水量2 154亿米$^3$，境内有大小河流16条，其中流域面积在10 000千米$^2$以内的河流有15条。阿克苏河是流经阿克苏地区的主要河流，发源于中国与吉尔吉斯斯坦两国共有的天山汗腾格里冰川，自高耸的天山一路欢歌奔向阿克苏地区的途中，不断吸纳沿途山地降雨和冰川雪山融水，到达地区中部已是水量丰沛、河流湍急。阿克苏河在同属阿克苏地区的阿瓦提县与发源于昆仑山的叶尔羌河和和田河交汇而成为塔里木河，对塔里木河流量贡献最大的当属阿克苏河，塔里木河的70％水量源自阿克苏河。因此，说阿克苏河为阿克苏地区的母亲河一点也不为过。阿克苏河与叶尔羌河、和田河、塔里木河携手并肩共同滋润着这片广阔的大漠绿洲。地表水形成许多小湖泊。全地区有各类水面1 865万亩，

**表 1-4　1951—2010 年新疆主要地区逐月平均温度情况**

℃

| 地名 | 1月 | 2月 | 3月 | 4月 | 5月 | 6月 | 7月 | 8月 | 9月 | 10月 | 11月 | 12月 |
|---|---|---|---|---|---|---|---|---|---|---|---|---|
| 阿勒泰市 | -16.2 | -14.2 | -3.1 | 7.4 | 16.1 | 20.7 | 22.5 | 20.6 | 14.4 | 5.2 | -5.5 | -15.6 |
| 塔城市 | -12.6 | -10.7 | -2.2 | 8.7 | 15.3 | 20.1 | 22.2 | 20.7 | 15.1 | 6.8 | -2.2 | -9.2 |
| 伊宁市 | -9.5 | -6.5 | 4.1 | 12.2 | 17.3 | 20.7 | 22.3 | 21.5 | 16.5 | 9.1 | 1.0 | -5.9 |
| 克拉玛依市 | -16.7 | -13.0 | 0.2 | 12.2 | 19.8 | 25.6 | 27.4 | 25.7 | 19.3 | 9.4 | -1.7 | -12.9 |
| 石河子市 | -16.8 | -12.8 | -0.8 | 11.1 | 18.3 | 23.1 | 24.8 | 22.7 | 16.7 | 7.7 | -2.5 | -12.0 |
| 乌鲁木齐市 | -15.2 | -12.2 | 0.7 | 10.8 | 18.9 | 23.4 | 25.7 | 23.8 | 17.4 | 8.2 | -2.6 | -8.5 |
| 哈密市 | -12.2 | -5.8 | 4.5 | 13.2 | 20.2 | 25.2 | 27.2 | 25.9 | 19.1 | 9.9 | -0.6 | -9.0 |
| 吐鲁番市 | -9.5 | -2.1 | 9.3 | 18.9 | 25.7 | 31.0 | 32.7 | 30.4 | 23.3 | 12.6 | 1.8 | -7.2 |
| 阿克苏市 | -9.1 | -3.2 | 6.3 | 14.3 | 19.0 | 22.3 | 23.6 | 22.4 | 17.8 | 10.0 | 1.1 | -6.7 |
| 库尔勒市 | -8.1 | -2.4 | 7.0 | 15.1 | 20.9 | 24.6 | 26.1 | 25.5 | 20.0 | 11.7 | 1.9 | -6.0 |
| 喀什市 | -6.0 | -1.0 | 8.2 | 15.0 | 19.7 | 23.5 | 25.7 | 24.4 | 19.6 | 12.4 | 3.4 | -4.1 |
| 哈尔滨市 | -19.7 | -15.8 | -4.5 | 6.5 | 14.7 | 20.0 | 22.5 | 21.2 | 14.2 | 5.8 | -6.2 | -16.0 |
| 长春市 | -16.9 | -13.1 | -3.5 | 7.0 | 15.6 | 20.3 | 22.7 | 21.6 | 14.6 | 7.1 | -4.0 | -13.2 |
| 济南市 | -1.4 | 0.9 | 7.6 | 14.7 | 22.3 | 26.6 | 27.6 | 26.6 | 21.4 | 15.7 | 7.9 | 0.9 |

可养殖水面 23 万亩，已利用水面 18.65 万亩。目前，对水资源的开发利用，已基本形成较为完善的灌溉体系。由世界银行贷款和国内配套投资 8 亿多元的塔里木环境保护和灌排项目一期工程已经完成，现已进入二期工程。由国家投资兴建的储水量为 6.4 亿米$^3$ 的克孜尔大型水库已开始产生灌溉、防洪、发电效益，东部的渭干河水系基本步入科学化管理轨道。西部的阿克苏河水系，是今后地区水利开发建设的重点。因此，在新疆各地州中，阿克苏地区属于水资源比较丰富的地区，这也为设施农业发展奠定了良好基础。

## (三)区位优势明显

作为新疆最具发展潜力的区域之一，阿克苏市地处南疆地理中心，区位优势极为明显，500 千米的半径内辐射南疆 5 个地州和吉尔吉斯斯坦首都比什凯克、哈萨克斯坦重要经济城市阿拉木图，从乌什口岸出发，仅 440 千米就可到达中亚通往欧洲的铁路大动脉吉尔吉斯斯坦巴雷克其市，从这里进入欧洲市场，比从欧亚大陆桥进入欧洲市场缩短了 1 200 千米，比海运时间缩短 3/4，运输成本可降低 1/3。形象地说，阿克苏将由“口袋底”变为“口袋口”，真正成为连接内陆 13 亿人口，辐射中亚、南亚进而贯通欧洲市场的桥头堡。随着乌什口岸的开通，南疆铁路复线的开工建设、国道 314、217 主干线全面改造升级以及阿克苏机场改扩建后 7 条航线的全面开通，阿克苏市将形成集铁路、公路、航空于一体，四通八达、便捷高效的立体交通运输网络，按照“东联西出”、“西来东进”的发展战略，必将形成国内外企业联手开发国际和国内两种资源、两种市场的局面。将为阿克苏发展口岸经济提供千载难逢的机遇，阿克苏市也必将以不可比量的速度得以发展，成为 21 世纪的“西部深圳”。

目前，振兴“新丝绸之路”经济已成为西部地区的响亮口号。用什么来构筑“新丝绸之路”？从不同的行业来看，也许有不同理解与选择。作为从事农业教育、农业科技的人来说，我们认为具有中国特色的“日光温室”是构筑“新丝绸之路”的重要元素、最佳选择。为何如此？一是经过30多年的发展，日光温室在我国可以说是理论日臻完善，技术渐趋成熟，从温室设计、建造、装备、品种、栽培、病虫防治等形成了一套完整的技术，日光温室已成为我国蔬菜生产的主要设施。日光温室的卓越保温节能特性是其他任何设施所无法比拟的，在能源日趋紧张、雾霾日益严重的当今，它的作用日趋明显。二是中亚乃至西亚与新疆气候相似，冬季严寒，但光照资源丰富，完全适合于发展日光温室。因此，整合新疆乃至其他地方的研究机构，向国家有关部门提出将日光温室作为构筑“新丝绸之路”的元素，和中亚、西亚诸国构建合作关系，向这些国家提供日光温室的设计建造、栽培技术等成套技术与装备，同时要结合这些国家的特点进行人员培训、再研发、再创新。只要努力、坚持，相信该项目必将成为“新丝绸之路”的靓丽风景，能够真正造福沿路各国人民，加强我国同中西亚国家的友好联系，为地区稳定、人民幸福增添“正能量”！在这一过程中，阿克苏可以发挥重要作用。

### (四)深厚的人文底蕴

前面展示和分析了川农们跋山涉水、不远万里，聚集到阿克苏建立设施农业的事迹，以及阿克苏之所以吸引川农们络绎不绝，纷纷前来的自然资源优势。至于从社会学及历史文化的角度来探究阿克苏地区的悠久历史、文化底蕴与川农们在此扎根立业之间的关联，可能超出了本书或者作者的专业范围。因此，我们只是简要地概述阿克苏这一区域的历史文化，一方面使读者更加清楚诞生设施农业奇葩之地的历史与人文底蕴，让读者自己去思考、去剖析之所以诞生戈壁奇葩的原因；另一方面是通过概述阿克苏这一地区的历史文化，让许多至今仍未涉足新疆、阿克苏地区的人们更加了解新疆，了解阿克苏，更加关注祖国西北的发展。

阿克苏地区历史悠久，早在公元前7 000至公元前6 000年之前就有人类居住，境内库车、温宿、柯坪县均发现新石器时代的早期人类活动遗迹。秦汉时期古龟兹、姑墨、温宿诸国皆在今阿克苏境内。西汉初期，阿克苏为姑墨国，辖今拜城县、温宿县、阿克苏市一带。汉神爵二年（公元前60年），姑墨归西域都护府管辖。魏晋南北朝时期，姑墨受龟兹辖控。隋朝时西域为西突厥所制，阿克苏属西域校尉。唐代姑墨州归龟兹都督府管辖。唐末至北宋，阿克苏属西州回鹘地。元代为蒙古宗王察合台封地。明代为察合台后裔吐鲁番王地。清代平定准噶尔部后，于乾隆二十三年（1758年），在此设置参赞大臣，冠名以阿克苏。光绪九年（1883年），清政府设阿克苏道。翌年10月，新疆正式建省，阿克苏道为新疆巡抚管辖，下辖库车直隶厅、温宿直隶州、乌什直隶厅、喀喇沙尔（今焉耆）直隶厅和拜城县。民国17年（1928年）改阿克苏道为阿克苏行政区。民国22年（1933年）更名为第四行政区并设立行政长官公署。民国32年（1943年）改为第四区行政督察专员公署。1949年11月29日，中国人民解放军步兵二军五师进驻阿克苏。1950年成立阿克苏地区委员会。1978年11月改为阿克苏地区行政公署至今。1983年8月将阿克苏县撤县建市。

阿克苏是东西方文明的交汇点和古代西域及“古丝绸之路”文化中心之一。“古丝绸之路”的灿烂文化和独特的民族文化，孕育了与西方和中原地区迥异的古代龟兹文明和多浪文化，其文化特征主要是以佛教石窟、壁画、音乐、舞蹈著称于世。龟兹乐舞是我国古代乐舞中的一枝奇葩，早在汉唐就已倾倒长安宫廷内外，被誉为“管弦伎乐、特善诸国”，丰富并发展了中原传统音乐理论，逐渐演变为隋唐燕乐二十八调，对日、韩和东南亚地区影响也较深刻。如今，塔（里木）河儿女在继承源远流长的优秀民族文化的同时不断创新，使两大文化不断发扬光大，以龟兹文化、多浪文化为底蕴创作的一批音乐、舞蹈作品多次在全国少数民族文艺汇演中荣获金奖，近年还多次代表中国赴欧洲等国参加国际民间艺术节。

从上述阿克苏地区的发展变迁可以看出，此地于西域、于新疆、于中华民族的构成、于中国版图的形成具有何等重要的地位。阿克苏地灵人杰，钟灵毓秀，在这块土地上发生过许多可歌可泣的动人故事，孕育出许多优秀的历史人物。阿克苏文学丛书《西域风起塔里木——阿克苏历史人物》(文琜主编，新疆人民出版社，2009)，通过对曾经在阿克苏地区留下足迹印记的有代表性的历史典型人物的记述，使当今读者在对历史名人的了解、仰慕和赞叹之中，体会历史的流风遗韵，增强对阿克苏、对新疆的了解，激发对祖国的大好河山和壮美历史的热爱情怀。该书论及的人物，上自2 000余年前“凿空”西域的张骞，下讫20世纪80年代感动中国的《胡杨泪》主人公钱宗仁，涉及古今中外111人。分汉朝、魏晋南北朝、隋唐、五代宋辽金元明、清朝、近现代历史时期记叙，人物涵盖都护、节度使、龟兹王、校尉、名将、高僧、诗人、乐师、舞者、志士仁人、探险者等。

读者欲更进一步了解阿克苏，了解阿克苏的历史人物，可以去直接查阅该书或其他更多的专门书籍。本书仅就3位历史人物的事迹稍作展开，一个是古代人鸠摩罗什，一个是近代人林基路，一个是现代人钱宗仁。此3人的生活年代相距1 500年之久，一为古代高僧，一为革命志士，一为现代百姓，但他们的相似之处都是怀揣梦想，历尽艰辛，百折不挠，勇于前行，在他们的身上表现出了阿克苏地区的人们从古至今，犹如沙漠胡杨、戈壁红柳的顽强与坚韧。

1.“圣僧”鸠摩罗什　中国佛教的经典中，有两部经典篇幅不长，影响却极大，一部是《心经》，一部就是《金刚经》。《心经》的流行本是玄奘翻译的，而《金刚经》的最流行本的翻译者就是鸠摩罗什。历史上记载，《金刚经》的翻译前后至少有6次。此外，他还翻译了《法华经》、《维摩诘经》、《阿弥陀经》等，都是中国历史上很重要的佛学经典，被称为“圣僧”。鸠摩罗什(公元344—413年，图1-7)，出生于西域的龟兹。他的父亲鸠摩罗炎也是一位虔诚的佛教徒，早年抛弃了天竺宰相的显赫地位和富裕生活，背井离乡，历经千辛万苦，来到西域的龟兹，并受到龟兹全国各地的尊崇和景仰。龟兹的公主还执意与他结为夫妻。后来，公主也出家为尼，并带着刚刚7岁的鸠摩罗什到西域各国巡游求法。鸠摩罗什天资聪颖，颇有慧根，在少年时期就能与当时的众多高僧论战，并从容取胜，从而名扬西域。据说，每当他讲经说法的时候，国王们都跪在地上，把自己的身体当作阶梯，让他踩着登上法座。

**图 1-7　克孜尔千佛洞(阿克苏地区拜城县)前的鸠摩罗什塑像**

然而，鸠摩罗什41岁时，他平静的佛徒生涯开始遭到战乱的侵扰。当时，我国北方正处于十六国时期，各个少数民族政权之间战乱不已。公元382年，统一了北方大部分地区的前秦皇帝苻坚以争得鸠摩罗什为名，派骁骑将军吕光出兵西域。公元384年，吕光攻陷龟兹，找到了鸠摩罗什，第二年带着他班师回朝。走到凉州(今甘肃张掖)时，传来了姚苌杀死苻坚，建立后秦的消息。于是吕光在凉州停兵不前，很快建立了后凉王朝。鸠摩罗什从此被困在凉州长达十七八年。他利用这段时间跟当地的汉族人学会了汉语，为以后翻译佛经打下坚实的基础。

公元401年，后秦皇帝姚兴征服了后凉，鸠摩罗什被迎接到长安，受到了姚兴的尊敬和重视。从此，鸠摩罗什在长安度过了一生中最后十余年。这段时间，他住在草堂寺，呕心沥血翻译佛经，取得了非凡的成就。译经这十余年是他一生中最有成就的时光，也是他对后世贡献最大的十余年。公元413年，鸠摩罗什在长安逝世，这位佛学大师辉煌而又艰辛的一生落下了帷幕。唐玄宗曾写诗追忆法师的无量功德："秦朝朗现圣人晨，远表吾师德至灵。十万流沙来振锡，三千弟子共译经。文含金玉知无朽，舌似兰荪尚有馨。堪叹逍遥园里事，空余明月草青青。"鸠摩罗什的雕塑铜像就矗立在位于阿克苏地区拜城县的克孜尔千佛洞前。

2. 一心为民的林基路　20世纪前半期的新疆，处于动荡和纷乱之中，革命党的志士仁人为推翻清朝统治而抛洒鲜血，然而他们的胜利果实却被军阀政府窃取。20世纪30年代，大批共产党员来到新疆，他们坚决抵制反动势力，不怕牺牲，谱写了一曲曲感人的革命诗篇。毛泽民、陈潭秋、林基路、杜重远就是他们当中的杰出代表。林基路（图1-8，图1-9为位于库车县的林基路烈士纪念馆。）是1938年中共派到新疆来的大批干部中的一位，最初他在乌鲁木齐担任新疆学院（新疆大学的前身）的教务长。林基路在新疆积极宣传革命思想，尤其是在青年中做宣传工作。由于林基路和他的战友的宣传，新疆的青年思想活跃起来，广大少数民族群众也逐渐开始觉醒。盛世才看到群情激昂不利于其反动统治，就把林基路及其战友调到南疆各地，想分散他们的力量，削弱他们的影响。林基路被调到阿克苏地区的库车县当县长。他深入基层与群众之中，察访民情，伸张正义，惩治贪腐，为人民做了大量好事。库车人民激动地说："库车的天变了，林县长是我们的大恩人啊！"库车的天变了，然而并未维持很长时间，不久，乌云便又笼罩了新疆的上空。盛世才叛变革命，大批共产党人被捕，在库车致力于清除官僚地主反动势力的林基路，自然是"黑名单"上的头号人物之一。盛世才将他投入监狱，库车人民为之痛哭失声。

林基路对盛世才的罪恶行径感到愤慨万分，眼看着自己和生龙活虎的战友被敌人关起来，不能为拯救民族危亡出力，他感慨万分地唱道：

"哦，民族苦难的亲娘，

为你五千岁的高龄，

图 1-8 林基路烈士

图 1-9 林基路烈士纪念馆(阿克苏地区库车县)

图片来源:龟兹新闻网

已屈死无数的英烈；

为你亿万年的伟业，

还要捐弃多少忠良？”

1943年9月17日夜，林基路和陈潭秋、毛泽民一起光荣就义。至今人们还清楚地记得林基路在狱中写成的《囚徒歌》：

“囚徒，新的囚徒，坚定信念，贞守立场。

砍头枪毙，告老还乡，

严刑拷打，便饭家常。

囚徒，新的囚徒，坚定信念，贞守立场。

掷我们的头颅，奠筑自由的金字塔；

洒我们的鲜血，染成红旗，万载飘扬！”

3. 倔强的灵魂——钱宗仁　1984年，孟晓云的报告文学作品《胡杨泪》的主人公钱宗仁的自学成才之路感动了一代中国人，对他所受的磨难、不公正待遇、过早离世而扼腕叹息，钱宗仁被称赞为“一颗倔强的灵魂”，曾震撼神州大地。

钱宗仁(图1-10)，1944年生于湖南湘乡市东郊乡浒洲村。1955年考入湘乡第二中学，各科成绩优秀。1961年参加全国高考，总分列全省前10名，清华大学招生小组正准备录取，因政审中有“追求资产阶级享受”而作出“不宜录取”的结论。1963年，回二中复习两个月，以社会知识青年的名义参加高考，被哈尔滨工业大学精密仪器系录取。当时正值“四清”，公社党委书记认为富农子弟入大学是“阶级斗争”新动向，不准上学，并去函要求取消入学资格。哈工大十分惜才，把钱编入6312班跟班学习，同时派专人去湘乡进行调查协商，经过一个多月的反复协商，公社坚决不允许，12月，哈工大在万不得已的情况下派专人把他送回湘乡。1964年高考，9次去公社申请报名，9次被拒之门外。高考的前一天，他特地跑到县城的考场外看了一遍，痛哭了一场，并写了一首《别考场》的诗：“理想崇高志永恒，常将寸步比长征。六年求学关山阻，三次临场剑戟横。如此登科笑范进，毋宁报国走‘零丁’。深藏答案待时到，卷面平平路不平。”

图 1-10 《胡杨泪》主人公钱宗仁

从此，他的全部精力都耗在成才之路的艰难险阻之中了，经历了常人所想象不到的磨难与苦楚。1964 年 8 月，他只身到了新疆阿克苏实验林场当了一名工人，在戈壁滩上植树造林。白天，他辛苦劳动；晚上，用一个墨水瓶做了一盏小油灯，坚持学习。每个星期天，都步行十几里去阿克苏图书馆看一天 书，读了不少中外名著，并开始写作。第二年，在《新疆文学》及《新疆日报》上发表了《开垦队的姑娘》、《认识》等短篇小说和散文等文艺作品；为场里的文艺宣传队创作了大量节目。

“文化大革命”中，他被列为“黑七类”，屡遭游街、批斗、脚镣手铐和严刑拷打。有人将他当马骑，用鞭子抽着他去撞墙，用香烟烫他的脸部；还拖着沉重的脚镣在土牢里关了70多天。在任何恶劣的情况下，坚持默默地背诵诗词、数理化公式。1970年5月，当作“阶级敌人”被押回湘乡改造。在水利建设中，往往应用数理知识协助大队、生产队制定最佳方案，收到了良好效果。他想要学艺而得不到公社批准，便自学木工、漆工，竟成了远近闻名的大师傅。

1974年落实政策，钱宗仁重返阿克苏实验林场，在戈壁滩上筑路。这段时间比前段要安定，抢时光继续自学。利用废纸及两本字典，研究汉字的笔画结构，1975年制成“汉字笔顺号码检字法”，当时较为先进并具有发展前途，因为无人推荐而被埋没。

1978年，他数学方面惊人的解题能力被当地教育部门发现，调林场子弟学校以工代教。这时候，他的妻子迁去阿克苏，没有工作，又有了孩子，家庭负担十分繁重，他仍然坚持自学，常常一手抱着小孩，一手演算题目，还要挤出时间去打家具，换点钱接济生活。他实行5小时睡眠制，三年里牢记了5 000个英语单词（中学时学俄语），做了20册练习题，写出40多本笔记，至1981年学完了8门大学课程，4月参加新疆广播师范大学毕业考试，以几乎全是满分的成绩取得了毕业证书。9月又考取西北大学数学系刘书琴教授的研究生，在该专业26名考生中名列第一。为了争取这个名额，他花去近半年时间，奔走于新疆、西安、北京、湖南等地，写了申请材料十几万字，得到许多知名学者、专家、记者的推荐和支持，但终因年龄超过两岁而未被录取。1982年，北京工业学院（现北京理工大学）杨维奇教授决定破格招收他为研究生，并征得教育部的同意，又因档案被丢失，折腾来，折腾去，还是没有成功。尽管他屡遭挫折，精力耗尽，还是在微薄的工资里节约些钱去买学习资料，每天吃饭、洗脸、走路、上厕所都利用作学习时间，不惜用生命去换取知识。阿克苏地委宣传部长宣惠良很了解、很赏识、很佩服他这个人才，花了20个月的时间为他奔走呼号，打通了许多关节，到1983年春才把他调入塔里木农垦大学（现塔里木大学）当了一名数学教师，才使他结束了20年的坎坷生涯，成了干部。他念念不忘学习，后经学校同意，去北京工业学院数学系进修。

1984 年 4 月，上海《文汇月报》第 4 期发表了《胡杨泪》，介绍了钱宗仁二十年的艰苦奋斗历程，称他是“一株扎根在阿拉尔的胡杨，一个被忽略的倔强的灵魂”。时任中共中央组织部副部长的李锐看过以后，忍不住立即作文向《人民日报》推荐，《人民日报》登出之后，全国 30 多家报纸相继转载，不少电台全文广播，全国千千万万的读者无不深受感动。海外许多人士接连来函，表示免费支持他留学深造，他都婉言谢绝，决心要终身报效祖国。1985 年 3 月他调入《人民日报》当记者。他努力学习新闻理论，熟悉报纸业务，实践记者采访，涉猎新闻学、社会学和人才学，着手撰写这方面的心得和文章。正准备 9 月 1 日到海外版副刊上班，不料 8 月 26 日外出时晕倒，住入北京军区医院，诊断为肝癌晚期。10 月 1 日凌晨 2 点溘然长逝，年仅 41 岁。

读者至此也许会感悟到无论古代，还是当今，无论阿克苏当地人，还是外地移居至此扎根的人们，都在这里犹如沙漠胡杨、戈壁红柳，历尽艰辛，百折不挠，奋力拼搏，川农们坚韧不拔的创业兴业精神与阿克苏的这些人文精神可以是说一脉相承。这就是诞生“戈壁奇葩”的人文环境。相信在这种古往今来的顽强倔强的精神鼓舞下，阿克苏的明天必定更加美好。

# 第二章

# 香自苦寒

“宝剑锋从磨砺出，梅花香自苦寒来”，“不经一番寒彻骨，怎得梅花扑鼻香”。这几句是赞美梅花高贵品质的著名诗句。梅花历来为我国文人墨客所推崇，赞美梅花的诗篇不胜枚举，因为梅花所表现出的坚韧不拔，百折不挠，奋勇当先，自强不息的精神品质与我国民族精神交相辉映，相得益彰。尤其是她那迎雪吐艳，凌寒飘香，铁骨冰心的崇高品质和坚贞气节鼓舞了一代又一代中国人不畏艰险，奋勇开拓，创造了优秀的生活与文明。有人认为，梅的品格与气节几乎写意了我们“龙的传人”的精神面貌。阿克苏市人民、阿克苏市良种场的川农们正是以像梅花那样百折不挠、敢为人先的精神创造出设施农业的奇迹，谱写了现代农业的壮美篇章。因此，将阿克苏市良种场的设施农业称为戈壁奇葩，将阿克苏市人民、阿克苏市良种场的川农们发展设施农业的奋斗历程比作梅花凌雪傲霜、香自苦寒是恰到好处的。梅花甘于寂寞，妩媚脱俗，淡泊名利，无私奉献，她不因没有彩蝶缠绕而失落，亦不为没有蜜蜂追随而沮丧，更不似那癫狂柳絮随风舞，也不学那轻薄桃花逐水流，而是无私、无怨、无悔地默默绽放于严寒之中，给人们的生活带来欢乐和美的享受。梅花的这些优秀品格不正是阿克苏市良种场的那些可爱川农们的真实写照吗？一个园区的建设，一个产业的兴起，涉及方方面面，有政府政策的引导扶持，有民众的理解支持，有市场的接受认可，有技术资金的保障到位，更有经营主体的执着与开拓。阿克苏市良种场的设施农业取得如此骄人业绩，川农收入如此奇高，管理是那样有序高效，管理成本是那样的低廉，绝不是偶然的，也不是轻而易举得来的，也绝不只是川农们在孤军奋战、只身奋斗，而是阿克苏地区、阿克苏市各级政府的正确领导、当地人民的全力支持的结果，是阿克苏地区、阿克苏市政府与人民和川农们集体智慧与汗水的结晶。将他们的奋斗历程、经验理念整理出来不仅有助于他们自身的进一步发展，也可为其他地区提供借鉴与参考。

## 一、技术为本，喀什揽才

20 世纪 70 年代末 80 年代初，阿克苏和全国各地一样沐浴在改革开放的春风当中，人心思变，人心思富，思想开放了，思路活了，出路多了，人们的要求也多了。如何建设菜园子、丰富菜篮子，满足人们对生鲜蔬菜的需求，摆脱以往靠腌菜过冬的日子是摆在各级政府面前的重要课题。发起于辽宁鞍山、瓦房店等地的日光温室迅速扩展到广大北方地区，塑料大棚则是遍布全国各地，不仅丰富了人们的菜篮子，也创造出了靠设施农业而成为“万元户”的神话。完全可以说改革开放的国策促进了设施农业的发展，同时设施农业也助推了改革开放国策的实施。想当初有些人怀疑甚至抵触改革开放，认为会带来资本主义复辟，对姓“资”还是姓“社”争论不休的时候，是我们的设施农业，养鸡专业户、日光温室创造出的致富典型使人们看到了改革开放的希望，感受到了设施农业带来的实惠，使人们更加坚定了改革开放的信心。甚至可以说没有设施农业，我国改革开放的道路可能还会更曲折也并非危言耸听！

阿克苏地区、阿克苏市政府清醒地认识到要解决人们的周年生鲜蔬菜供应问题，必须大力发展设施农业。但是阿克苏当地传统农业是以水稻、棉花、苹果、香梨等为主，蔬菜种植较少。因此，阿克苏比较缺乏蔬菜种植技术人才，尤其缺乏在温室里种菜的技术人员。他们体会到技术是发展的关键，也是发展的“瓶颈”，阿克苏当地具备发展设施农业的良好光热气候资源，且水资源丰富，土地相对宽阔，而最为紧缺的就是技术人才。如何解决技术人才短缺的问题？技术人才短缺不仅是阿克苏面临的问题，也是其他地方面临的共同难题。大家都在想办法解决，突破这一“瓶颈”。各地都有不同的解决方案，阿克苏的高明之处，以至于形成今日的“戈壁奇葩”，就是他们采取了不一样的思路，制定了不一样的战略，取得了不一样的非同凡响的成效。现在回过头来看，认真审视阿克苏发展设施农业的历程，确有一些不同于其他地方的思路与方法，且经实践证明是成功的、有效的。此处所说的解决技术人才短缺的思路与方法就与众不同，别具一格，可以说此举奠定了阿克苏发展设施农业的良好基础。

与阿克苏邻近的喀什地区同样是一个很适合于发展设施农业的地方，且纬度比阿克苏还低一些，光热资源丰富，喀什同样历史悠久，人口还多于阿克苏，是我国西部的桥头堡，是我国最靠西部的大城市，是和深圳特区遥相呼应的“西部特区”，深圳就是喀什的对口援疆地区。就在前不久的 2013 年 6 月国务院批复了喀什和霍尔果斯两个经济开发区的总体发展规划，规划明确两个经济开发区将实施“两步走”战略，即到 2015 年，初步构建科学合理、特色鲜明、功能配套、协调发展的空间布局和产业体系，为经济开发区又好又快发展打下坚实基础；到 2020 年，形成综合经济实力和产业竞争力，推动形成我国“陆上开放”与“海上开放”并重的对外开放新格局。相信喀什的发展前景会是一片灿烂。在此不说未来，且说十年前、二十年前设施农业起步发展时候的情景。其实，喀什发展设施农业比阿克苏还要早一些，二十多年前喀什的设施农业规模与技术水平都在阿克苏之上。于是阿克苏地区菜篮子办公室专门派员到喀什学习取经，他们在考察中发现，一批技术精湛的来自四川的农民朋友是这里的生产主力、技术骨干。在几天的考察中，对这批川农的生产生活、销售经营以及遇到的困难有了较为深入的了解。菜篮子办考察组回到阿克苏后会同农业局等部门专门召开会议商讨如何借鉴喀什经验。摆在大家面前的有两种办法：一是聘请喀什的这些技术骨干到阿克苏来做技术指导，进行技术培训；二是直接把他们请到阿克苏，给他们创造比较好的条件，让他们在阿克苏安家落户，在阿克苏发展设施农业。不得不说，在这个事关今后发展的选择当中，阿克苏做出了明智的决定。他们认为两地相隔500多千米，要只是邀请技术员隔三岔五来一趟，效果不会很好，更何况设施农业生产相比露地栽培，情况更为复杂，技术要求更高，靠这种临时性的技术指导不能解决根本问题。当然技术培训在任何时候都是重要的，培养自己的人才，尤其是培养青年人才总要常抓不懈，但远水解不了近渴。阿克苏的这批设施农业的决策者们最后统一思想，决定向喀什的这批川农精英们抛出橄榄枝，发出诚挚邀请，邀请他们来到阿克苏。但是如何才能让人家从喀什到你阿克苏来呢？这批决策者们冷静分析形势，客观对比阿克苏和喀什的优劣，他们认为将部分川农吸引到阿克苏是完全有可能的。因为，阿克苏和喀什相比，除了光热资源相差不大外，水资源丰富、水质良好是喀什所不能比的，另外阿克苏盛产水稻与棉花，日光温室外保温所需的草苫、棉被的原材料非常丰富，且物美价廉。阿克苏地区生产长绒棉，是农业部命名的全国优质长绒棉之乡，在收获长绒棉后棉籽上还残留一些短绒棉，在棉籽加工成油成饼之前要将黏附的短绒棉除去，这些短绒棉没有什么正式用处，而正可用来加工成日光温室保温被。另外，还决定通过政府努力做好土地流转，把条件最好的地方拿出来租借给这些川农。在充分总结阿克苏发展日光温室的优势并提出几项优惠措施之后，菜篮子办专门写了一份情真意切的邀请函。菜篮子办公室主任亲自出马，怀揣邀请函到喀什向这些川农们游说，充分说明阿克苏的自然气候优势和优惠政策。功夫不负有心人，就有那么几位川农朋友在阿克苏的求贤若渴精神的感动下，终于动了心思，抱着试一试的态度举家迁往阿克苏市。20余人陆陆续续来到阿克苏，就是这20多位川农成了阿克苏发展设施农业的种子，成为阿克苏市设施农业的骨干力量，支撑起了阿克苏设施农业的一片灿烂天空。

菜篮子办精挑细选，反复比较，最后选了离阿克苏机场附近的依干其乡作为川农们施展才华的舞台。此地的小气候格外优越，就连机场的试飞员都说，这里太适合于飞行了，一年四季没几天不是朗朗晴空。这里的土质也好，适于干打垒筑墙。于是，川农们在政府的支持下，在经流转出来的100多亩土地上，开始自己动手建造日光温室，搭建房舍，当年秋季就投入生产。那年冬季气候很好，下雪少，光照好，加之这里的草苫或棉被都做得厚实，保温性能好，温室的环境性能要优于他们在喀什的温室，加之90年代初期的蔬菜生产量少，因而蔬菜价格也好，一个秋冬生产季下来，这批川农们一盘算，收入确实比喀什高许多。于是乎，他们不仅自己决心在阿克苏扎下根来，还将首战告捷的消息传递给远在喀什的朋友，甚至还向四川老家的亲友介绍，就这样阿克苏的川农开始迅速增多了。十多年前吐鲁番开始大力发展设施农业，同样面临缺乏技术人才的问题，还从阿克苏挖走了一些川农到吐鲁番。据这些经历了喀什、阿克苏、吐鲁番的川农们讲，还是阿克苏最适合搞日光温室。

## 二、群英荟萃，香自苦寒

可想而知，这批川农们携家带口，不远万里，来到一个遥远陌生的地方，立足、安家、创业，是饱尝了何等艰辛，克服了多少困难。我们调研组试图更多地了解他们的奋斗历程，希望详细记录下他们这批特殊群体的特殊经历。但是要想全面深入了解确实并非易事，一是他们整天在温室里劳作，要他们坐下来接受采访，难免耽误农事；二是他们也确实不善于言词表达，每次问他们取得高效业绩的诀窍是什么的时候，他们几乎异口同声地回答是“勤劳”，除了“勤劳”，还是“勤劳”。确实，“勤劳”是他们成功的真谛，是他们战天斗地、执着坚韧精神的真实写照与高度浓缩，在此仅举一例以示之。“矿工头灯”是煤矿工人下井作业时戴在头上用于照明的，大家怎么也难以想到川农们在地面作业竟然也用上了它，这种矿工头灯在阿克苏市良种场的川农家里是户户拥有，人人拥有。矿工头灯本来与农民、种菜扯不上任何关系，可这些川农们将它戴在头上，劳作在黎明前和落日后的日光温室里，他们就是这样起早贪黑在温室里默默耕耘，可以说除了吃饭和短暂的睡眠，其他时间他们都是泡在温室里。殊不知，我国日光温室的平均劳动生产率是一个劳动力管理 1.5 亩左右，而这里的川农们一家夫妇俩要管理 5～7 亩，人均 3 亩有余。仅从此例就可以想见，他们要有多大的付出，比别人要辛劳多少倍。本来准备在本书中辟专章介绍川农兄弟们的奋斗经历，拟定名为“群英荟萃”，给他们每家每人编个小传。但是，一是由于上述原因他们没有时间接受详细采访，我们也不能有半点的虚构；二是“传记”属于高度文学性的范畴，仅凭我们这几位从事农业科技的作者，文笔功力确实难以胜任。于是乎，我们改变了初衷，只是选其中的陈林先、杨康和艾国三位，将我们所了解到的点滴情况进行了整理，以飨读者。正如我在《川农赞》那首诗中所述：“川农，我亲爱的兄弟，我知道我笨拙的笔，难以绘出你的全部神奇。我坚信必有后来者，挥洒如椽大笔，将你的业绩、你的神奇，铺向中华大地。”因此，我们期待着日后会有作家、记者去实现我们的心愿。

陈林先(图 2-1，参见彩插)，聪明勤奋成就技术先锋，不愧为“全国优秀科技特派员”。陈林先的老家在四川西充县，1965 年生人。他是 1992 年辗转来到阿克苏从事蔬菜生产的，由于他聪明勤奋，吃苦耐劳，不仅在自己的租借地上创出了良好业绩，而且还热心向其他人传授技术，阿克苏市于 2002 年开始将陈林先聘为农民技术员。由于他的成绩突出，多次获奖或被授予荣誉称号，将他所获奖项以时间为序列出：2006 年阿克苏市优秀设施农业农民技术员、2006—2007 年度阿克苏市科技特派员中的先进个人、2009 年自治区“十佳”科技特派员、2009 年科技部“全国优秀科技特派员”(图 2-2，参见彩插)、2010 年通过职称评审，职称定为“蔬菜技师”。现在他一边和妻子一起经营管理 4 栋约 10 亩日光温室(2 栋生产、2 栋育苗)，一边作为技术员传授技术，这几年的年收入稳定在50万元左右。陈林先从一个打工仔，一个普通农民成长为全国优秀科技特派员，科技致富带头人，可想而知是付出了何等艰辛。将他的奋斗经历展现出来，对于激励更多的人热爱农业、推进设施农业的发展无疑是增添“正能量”。他的坎坷经历大致可分为三个阶段，先是1992年前在四川老家上学、屡试创业，接着是辗转到西藏阿里打工，然后才是从西藏来到阿克苏直到现在。

图 2-1　全国优秀科技特派员陈林先

陈林先兄妹六人，他排行第三，还有两个哥哥，两个弟弟，一个妹妹，邻居们都叫他陈老三。西充县属于川北浅山丘陵地带，人多地少，经济相对落后，陈林先的父母带着这么一大家子的生活可想而知是非常贫困。那时候孩子多虽是负担，但也是劳动力。在陈家也不例外，陈林先的两个哥哥就基本上没有上过学，就是帮助父母在地里劳作，他的父母看陈林先还算聪慧，就送他上学。在上小学五年级的时候，患脑膜炎差点死去。由于病愈后恢复不好时常请假在家，以至于读了两年初中还是不能毕业，就又换了一所初中继续完成初中学业。那时候农村高中有普通高中与农业高中之分，他和父母商量后，觉得庄稼人的后代学习农业还是正道，于是就上了农业高中学

图 2-2 陈林先被授予“全国优秀科技特派员”荣誉称号

习蚕桑专业，就是这三年的农业高中学习打下了他的农业知识基础。他也参加了高考，但仅以几分之差未能圆大学梦。其他许多同伴选择复读，再次参加高考。陈林先很讲求实际，他算了一笔账，上大学每年学费生活费至少要两千，四年下来就要花费上万元，那时候全国都在争创“万元户”，他说我不上大学，把上学的钱省下来，还有这几年可以打工做生意赚些钱，不也就相当于是个“万元户”吗？他不仅算账这样讲究实际，就连找对象娶媳妇也是以“实用”为先，只要能干活有力气能生孩子就行，五大三粗漂亮不漂亮无关紧要。1988 年经人介绍就娶了邻村的一个能干且身体结实当然也很漂亮的姑娘，第二年就有了一个女孩。他家兄弟几个先后结婚成家，兄弟与父母就得分家，村里给他们家的宅基地分散在不同地方，有一块是靠近公路，适合于做点小生意。他看上了这块地，但按长幼顺序来讲的话，这块地就轮不到他这个老三。这时候就表现出了他的精明与担当，他提出不要父母的钱，只要把那块地给他，自己想法来盖。那时候只是提亲订婚了，还没有结婚，他把这个想法告诉准丈人，得到的是批评训斥，说他自不量力，你还是一个未成家的毛小伙子，哪有能力自己盖房。据陈林先讲，就是他丈人的这句话，激将、激励了他一辈子。你说我盖不了房，我就偏要盖起来，不仅现在盖,以后还要盖更多更好的房子,以至于他在阿克苏就把房子不断翻新,盖了拆,拆了盖,不断扩大,而且还在城里买了房。就是这样,有时候不经意的一件事、一句话、一个机会就会影响人的一生。于是,他就是没有找父母要一分钱,硬是凭他自己的努力,东拼西凑盖起了三间砖瓦房。而且在自己盖的新房里娶进了新娘子,其心情之快乐、感受之甜美也是不言而喻的。

结了婚,分了家,接下来的日子就得靠小两口自己了。在西充人均耕地不到一亩,小两口就一亩多地,他们俩商量,这地就以妻子为主来种,陈林先就想法干点别的什么事情。那时候许多地方都时兴将土坯房改成砖瓦房,砖瓦的需求量大。他就和人合伙开了个烧制红砖的窑厂,先是聘请师傅指导技术,他勤于观察学习,过了半年,烧了几窑,他就基本掌握了技术,能自己把握火候,于是师傅也不用请了。那时候的砖瓦厂全是手工活、力气活,不仅做砖坯、装窑、出窑完全靠人工,还要肩背人扛给客户送砖到家。为了减轻装窑的人力,他还自己动手搞技术革新,做了个手摇式传送带来代替人工背砖装窑。可想而知,他的创业是何等之辛苦,由于竞争也激烈,干了两年下来也没挣多少钱。于是又开始想干点别的什么事情,那时候开始用饲料养猪,而不是传统的用剩饭剩菜喂猪。他就交了50元的学费,进了为期一个月的养猪培训班。培训结束后,他对父母说,你们用传统办法养猪,我用刚学的现代办法养猪,看谁养得好。毫无疑问,是儿子赛过了老子,陈林先养了10头猪,一年下来净赚了2 000多元。与此同时,还在自留地里种了一些番茄,那时候番茄还是比较稀罕之物,也卖了一些钱。20世纪90年代初期,出现了所谓的"盲流",大量农民涌入城市打工谋生。陈林先的伙伴们好多都外出打工闯世界。陈林先小两口觉得总是待在这个穷山沟里,不会有什么出息,也在设想出去试一试,这时候他的父母看到其他人在外打工的孩子,经常给大人送些礼品什么的,总是也希望孩子们能远走高飞,春节时能收到孩子们的礼物之类。其实,这时陈林先就有一个不到20岁的弟弟在外打工,而且就在阿克苏帮先前来新疆的表姐夫种菜。陈林先这时还没有想到去新疆、去阿克苏和弟弟、表姐夫会合，只是有几个西充人在西藏阿里地区搞建筑承包，经常到西充招建筑工，于是他就和几个伙伴们商量，不如到西藏去试试，一来是招工搞建筑，说不准收入要好一些；二来也可去看看具有神秘色彩的西藏阿里到底是啥模样，实在是混不下去就回来。陈林先至今还清楚地记得，他和四个伙伴，1992 年 5 月 18 日怀揣着这几年赚的两三千块钱，踏上了西行的列车，开始了他漫长的，且是一去不复返的打工谋生路。没想到，就是这一决定，就是这一去，他就扎根到了新疆阿克苏，而且他们六兄妹都来到了阿克苏安家立业。殊不知，这一变化，对一个人，对一个家庭，甚至对一个家族来说是多么巨大啊！

西藏，阿里，即使如今对一个内地人来说都是那么的遥不可及，不是说想去就能去的地方。从川北西充到西藏阿里，要越过多少山峰，跨过多少河流，穿越戈壁，绕过沙漠，还要翻越海拔 5 000 米的雪山。对陈林先和他的伙伴们来说，是第一次走出西充，第一次出远门，就要到这么遥远陌生的地方，他们的内心的确充满忐忑，既怀着对未来的美好憧憬，又有些惶恐不安。告别了父母、告别了妻儿，为了命运的改变而踏上了漫漫征程。陈林先说，对从西充到阿里的这一段经历，现在回想起来都心有余悸，真是往事不堪回首。在成都买到了赴新疆吐鲁番的火车票，那时候车少人多，车厢里挤的是水泄不通，为了节省开支，买的是硬座票，硬是坐了三天三夜才到达吐鲁番车站，这是到达乌鲁木齐前的一个大站，转往南疆的旅客大多在这里下车，再转乘长途汽车到南疆各地。那时候不仅南疆铁路没有开通，公路质量也很差，既窄又颠簸更是弯弯曲曲，从吐鲁番到阿里不用说 20 年前，即使现在公共交通也是不能直达的，只有从吐鲁番到喀什地区叶城县的长途班车，将近 2 000 千米，要六七天才能到达。沿途要经过托克逊、焉耆、轮台、库尔勒、阿克苏、莎车、喀什等主要地区和城市，每个城市间都是相距数百千米，城市间就是茫茫戈壁，在新疆城市就是在一个一个绿洲上建成的，大城市就是一个大的绿洲，小城市就是一个小的绿洲。从叶城到阿里还有上千千米，根本就没有班车或什么公共交通，只能凭运气搭乘过路的货车，到底要用多长时间才能到达就不得而知了。他们在吐鲁番车站待了一个晚上才买到去叶城的车票，破旧的长途汽车载着满满当当一车人，沿着崎岖山路颠簸前行，第一天达到轮台，一车人等不论男女就在公路边的窝棚里待了一晚上，每人交了四元钱给这个所谓的旅馆。

第二天早上起来，一车人等继续向前，赶到阿克苏投宿，那天到达阿克苏市的时间尚早，陈林先就和司机打了个招呼，说有个弟弟，还有表姐夫在附近种菜，想去看看，晚上就在弟弟那里住。经过一路打听，终于找到了弟弟，兄弟俩在远隔万里的阿克苏相见，且是时隔三年，其兴奋与亲切之情自然不容言表。陈林先是个闲不住的人，看到弟弟在地里收菜装袋准备明早拉到“巴扎”去卖，他就给弟弟帮忙采摘，一边帮弟弟干活，一遍和弟弟聊阿克苏的情况。陈林先虽然不懂“巴扎”是何物，想着应该和老家的集市差不多，天还没亮，陈林先就跟着弟弟用独轮车将几筐菜拉到了“巴扎”，不一会儿功夫，大概 100 千克的菜就卖光了，卖了 200 多元。陈林先是个有心人，他看到阿克苏和老家西充确实不一样，西充人多地少，七沟八梁，阿克苏一马平川，地广人稀，蔬菜还很好卖，说不准这真是一个不错的地方，就这样阿克苏给他留下的第一印象就是美好的。帮助弟弟卖完菜后，和弟弟告别，还免不了叮嘱弟弟在阿克苏好好干，不只是给别人打工，还要学习技术，远在异乡，要交好朋友，要诚实做人。天一亮他又急忙赶到车站，继续他的漫漫西行。自西充出来到阿克苏已在路上走了十多天，可以想见他们已是疲惫不堪。又走了三天，长途汽车终于抵达终点站叶城。还好，这一路上还算安全，汽车也没有出什么大的故障，也没有发生其他什么不测。可是，从叶城到阿里还有上千千米，没有班车，且道路更加崎岖，更加险峻，还要翻越海拔 5 000 多米的雪山。如何前行，是摆在他们几个人面前的难题，招他们来的老板说，就只能在路边向那些货车招手，据说那时候这几乎是从叶城到阿里的唯一交通方式，要不就只能靠步行，重复 1 000 多年前僧人的故事。还好，在阿里的建筑老板和当地部队官兵关系不错，他们在叶城县城待了两天，还是搭上了去阿里的运送货物的军用卡车。这条公路是新疆通往西藏的唯一公路，一出叶城就是一路爬坡，1 000 多千米的路段，80%都在海拔 4 000 多米的高山上，被称为世界上海拔最高的公路，要翻越 5 000 米以上的大山 5 座、冰山达坂 16 个，涉过冰河 44 条，穿越无人区几百千米，总之，这是一条异常险峻的路。

在军用卡车的车厢里，他们几个人就和货物混在一起，一路颠簸前行。可是，随着海拔增高，一来又冷，二来开始了高原反应，在汽车颠簸中高原反应会更加强烈。有两个伙伴终于发生呕吐，还好，陈林先身体比较敦实，一路上任凭汽车颠簸他都如履平地，没有发生高原反应。运气并不是总是那样的好，路上招手上车的便车难以把他们准确地带到目的地，而只能是一段一段地碰运气，他们从叶城到阿里换了四次车，每次换车就在路旁等着运气的到来，还好，阿里那么多官兵所需物质基本上都得靠这条公路从新疆叶城运送，所以等不了多大一会儿就会有车通过。据陈林先回忆，他们在路旁等车最久的一次是大约 7 小时，他们就轮班在路旁守候。至于这些天他们吃什么，这就是新疆特色了，在戈壁、沙漠、高山，新疆“馕”就发挥作用了。总之，历经千辛万苦，自 5 月 18 日从西充出发，经过差不多一个月日日夜夜的艰苦跋涉，6 月 16 日终于到达了他们的目的地阿里。

稍作休整后，就开始投入工作。他们老板承建的是一排 20 多间的两层小楼，刚开始他们五个人都是当小工，干了不到十天，老板看陈林先很精明，善于组织，就让他带班，工资从四百增加到五百。旁边一个工地的承包商是西藏当地的一家建筑公司，这家公司的老板看到陈林先组织得很好，工作效率很高，还想把他挖走。给他讲月薪一千，还每年提供一次往返成都的机票。可是，陈林先并未答应，觉得是四川老板把他们招来，就得给人家干活，至少要干一段时间才能去想其他出路。但是他一边干着建筑活，一边还是想着阿克苏种菜的事情。在阿里干了不到三个月，他就决定离开这里，还是去阿克苏找弟弟和表姐夫，和他们一起搞农业，去种菜。他为何做出这个对他来说是一个命运转折点的决定呢？据他讲，一是阿里的高海拔生活还是不太适应，二是尽管在阿克苏只待了一个晚上，但隐隐觉得阿克苏那里有他进一步发展的机会，再加上他弟弟、表姐夫在那里干了几年，多少熟悉一些情况。于是，他于 1992 年 9 月底就只身一人沿着来的那条路又返回了阿克苏，其他四个伙伴就留在了阿里，以至于以后也没有什么联系，也不知他们如今身在何处。

于是，从 1992 年 10 月起，陈林先就开始了在阿克苏的打拼。当年的秋冬，就是和他弟弟一起帮助人家干点小工，也没有另外租房住，兄弟俩就挤在一间小房里，就这样两弟兄开始了远在万里之外的相依为命的生活。陈林先的性格正如他的名字，总是要争"先"，而且还是众"林"之"先"，好像天生就不是一个寄人篱下的人，不管到什么地方，都表现出敢想敢为，不甘人后的倔强。不像他的弟弟一样，满足于给别人打工。到了第二年春天，他就自己承包了 3 亩露地，春季种莴笋、萝卜，秋季种大白菜，当年就卖了 6 000 多元，亩均 2 000 多元。这时候他更加看到阿克苏这个地方的优势，一马平川，地广人稀，土质也好，水也丰富，日照尤为充足，是一个搞农业的好地方，那时候就开始盘算着在这里好好发展。写封信给万里之外的爱妻，告诉她阿克苏的情况，劝她也过来。如前所述，陈林先的妻子是个能干的人，也是能吃苦的人，要是两人在这里一块打拼，肯定是一加一大于二。于是就在 1993 年底，他的妻子就带着不满四岁的女儿万里迢迢，来到了阿克苏，和陈林先一起开始了阿克苏的生产生活。

只是搞露地菜还不够，效益还是太有限，要想更好地发展，还得搞大棚生产，陈林先这样计划着。这里说的大棚就是塑料大棚，不是日光温室，主要是春提前秋延后生产。他们夫妻俩一商量，利用手头上的一点钱买了建造塑料大棚所需的木头柱子、竹片拱杆等零部件，自己动手在租借地上硬是搭起了两个塑料大棚。所剩下的钱不够买新的棚膜了，陈林先又是个爱讲面子的人，不好开口向人借钱，按他的话说，有多少钱干多少事，找人家借钱总得低三下四，不在万不得已的时候不去做。于是他就用手头仅剩的几百块钱买来旧薄膜，人家买这个旧薄膜是用来盖小拱棚，或是用作地膜，可他们夫妻俩把薄膜清洗干净，用电熨斗将小块薄膜拼接成大块薄膜，用于覆盖大棚。就这样，凭着两口子的勤劳与智慧，只用了很少的钱，就硬是将3亩露地改造成了保护地栽培、设施农业。当年就获得效益1.8万元，比露地生产高出2倍。他的妻子说能干就是能干，除了管好自家的塑料大棚以外，还加入到了采棉大军，起早贪黑一个采棉季下来，就挣了2 000多元。大棚收入和采棉收入加起来，1994年全年的收入就达到了2万元，还超额实现了他迟来的“万元户”梦想。

时间已是到了1995年，正如前述，阿克苏地区、阿克苏市为了建设“菜篮子”工程，要大力发展设施农业，从土地流转、技术培训、资金扶持、招揽人才等方面都在探索前行。应该说陈林先还不是如前所述的阿克苏地区菜篮子办从喀什招揽过来的那批川农，而是他自己找上门来的，不管何种途径来的，只要做出成绩，阿克苏都是一律鼓励，陈林先所获得的奖项和荣誉称号就说明了这一点。阿克苏市学习山东发展日光温室的经验，还专门从济南历城区请来了三位技术员指导日光温室的建造与栽培。依干其乡由政府出资建了100多亩的干打垒日光温室，然后承包给农民经营管理。有些农民觉得每年每亩2 000元的承包费太贵了，而陈林先经过盘算，认为承包日光温室肯定比种露地、塑料大棚的效益高，于是他就带头承包了三栋日光温室，温室面积大概3亩，栋间露地大概两亩。他巧用温室内外的每一寸地，没有半点浪费，露地种叶菜，温室里面种番茄，还套种豇豆等，精耕细作，不懂的就去找技术员，再加上这两年积累的经验与农业高中的知识积累，他的温室内外都是长势良好，丰收在望。还有一件事情是他难以忘怀的，就是当年的日光温室，冬季没有保温被，乡里给他们拉来了一批稻草，要他们自己编造草帘，可是一是没有会打草帘的人，二是阿克苏的稻草由于气候干燥是脆的，没法编造草帘。可眼看冬季已经来临，种植的番茄就要挨冻，他当时也没钱去购买价格比较高的棉被，怎么办？在万般无奈的情况下，他和妻子商量，索性就把那些散乱的稻草铺撒在日光温室上，白天把稻草赶下来，晚上又掀上去，整整一个冬天，天天如此，以至于冬季结束时稻草都成碎末了。可以想见，这是一种怎样的执着，这是一种怎样的信念支撑着他们如此行动。那一年天公也作美，竟然整个冬季都没有刮什么风，好像是故意要帮助这些勤劳勇敢的川农们似的。真是功夫不负有心人，他那一年就收获了4万多元。就是在他成功的鼓舞之下，许多农民看到了日光温室的威力，纷纷开始承包，在1996年前后掀起了一个日光温室的小高潮，日光温室在阿克苏也就开始不推自广了。可以说，阿克苏的设施农业基本上是在这批川农们自己摸索，取得成功后迅速发展起来的。应该说，政府对他们给予了大力支持，乡里给他们的低价或免费提供羊粪、薄膜。由于他们冬季在阿克苏种出了番茄、辣椒，在当时还引起了不小的轰动。阿克苏地区还在依干其乡组织了现场交流会，进一步扩大了依干其乡设施农业的名声。

可是，2001年冬季的一件不幸事件给陈林先这些川农造成了很大打击。就是阿克苏市西郊农场发生的一场火灾，无情地吞噬了他们的劳动果实。本来失火现场西郊农场离陈林先所在的依干其乡日光温室园区还有一段距离，可是发生火灾时又刮着强风，一些燃烧着的东西顺着强风飘落到了他们的温室上，可想而知，温室的保温覆盖材料是棉花、稻草、芦苇之类的易燃物，连骨架也是竹木结构的，不一会儿功夫陈林先所在园区的100多栋日光温室顷刻间化为灰烬。应该说温室园区发生火灾将温室烧毁在全国范围内都是比较罕见，许多人包括设施农业的业内人士甚至都闻所未闻。可是这样的不幸就真的发生了，还就落到了这些背井离乡的川农身上。面对这突如其来的灾难，怎么办？是收拾旧山河重振家业，还是打退堂鼓，另谋出路？严峻的现实问题实实在在地摆在了他们的面前。在这个时候，还是陈林先挺身而出，召集大家商讨，大火还是烧不垮这些刚毅的四川人。此时此刻，当地政府给他们带来了莫大的支持，给他们以精神上和物质上的鼓励，乡党委王书记和川农们商量对策，拟订计划。王书记多次到过陈林先所在的园区，由于是他们因陋就简，就地取材，再说也没有什么理论作指导建造起来的，温室盖的是非常简陋，且大小高矮都很不整齐，王书记早就有进行立项改造之意。世界就是这样，有时候坏事也能变成好事，一把火把旧的、破的温室毁掉了，可是在政府的支持下，标准更高、结构更合理的日光温室又建起来了。在新园区建设中，地区、市、乡各级都给予了大力支持，这些川农们又迈上了一个新的台阶。

这时候，阿克苏的设施农业就已发展到一定规模和一定水平，引起了自治区的高度重视，还在阿克苏召开了自治区设施农业的现场会，自治区主要领导都亲临阿克苏考察指导，其他许多地方来的参观者更是络绎不绝。此时，阿克苏的决策者们想到要再上新台阶，一定要开阔视野，一定要更多地培养技术员。这时寿光的设施农业已在全国崭露头角，还开始举办蔬菜博览会。阿克苏于2002年就派出了一批本地农民和川农远赴寿光学习培训。陈林先就是第一批受训者之一，他们先是参加菜博会，然后就参加了为期2个月的技术培训班，他们就住在农民家里跟着寿光农民在温室里种菜、学习。据陈林先讲，那次到寿光参加培训学习对他震动很大，开阔了视野，知道了设施农业的威力和影响力，他还注重新技术、新设备、新种子的引进，在阿克苏主栽的番茄品种“加茜亚”、旋耕机、卷帘机就是他那时候从寿光引进的。从寿光回来以后，阿克苏就聘他为农民技术员，帮助其他农民提高技术水平。2005年由阿克苏地区农业局组织了第二批寿光培训，陈林先又在其中，这次主要是学习集中育苗技术。经过这些培训和自己的摸索，他对日光温室的环境管理、栽培技术已形成了一套完整的理论与技术体系。本书第三章“艺超群芳”的内容主要是来自于陈林先，因为这里的川农们的高产栽培技术主要是源于他，而且陈林先不仅会做，而且会说，在对他采访调研过程中，他一讲就是2～3小时，思路清晰，语言精练，讲理论头头是道，说实践形象生动，真不愧是“全国优秀科技特派员”。

杨康(图 2-3，参见彩插)，善于组织，创建专业合作社，不负众望当好合作社主任。杨康老家是伟人故里四川广安县，1970 年生人。杨康是五个兄弟中的老大，他家世世代代就是贫苦农民，由于家里负担重，读到初中毕业，父母就让他开始打工，自谋生路。刚开始打工的时候，还是个十五六岁的小孩，加上个头也不大，身体瘦弱，就在县城的建筑工地做些零工，不仅挣的钱少得可怜，还经常受人欺负。一晃到了 20 岁出头，还是在县城居无定所，无固定职业，打工收入也就是勉强糊口，20 多岁的人了，对象也没有。思来想去，这样下去恐怕不行，还是得另想出路。他有个表叔叫冯建国，前几年来到阿克苏做菜贩子，就是通过这层关系，他于 1995 年来到了阿克苏。刚来阿克苏的头两年，就是跟着表叔贩菜，据他讲，贩菜这个活儿也是非常辛苦，每天起早摸黑，几乎睡不了安稳觉，不论寒冬还是酷暑，天没亮就得早早起床到市场卖菜，收入也并不多。就这样跟着表叔干了大概五年，2001 年又经老乡袁时勋介绍到菜地打工，和一群老乡菜农们住在一起。杨康也是肯学习肯钻研的人，一边干活，一边请教老菜农，学习种菜原理、技术，搞明白什么时候打药、灌水、施肥，看着菜农老板们享受丰收的喜悦，心想我也要自己租地，自己当老板来种菜。2004 年就找朋友们借了一点本钱，开始租了 2 亩地，自己动手盖起了日光温室。这一年，家里给他在老家本村介绍了一个姑娘，相隔这么远，要回去相亲也不容易，本来两家就是一个村的，杨康和这个姑娘倒也是认识，只是有几年没见面了。于是两家商量“简化程序”，由杨康在家的弟弟送上彩礼，替哥提亲，代办结婚登记手续。就这样，当年夏天姑娘就只身一人，从四川广安万里奔波来到了阿克苏和杨康一起打拼，第二年他们就有了一个儿子。不仅四川男人，就连女人，好像和新疆，和阿克苏有一种不解的渊源，这种情感牵连好像是与生俱来，一个大姑娘，第一次出远门，去和自己的心上人成婚成家，竟一下子就到了万里之外的阿克苏。若不是在冥冥之中就有对阿克苏的莫名向往，能出现这种事情吗?!

图 2-3　头戴矿工头灯的杨康

就这样，杨康和远道而来的新婚妻子在阿克苏的租借地上，搭建日光温室，起早贪黑，辛勤耕耘，除了养家糊口外，每年还略有盈余，尽管还是新婚夫妇，结婚新房也就是日光温室的工作间，劳作和生活就全在这日光温室里了。阿克苏市有几片设施农业园区，其中最大的一片就是西郊农场，杨康的温室就坐落在这里。这一片紧挨着市区，阿克苏市要加大城市建设力度，要将这片占地上万亩的设施全部拆掉。这时，温室已经成为这批川农们的“饭碗”，拆掉温室与剥夺他们的饭碗别无二致。当然，阿克苏市既要发展城市，也要发展“菜篮子”工程，而且要发展得越来越好。拆掉这片温室的同时，又在良种场等地进行土地流转，开辟出大小不等的集中连片园区，由政府负责土地流转、修路、挖井、通电等工作，然后招募川农们来园区自建温室，自行生产经营。杨康就是在这个时候来到现在的园区——良种场一大队一小队的，现在的这个园区建设始于 2009 年。无疑，每一寸土地都是要出钱租用的，良种场负责和当地村民谈好租地价格、年限等，杨康等川农直接和村里签订合同，交付租借款。杨康租借地的价款在 2009 年的时候还是相对便宜，每亩 1 800 元，合同期是 4 年，2013 年又更新了合同，在政府的协调下，合同期延长到10年,可价格涨到了每亩2 800元。川农们都认为这个价格对他们来说太高了,如何来解决这个问题,确实是个难题。

这一次的搬迁带来了一些新的变化。首先是政府进一步认识到这些川农已经成为阿克苏“菜篮子”工程建设的主力军,要给予他们更多的支持扶持,例如将卷帘机、保温被都纳入政府补贴,为川农贷款提供担保和利息补贴等。川农们也在这几年的设施农业经营中,提升了技术水平,产品的品质和产量更加有了保证,再就是阿克苏市的市场也更加规范,蔬菜销路也好。杨康组织这些川农朋友们商讨如何使新园区再上新台阶,使得温室进一步结构合理,生产技术进一步标准化,产品的安全性进一步提升。他们觉得专业化、标准化是达成这些目标的重要手段。于是,在杨康的提议下,川农们组建了几个设施农业的专业队伍,并且把当地的维吾尔族农民也组织起来。例如,良种场就有专业的温室土墙筑墙队,菜贩也是专业化了,连做畦起垄都有专业队伍,农忙时候要找人来采收、整地等作业,只靠两夫妇忙不过来的时候,一个电话帮工马上就会到来。所以,在阿克苏,围绕设施蔬菜,已经形成了一个比较完整的产业链,包括农资提供、产品生产销售、用工服务等都有专业化队伍。杨康还组织大家成立了“绿色食品专业合作社”,被推举为专业合作社主任,园区被认定为“无公害农产品生产基地”。合作社主要是统一肥料、农药的使用,还经常请地区、市里面的技术员传授新技术、新理念。在良种场的帮助下,杨康所在园区成功申报了农业部“设施蔬菜标准园”。

艾国(图2-4,参见彩插),几经波折终成正果,哪里摔倒哪里站起来。艾国是重庆璧山县人,1963年生人。1985年由先前来疆的叔叔介绍来到新疆。他家祖祖辈辈种地,按他的话说,是一个地道的农民后代。艾国聪明勤奋,初中、高中都是成绩优良,在班上总是名列前茅,也曾经怀揣过上大学的梦想,仅以几分之差与大学梦失之交臂。1981年高考落榜后,他也曾经迷茫,今后干什么、靠什么挣钱?人生的目标在哪里?高中毕业后,就和朋友

图 2-4 满怀丰收喜悦的艾国

结伴在县城打工,隔三岔五就换个地方,总想多挣几个钱,尽管工作换了不少,可是挣的钱怎么也多不起来。既然寄人篱下打工不挣钱,看到人家做小买卖收入还不错,就向亲戚朋友东借西凑准备了点小资本做起了小买卖,可是做生意也不总是一本万利,不仅没挣到钱,连本钱也给搭进去了,终究没有改变挣不到钱的命运,只好放弃做生意。正在一筹莫展的时候,听先前来疆的叔叔说新疆种菜可以挣钱,于是就借了 2 万元作为盘缠,只身来到新疆。首先是到的喀什,因为有四川老乡在喀什种菜。他倾其所有在喀什央布拉克良种场购买了 98 米长的一栋破旧日光温室,就这样开始了他的种菜生涯。可是,由于不懂种菜技术,当年的投资全部打了水漂,温室购置花了 1.5 万元,加上肥料、农药等的投资,换来的仅仅是 32 元的销售额。他遭受了来到新疆的第一次打击,不禁心灰意冷,想放弃种菜打道回府,返回老家。但是花了 1.5 万元购买的温室没法出手,只好硬着头皮苦撑下去。他说,那时候所经历的折磨是常人难以想象的,没有种过菜的人根本体会不到种菜的艰辛。所有的耕地整地完全是人工劳作,地是一铁锹一铁锹地去翻耕。每天在温室里劳作到午夜过后一两点钟才睡觉,早上四五点钟又得起床,用三轮车将菜拉到批发市场去卖。批卖完菜后，早上八九点钟又急忙赶回温室，用自己的双手把棉被一张一张拉到温室顶上。对于一个 20 岁出头的小伙子来说，还是不甘心就这样辛苦地继续干下去，还是想放弃种菜。只是苦于没有别的门路挣钱，就这样咬紧牙关一年一年地坚持下来了。

直到 2000 年，听说阿克苏市良种场（前述"技术为本，喀什揽才"）在招商种植蔬菜，政府给予修建温室大棚的优惠条件，园区水电路三通，还可以为资金不足者提供贷款。就是在阿克苏的优惠条件吸引之下，艾国随着另外几位四川菜农从喀什来到了阿克苏，开始了在阿克苏的蔬菜种植生涯。他给我们讲述种菜经历的时候，总是感叹种菜之艰辛，说没有走过这段路程的人是无法知道其中的苦涩艰辛。艾国从自己的亲身经历中总结出日光温室种菜的"几怕"：一怕刮风、二怕雨雪、三怕滞销。"怕刮风"，只要一见刮风就要把手上的活放下，赶紧给温室放风，为什么呢？2001 年春天，阿克苏的一场大风将几百亩的温室棚膜吹坏，造成蔬菜减产，有些甚至绝收，他家也不例外。因此，日光温室种植遇到强风就如同露天种植棉花或粮食作物遭受雹灾一样，惨不忍睹。"怕雨雪"，这是不言而喻的，艾国讲白天雨雪还不可怕，问题就是担心晚上下雨下雪。如在夜晚下雨或下雪，即使在深夜也得赶紧起床将保温被卷起来，以免被雨雪浸湿。保温棉被浸湿后，如不能及时晒干就会影响棉被的寿命，也显著降低保温被的保温性能，从而降低温室气温，直接影响蔬菜的生长，下雪也是同样的道理。有一年一场大雪一直延续了 20 多天，每天早上天一亮就开始除雪，只是将保温被上的所有雪除掉就得花半天时间。这样延续 20 多天，天气才好起来。再就是"怕滞销"。有一年的冬天，他们辛辛苦苦种出来的菜，如小白菜每千克三四角钱还卖不掉，芹菜便宜到每千克一角五分都无人问津，菜农们心理十分焦急。到了 2006 年，当时种植棉花的收入还是比较可观，于是艾国又改行，承包了 200 亩地种棉花。200 亩棉花的投资就花了七八万元，当年 5 月底的一场无情洪水将 200 亩的棉花连根冲起，导致颗粒无收，就这样一场洪水冲去了他所有的投资，心痛了几个月，可想而知，他当时的心情是多么难受。但是，这个倔强的四川汉子还是没有被困难所吓倒，他还是想在哪里摔倒就在哪里站起来。由于前一年种棉花亏本，第二年他减少了棉花种植，只是承包了 80 亩地，全家的希望都寄托在这 80 亩地上，希望能有个好收成，可是老天爷好像与他故意作对，要继续考验他似的，当棉花长到 20 多厘米时，一场大风将这些棉苗 80％吹死，无疑又给他浇上了一盆冷水。据他讲，这一而再再而三的打击使他真的承受不住了，但他还是请教技术人员，采取了一些补救措施，尽量减少损失。

就这样遭遇了两年棉花种植的亏本后，又下决心不再种棉花，干脆重操旧业，老老实实地搞温室种植。2007 年开始，日光温室的种植条件得到改善，整地用上了旋耕机，保温被配上了卷帘机，这样劳动强度减轻了不少，也节省了劳动时间，尤其是阿克苏的蔬菜价格也在升高，温室种菜的经济效益有了明显提高。艾国比较了这些年的收入变化，如 1998 年时一个百米长的日光温室收入只有 1 万元左右，可现在可达到 5 万元左右。出现这些变化的原因是多方面的，通过这几年的摸索，川农们的种菜技术有了明显提升，蔬菜的产量和品质有了提高，另外，阿克苏这几年的蔬菜价格稳中有升，因为扩大城市规模，西郊农场的上万亩简易设施被拆除，减少了温室面积。由于这几年的效益提高，川农们种菜的积极性开始进一步高涨，大家都铁了心把菜种好，把日光温室经营管理好。艾国也终于结束了从前的徘徊，日子开始一天一天好了起来，露出了他开心的微笑。

## 三、政策为基，科学制定

政策和策略是发展的生命线，阿克苏的设施农业从装备、规模来说在全国范围内肯定不属于先进行列，但从经济效益、管理水平、运行模式以及发挥的实际作用方面来看，无疑有其特色，可以说具有一定的先进性。阿克苏设施农业之所以走出了一条不同于其他地方的发展道路，开创了不同于其他地方的运行模式，与阿克苏地市各级政府与管理部门深刻领会国家的有关政策，并且和本地实际有机结合，科学的讲求实效的政策制定密切相关。关于"菜篮子"工程、设施农业的发展，农业部甚至国务院都出台了许多政策和规划。1988年由农业部提出、经国务院批准在全国范围内开始启动"菜篮子"工程的建设。从全国范围来看，25年成就辉煌，"菜篮子"产量大幅增加，品种日趋多元，质量不断提高，市场供应愈发丰富，产品供需基本平衡，农民收入显著增加。其间，农业部、各省市县政府围绕"菜篮子"工程，发布了多项文件、通知，甚至规划，从政策层面引导"菜篮子"工程有序推进。2012年国务院办公厅又下发了《关于统筹推进新一轮"菜篮子"工程建设的意见》，农业部据此编制了《新一轮"菜篮子"工程建设指导规划(2012—2015年)》。

农业部规划提出的总体思路是"新一轮'菜篮子'工程建设要坚持以科学发展观为指导，以市场需求为导向，以转变'菜篮子'产品生产方式为主线，以保障'菜篮子'产品有效供给和促进农民增收为目标，进一步强化菜篮子市长负责制，通过加强生产能力建设、完善市场流通设施、加快发展方式转变、创新调控保障机制，推动'菜篮子'工程建设步入生产稳定发展、产销衔接顺畅、质量安全可靠、市场波动可控、农民稳定增收、市民得到实惠的可持续发展轨道。"规划还提出了"增加数量与提高质量并重、市场调节与政府调控相结合、产区与销区统筹发展、能力建设与机制创新并重、生产发展和环境保护相协调"的发展原则。规划提出的具体发展目标为："通过4年左右的努力，实现肉、蛋、奶、鱼、菜、果、茶叶等菜篮子产品生产布局合理、总量满足需求、品种更加丰富、季节供应均衡、质量安全可靠、价格波动较小；直辖市、计划单列市、省会城市等大城市菜篮子产品的自给水平保持稳定并逐步提高；主产区菜篮子生产基地建设得到加强，流通条件进一步改善；产区和销区的利益联结机制基本建立，现代流通体系基本形成；菜篮子产品基本实现可追溯，质量安全水平显著提高；市长负责制进一步落实，供应保障、应急调控、质量监管能力明显增强。”规划将这些发展目标进行了分解，这就是：“产品供给能力更强：到 2015 年，蔬菜、水果产量达到 5.5 亿吨和 1.7 亿吨，肉、蛋、奶产量达到 8 500 万吨、2 900 万吨和 5 000 万吨，水产品产量达到 6 000 万吨，大城市蔬菜自给率保持稳定并逐步提高。生产方式明显转变：到 2015 年，蔬菜标准化生产基地核心区全部采用集约化育苗、标准化生产、采后商品化处理；畜禽规模养殖水平明显提升，生猪、蛋鸡、奶牛规模养殖比例达到 50%、73%、38%。流通条件得到完善：开放、统一、竞争、有序的市场流通体系逐步建立，农产品集散地、销地、产地批发市场统筹发展，国家级产地市场、区域性产地市场和农村田头市场互为补充、层次清晰的农产品产地市场体系基本形成，到 2015 年，完成 30 个以上国家级产地市场建设，各种农产品新型流通业态稳步发展，农产品供求、价格及运销信息网络运转顺畅，产区和销区的利益联结机制确立。产品质量稳定提高：农产品质量标准体系日益完善，标准化生产水平显著提高，质量安全检测能力整体提升，菜篮子产品质量安全追溯制度基本建立，全程监管能力不断加强，市场法规更加健全，市场秩序更加规范。到 2015 年，主要菜篮子产品监测合格率稳定在 96%以上。”规划对各种菜篮子产品的建设重点做了周密部署，就园艺产品来说，明确提出要“在大中城市郊区及周边地区和蔬菜、水果、茶叶等园艺产品优势产区，重点建设蔬菜、水果和茶叶标准化生产基地，整合集约化育苗设施、田间生产设施和商品化处理设施同步建设，推进产业化发展。蔬菜标准化生产基地包括设施蔬菜标准化生产基地和露地蔬菜标准化生产基地，重点加强集约化育苗设施、田间生产设施和商品化处理设施建设。水果标准化生产基地包括柑橘、苹果、梨、香蕉和葡萄等产品的标准化生产基地，重点加强田间生产设施和商品化处理设施建设。茶叶标准化生产基地重点加强田间生产设施建设。集约化育苗设施建设要重点建造育苗节能日光温室（北方）或镀锌钢架大棚（南方）。田间生产设施建设要重点建设水、电、路基础设施，购置生态栽培设施、机械操作和自动化控制装备。在设施蔬菜标准化生产基地，还要建设一批标准的节能日光温室（北方）、大棚设施（南方）。商品化处理设施建设要重点建设整理、分级、包装、预冷等采后商品化处理设施。”这些政策措施为今后“菜篮子”工程建设、设施农业的可持续发展指明了方向。

新疆维吾尔自治区党委、政府根据国务院、农业部关于建设“菜篮子”工程的要求，结合自治区实际情况，不断推出发展设施农业的新政策、新措施，自治区党委六届八次全委（扩大）会议作出了关于“百万亩设施农业发展战略”的决定，自治区党委、人民政府 2006 年 5 月发布了“关于加快设施农业发展的意见”。阿克苏地区行署也发布了“阿克苏地区 2009—2020 年设施农业发展纲要”，阿克苏地委行署还提出了“保障有效供给，实现多元化发展”和农业增收主渠道的农业农村发展思路，明确把大力发展设施农业作为加快产业结构调整、优化种植业结构、提升农业科技水平、提高农民收入和增强农业综合竞争力的关键环节来抓，实现到 2020 年末全地区设施农业总面积达到 30 万亩；设施农业亩均收益达到 1 万元以上，总产值达到 30 亿元，农民人均设施农业纯收入达到 1 000 元以上，菜农年纯收入达到 2 万元的工作目标，加快打造以设施农业为代表的现代新型农业，逐步建立并使之成为阿克苏地区发展区域经济、培育高效产业、促进农业增效、农民增收、农业综合竞争力提高的又一支柱产业和稳定增收的长效机制。

在“菜篮子工程”以及发展设施农业的政策推动下，阿克苏市的设施农业得到了迅猛发展，面积逐年扩大。截至 2011 年底，阿克苏市设施农业总面积已达 3.6 万亩，其中日光温室面积 1.68 万亩，占设施农业比例为 46.9%，全年反季节蔬菜产量达到 14 万吨以上，年总产值达到了 1.9 亿元，占阿克苏市农业总产值的 10.2%，农村人均设施农业收入为 856 元，占农民人均纯收入比例的 12.3%。阿克苏市设施农业平均亩纯收入约为 6 500 元。其中，3 000 余名少数民族农民靠发展设施农业走上了致富路。设施农业已成为阿克苏市农业产业新的经济增长点，成为增加农民收入的新亮点。

目前，阿克苏市设施农业产区已初步形成两大集中生产带及两个乡镇生产基地，即杭州大道以西、以依干其乡1、2、3、6、10大队为中心的西郊设施蔬菜生产区；乌喀西路以南、以依干其乡9、17大队及市良种场等为中心的南郊蔬菜生产区；以库木巴什乡政府菜地为中心的西南部设施蔬菜生产基地、以拜什吐格曼乡政府菜地为中心的南部设施蔬菜生产基地。专业化生产的“一村一品”、“一乡一品”的专业蔬菜村、专业蔬菜乡不断出现。如：良种场80%以上的温室面积全部主要种植辣椒和芹菜，依干其乡60%以上的棚室全部种植番茄。阿克苏市设施农业种植种类主要有蔬菜、西瓜、设施果树、食用菌、花卉五大类。其中番茄、辣椒、黄瓜、莲花白、大白菜、茄子等蔬菜种植面积较大。番茄种植面积约为1.57万亩，占设施农业总面积的50%，主要分布在依干其乡、西郊农场、地直单位菜地；辣椒面积约为3 140亩，占总面积的10%，主要分布在良种场和西郊农场，黄瓜面积约2 500亩，占总面积的8%，主要分布在依干其乡、西郊农场，芹菜、莲花白、大白菜、小白菜、茄子等约为7 220亩，占总面积的23%，分布在依干其乡、良种场。

阿克苏在充分理解贯彻国务院、农业部、自治区等上级部门关于发展设施农业精神的基础之上，紧密结合本地特点，创造性地制定出具体的行之有效的措施，是设施农业取得高效业绩的关键所在，也是催生良种场设施农业“奇葩”诞生的不可或缺的因素。阿克苏在发展设施农业的政策和策略方面，以下几点尤为值得称道：

一是技术人才引进注重实效。如前所述，菜篮子办亲赴喀什延揽人才，吸引那批川农加盟阿克苏的设施农业。其实在这里有必要来进一步分析他们这样做的合理性和有效性。首先，是阿克苏的决策者们认识清醒，认识到技术、人才是发展设施农业、也是发展其他任何事业的关键所在。有些地方的领导则不然，在这些人的眼里处于第一位的是资金，认为只要有了钱，什么都会有。殊不知，这些年有多少园区，是政府花巨资建起来一排排五颜六色、花花绿绿的日光温室，甚至是连栋温室，直到温室建成，还不知在温室里要种什么，要如何经营。为何这样，因为他们没有认识到人才、技术要先行，没有做好技术、人才的准备，以为只要有钱稀里哗啦建起来，里面就一定能长菜结果，这样的园区肯定是经营效果不好，有时是入不敷出，甚至连年亏损，直至倒闭关门了事。而阿克苏则从一开始就认识到仅靠自己目前的技术力量难以搞好设施农业，因此，要走出去寻觅人才、请进人才。再者，是引进什么样的人才。在这一点上阿克苏的做法也是挺特别的，他们不是请进几位专家定期和不定期地前来技术指导，而是直接将技术主体、经营主体整体请进，将土地直接交给这些技术能手亲自经营。这也再一次证明了我国人民公社解体，实行家庭承包经营的农业体制改革的合理性，农业要家庭经营才能增产增收，搞设施农业同样如此。

农业技术就是掌握在一个一个家庭里面、掌握在一个一个种植技术骨干手里。在这里隐藏一个重要的真理就是经营主体与受益主体的合二为一才可持续，至少在农业经营上是如此。因为唯有这样责任与收益才能统一协调。在这里还可用工业生产和农业生产的区别来说明阿克苏这种引进技术人才的合理性。如果说技术和资金是兴办一个事业的两大元素的话，谁主谁次在农业和工业上可能是略有不同。如兴办一个工业项目，要引进设备，包括技术，业主即经营主体只要有足够的资金，是完全可以成套引进并达到设计目的，包括数量和质量。现在是经济全球化时代，国内没有国外引，总之只要有资金就可引进成功直到运行达到设计目的，甚至竞标者还会趋之若鹜，以至于对竞标者还难于取舍。农业则不然，这几年的设施农业园区就是这样，一个园区只要有足够资金，则可很简单地建起一片片温室，日光温室也罢，大型连栋温室也罢，长则半年，短则个把月即可建成。但仔细看看这些大型连栋温室，甚至在所谓的植物工厂里面，作物的产量和质量这些农业元素是否也有大的进步呢。业内人士大概都知道，我国大型连栋温室的蔬菜生产几乎都处在亏损经营状态，其原因是产量和质量都未能取得应有的进步，也就是说大型连栋温室里面的生产技术，或者说与大型连栋温室相适应的配套生产技术尚未确立。可以将设施农业分为工业过程和农业过程,温室建设阶段纯粹是工业过程,可以看出在此阶段资金的力量是第一位的,而在温室里面的栽培生产则是农业过程,农业过程面向的是生物体,不是引进某项或者数项技术就能彻底改观的,需要的是连续性的系统性的技术、经验投入和管理到位,很明显在这里资金的力量是处于次要地位的,再有钱,一些作物的产量和质量也不见得就一定会好,技术的力量才是第一位的。应该说阿克苏的设施农业决策者们深谙此道,一开始就做出了将设施农业能手也就是经营主体、技术主体引进的英明决定。

最近作者发现并亲身经历着这样的事例,有一些大型企业倚仗资金实力雄厚纷纷涉足设施农业,有些公司投下巨资建起数公顷的大型连栋温室,由于缺乏足够的技术与人才,温室真正运行起来后,却陷入作物长势欠佳,产量不高,经营亏损的怪圈之中。此时才想到找专家出谋划策,以求帮助走出亏损怪圈。这些园区或者这些公司的决策者们和阿克苏比较起来,谁在践行科学发展观是不言而喻的。另外,这些大型企业涉足设施农业、建设园区,动辄圈地千亩甚至万亩,而事实上在这些企业里面基本没有或者根本没有相应的农业技术,和政府谈判签协议的时候却信誓旦旦要搞现代农业、要投巨资振兴农业,可真正实施起来就感觉到掌握农业技术并非易事,振兴农业并非那么轻而易举,尤其是让温室里、地里作物长势良好还很难的时候,他们就引进那些花里胡哨的所谓“高科技”做个“秀”,满足人们的猎奇心理,与农业增产、农民增收毫无关系。在此,不得不说,这些大型企业,甚至是房地产企业大量圈地是真想发展现代农业呢,还是曲线圈地囤地,是需要我们政府、人民擦亮眼睛认真看待的问题。否则,地没了,农业也没得到振兴。中华民族在近现代史上交的“学费”实在是太多了,付出的“代价”实在是太大了,好不容易开始“科学发展”了,决不能让那些以搞农业为名,实为损农坑农,违背“科学发展观”的悲剧再次上演!

二是政府作用发挥恰到好处。设施农业虽然是“菜篮子”工程的重要一环，但终究是一个生产经营活动，在更高层次上说是一个商业活动，在当前市场经济条件下商业活动就应该无条件地遵从市场经济规律和法则。政府在市场经济环境下，如何看待商业活动、如何参与商业活动、如何推动商业活动，在我国也许还是一个尚未充分破解的问题，不论从理论上还是从实践上都是如此。按照经典的市场经济原则，政府是不能参与商业活动的，放在设施农业上面，也就是说政府是不能直接参与设施农业的生产经营活动。为什么政府不能参与商业活动呢？因为许多商业规则都是政府制定，这就是规则制定者，市场管理也是政府的职责，这就是裁判员，直接从事商业活动的人和组织就相当于运动员，一个人在赛场上既是规则制定者，又是运动员还是裁判员的话，那你的竞争力将是无限大，将很容易击垮竞争对手，也就失去了公平性，势必导致其他参与者退出，生产将萎缩，社会将受损。可以说在阿克苏较好地做到了这一点，阿克苏市政府没有政府投入建温室、做生产、搞营销。为了发挥设施农业的规模效应，也为了便于集中销售，需要发展连片的设施农业园区，将分散在各个农户的小块土地通过置换、租借的方式流转出来则是政府的职责，园区里面的道路、水（打井）、电（变压增容）等基础设施建设靠各个农户是难以完成的，也应该由政府出面做好。阿克苏市良种场就是专心致志地做好了最要紧的这两件事情，其余的温室建设、生产经营等商业活动都由农民们，确切地说由川农们自行进行，自筹资金、自行建设。经过这么长时间的检验，证明阿克苏市的做法是正确的，有效的，因为有“奇葩”奇效作证。

阿克苏在目前的新一轮“菜篮子”工程建设中，又适时调整政策。进一步完善经营体制，明确提出坚持和完善“建设主体、生产主体、经营主体、受益主体”的“四位一体”的做法，也就是说在设施农业方面，必须做到“建设、生产、经营、受益”是同一个人或同一个组织，如果功能分离必定发展不好，这一点已成为阿克苏坚定不移的方针，因为他们从实践中尝到了甜头，收获了成就，他们认为也只有这样才能促进设施农业的可持续发展。根据自治区的统一发展规划，阿克苏也制定了发展目标，阿克苏采取的做法是“定指标、下任务、重考核”。还提出设施农业发展在“路边、河边、城边”的“三边设施农业”理念，加大对标准园、专业合作社的支持力度，增加卷帘机等农机补贴，针对川农住宅简陋的问题，将川农纳入到富民安居新村的建设计划之中，逐步改善川农的生活居住条件。

# 第三章

# 艺超群芳

戈壁春晓，大漠孤烟落云梢。历史的天空，金戈铁马烽火号角。忆往昔、看今朝，已不见李弓卫霍刀。白水河畔，茵茵绿洲曙光好。房檐低小，温室蔬菜叶繁茂。乡音乡情向媚好，疑入川蜀道。布衣翁媪，相见开颜笑。大儿种番茄，小女摘豆角。群芳妒，广袤田野艺高超。初春的第一缕阳光普照在阿克苏绿洲之上，冰雪消融，大地复苏。沧桑的红枣树刚刚睁开眼睛，迷茫地看着黎明的原野，千树万树梨花开，堆起团团雪。年复一年，花开花落人依旧，在阿克苏市良种场的温室大棚里，繁忙的人们继续着春天的繁忙。

绿树掩映春来早，一排排整齐的日光温室在阳光下熠熠闪光，卷起的保温棉被排着队儿摆放在温室的后墙上（图 3-1，参见彩插），一切都是那么的整齐划一，那么的井然有序，这里就是亦真亦幻的阿克苏市良种场设施农业生产示范园区。“菜香不怕巷子深”，这里虽然深居广袤的田野之中，却有着说不出的神奇，看外观而朴素，思内涵而豪华。温室两旁低矮成排的家居房屋，男女老幼操着浓重的四川口音，他们的手上和衣服上始终保留着混合了泥土的蔬菜绿色汁液，这是劳作的痕迹，最高级的洗衣粉也洗它不去；这是劳动者的印记，它散发着蔬菜的芳香。枝繁叶茂的朝气蓬勃，硕果累累的丰收喜悦，让人感动着劳动者的伟大。

图 3-1 阿克苏市良种场的温室群

# 第一节 间套复种初见神奇

说起“间套复种”，搞农业的人都不会觉得陌生。因为间套复种是大田农作物种植的常见模式，也是我国传统“精耕细作”农业的写照，它是通过提高复种指数，来提高光能利用率和土地利用率，以此在有限的土地面积上获取最大的产量和效益。有人叫它“多熟制”，也有人称作立体农业。在设施农业生产中，间套复种模式的选择也是种植成败、效益高低的关键。它既包括年际间和茬际间的搭配模式的选择，同时也包括同一茬的栽培模式选择。一个好的合理的栽培模式，加上高水平的技术管理，才能最终取得高效；如果栽培模式选择不好，即使管理技术高也不一定能取得高效。具体技术就好比战术，栽培模式就好比战略，二者有机结合才能取得完胜。管理技术水平决定高产与否，搭配模式是否合理影响周年效益。单从模式这一点，我们看看阿克苏市良种场的设施蔬菜生产，即可初见神奇。

## 一、芹菜—辣椒/豇豆或菜豆

辣椒矮，豇豆长，豇豆种在辣椒上。辣椒辣，豇豆犟，辣椒不让豇豆种在辣椒上，豇豆偏要种在辣椒上。这是阿克苏市良种场的一种最普遍也是最成功的种植模式，即秋冬茬种植芹菜，芹菜收获后复种冬春茬辣椒，辣椒中再套种豇豆或菜豆(图3-2，参见彩插)。一般是在后立柱处种植一排菜豆，在辣椒的行间垄上每隔1米点播一穴豇豆或菜豆(具体技术详见第二节和第三节)。

**图3-2　冬春茬辣椒套种菜豆模式**

**【解析】**首先我们要了解一下间套复种的含义，所谓的"间套复种"是间作、套种和复种的混合称呼，它们各有各的含义。间作是指一茬有两种或两种以上生育季节相近的作物，在同一块田地上成行或成带(多行)间隔种植的方式，常用"//"表示主体形式间作，"+"表示非主体形式间作。

套种是指在前季作物生长后期的株行间播种或移栽后季作物的种植方式，常用"/"表示套种。一般把几种作物同时期播种的叫间作，不同时期播种的叫套种。生产上常把间作套种一起表述，不做细致区分。套种与间作最大的区别在于前者作物的共生期很短，一般不超过套种作物全生育期的一半，而间作作物的共生期至少占一种作物的全生育期的一半。套种侧重在时间上集约利用光热水资源，间作侧重在空间上集约利用光热水资源。套种可以使用复种指数比较效益的大小，而间作使用土地当量比计算效益的大小。

另外还有复种，复种是指一年内于同一田地上连续种植两季或两季以上作物的种植方式。复种是中国传统精耕细作、集约栽培的重要方式之一。在大田生产上，根据当地无霜期的长短可分为一年两熟、一年三熟、两年三熟等，而在我们设施蔬菜的生产上，一般称为茬口搭配，如秋冬茬、冬春茬、越冬茬等。复种的符号表示一般用“—”来表示。

在机械化程度较低而农业劳力又不足的情况下，过高的复种指数常会导致过高的劳动强度，我们的设施农业目前就是这样。由于复种增大了蔬菜对水、肥的要求，需加强农田基本建设、增施肥料，才能满足多熟生产的需要。因此一个地区实行复种时，应根据当地的自然条件、生产条件和经济条件，确定可能的复种程度，选择适宜的复种方式，有主有次合理搭配，才能发挥当地的资源优势，获得应有的效果。

芹菜—辣椒/豇豆或菜豆模式中，芹菜属于喜冷凉的叶菜类蔬菜，比较适合秋冬季栽培，而辣椒和豆类属于喜温蔬菜，比较适合于春夏季栽培。芹菜喜氮肥，对氮肥的吸收利用较好，而辣椒对磷肥和钾肥的需求量较大，二者在肥料上没有过多的竞争，各取所需，既有利于土壤养分平衡，又避免由于土壤中氮肥过多造成二次盐渍化。同时，芹菜喜大水，大水可以压碱，为后茬辣椒减轻了碱害。辣椒和豆类套种，辣椒植株矮小，耐阴性强，而豆类蔓生攀缘，喜阳，二者特性互补、空间互补，各得其所，另外豆类都有生物固氮作用，弥补了前茬芹菜对氮肥的消耗，互利共生。由此可见，三者时空互补、互惠互利，可谓是绝佳的神奇魔幻搭配。

## 二、芹菜—辣椒/豆类/甘蓝/生菜/油麦菜

这是在上一模式的基础上的发展和延伸，即秋冬茬种植芹菜，芹菜收获后复种冬春茬辣椒，辣椒行间和温室后立柱前套种菜豆，同时在垄上以及垄的两侧套种甘蓝、生菜和油麦菜（图 3-3，参见彩插）（具体技术详见第二节和第三节）。

图 3-3　冬春茬辣椒套种生菜模式

**【解析】**这种模式看起来很复杂，涉及 6 种蔬菜，但农业技术的目的就是把复杂的情况简单化、合理化。其中芹菜复种辣椒已在上一模式中表述，这里单说五菜套种。豆类喜攀缘，温室后立柱及其悬挂铁丝为菜豆的攀缘提供了有利条件，也不影响辣椒的采光和田间操作，行间的菜豆充分利用了温室空间，二者空间互补，互不影响。

甘蓝和生菜、油麦菜都属于短季矮生叶菜类蔬菜，在辣椒生长前期与辣椒共生，充分利用土地和光能资源，减少了漏光损失，提高了光能和土地利用率，三者和辣椒时空互补，减少地面水分蒸发，提高水分利用效率。在辣

椒长大后封垄前及时收获，通风透光，不影响辣椒开花结果。

在果菜类蔬菜中间套种叶菜和根菜，是大田蔬菜园的常见模式，起初是菜农为了丰富自己的吃菜问题，在主要蔬菜的间隙或地边地头插花种植一些简单的蔬菜，可以随时采收食用，多余的拿去集市上卖点钱。设施蔬菜生产普及以后，菜农依然如此，在温室的前底角，空间小，温度低的地方种植一些芹菜、香菜等，随吃随拔。

但随着设施蔬菜面积的逐渐扩大，大部分蔬菜进入商品领域，露地蔬菜的种植也变得单调起来，人们包括菜农也开始大量买菜吃，小宗的叶菜类、根菜类蔬菜的价格和收益逐渐升高，这些蔬菜也就大量走进设施，转化为规模化商品性生产。

但这些叶菜类蔬菜不耐储存，以新鲜上市为主，种植数量太大，容易造成季节性过剩，种的过多上市集中，卖不掉就会坏掉，因此很难作为温室蔬菜的主茬口，而是作为果菜类蔬菜的副作物，与果菜间套种更好。既降低了过剩的风险，又能在一定程度上增加综合收益，设施蔬菜间套种模式就逐渐流行起来。

## 三、黄瓜/苦瓜

**以黄瓜为主要茬次，生长中后期套种苦瓜。两垄黄瓜，套种一垄苦瓜。黄瓜一般在1月底2月初定植，苦瓜4月中旬定植。**

**【解析】**这是一种温室早春茬典型的套种模式，黄瓜生长中后期在预留的空白行上定植苦瓜，苦瓜进入甩蔓期，黄瓜就收获结束拉秧出棚，留下的吊绳继续应用于苦瓜。黄瓜和苦瓜同属瓜类蔬菜，它们对水肥的需求、光照、湿度等生活条件要求很相似，植株的生长特性也很相近，都属于蔓生攀缘植物，蔓上开花结瓜。在管理上都需要吊绳绑蔓，苦瓜近乎是黄瓜的延续。多应用于早春入夏，早春黄瓜结束，进入高温多雨季节，苦瓜耐热继续生长，还可以保护设施架材和后屋面，特别是对竹木结构的温室，由于苦瓜蔓藤的遮阴覆盖，可有效保护竹木架材和后屋面因暴晒、雨淋而出现的开裂腐朽等。

黄瓜与苦瓜还有互补特性，黄瓜属于促早型蔬菜，结瓜连续性好、瓜码密集，早期产量突出，春季上市，后期容易出现早衰，瓜的产量和品质下降；而苦瓜相对黄瓜而言，它的根系比黄瓜发达，前期生长慢开花结果少，产量形成较黄瓜稍有滞后，夏季市场畅销，可以解热消暑。

然而任何事情都有两面性，二者套种也有不利之处，黄瓜和苦瓜虽然不是同一个属，但都是葫芦科植物，在矿质营养的需求上可能会有部分竞争，特别是在病虫害上，因为是同一科植物，是有些病虫害的共同寄主，能够互相侵染发生，不利于病虫害的防治，在生产上要统防统治。

## 四、草莓/甜瓜

以草莓为主茬次，套种甜瓜。每垄定植草莓两行，草莓行间垄上套种一行甜瓜，甜瓜定植株距为50厘米。草莓9月中旬定植，甜瓜翌年2月中旬定植。

**【解析】**这是一种典型的高矮搭配、时空互补的套种模式。草莓喜冷凉，耐低温，耐荫，多年生，匍匐生长，采收后有休眠特性；而甜瓜性喜温热，蔓生，一年生，喜阳光，温室栽培多采取吊蔓方式，立体栽培。二者一高一矮，充分利用了温室的立体空间。同时，春季草莓进入开花结果期，甜瓜刚刚定植，错开了生育期，在时间上形成互补。甜瓜生长期间的施肥浇水，也为草莓的再次孕育打下基础，等草莓再次开花结果，甜瓜已经收获拉秧，只待草莓，互不影响。

这个模式又是一个“双甜”的模式，草莓属于蔷薇科草莓属植物，又叫红莓、洋莓、地莓等，是一种原产于南美和欧洲的红色水果。外观呈心形，鲜美红嫩，果肉多汁，含有特殊的浓郁水果芳香。营养价值高，含丰富维生素C，有帮助消化的功效。在我国栽培普遍，很受人们的欢迎。由于草莓耐低温寡照能力强，适应范围广，近年来设施栽培草莓面积逐年增加，并使草莓在设施内很容易进行秋冬季生产，在寒冷的冬季为人们提供鲜美的水果。

甜瓜就不用多说了，它是我们新疆最有特色的瓜果之一，提到新疆就想起新疆哈密瓜。生产上种植的甜瓜主要分为厚皮甜瓜和薄皮甜瓜，在新疆所说的甜瓜一般是指厚皮甜瓜，哈密瓜就属于厚皮甜瓜。由于新疆哈密瓜名气较大，很多人把新疆的甜瓜都叫哈密瓜了，其实是不准确的。

**【重要提示】**设施蔬菜立体间套作一定要分清主次，以主茬蔬菜为主，以副茬蔬菜为辅，千万不能主次不分，齐头并进，顾此失彼。同时要按照高矮搭配、阴阳互补、短季作物与长季作物搭配、主多副少、前矮后高的基本原则，考虑蔬菜之间的互生互利关系，切忌盲目随意搭配。

## 第二节　高超技艺二见神奇

合理高效的栽培模式不失为宏观安排的智慧，但只会谋不会干也是枉然。农业技术是一项实践性很强的技术，技术措施的应用才是真家伙，深入阿克苏市良种场设施蔬菜生产基地，他们随便谈几点，足以让你咂舌观止。

### 一、冷育苗，质量高

阿克苏市良种场冬春茬辣椒育苗，是农户根据自己的间套复种模式自己育苗，采取冷育苗的方式，即冷床育苗加冷季育苗。常规的冷床育苗是在春夏秋季节，外界气温高，地温也不是很低的情况下采用，很少设在寒冷季节，而阿克苏市良种场却在10月份冷床育苗，却也育的很好。这也是阿克苏市良种场十分独到的辣椒育苗方式，多年来他们一直坚守习惯、坚守传统成熟技术，创造着辣椒冷季冷育苗技术的神奇。

### (一)冷床育苗技术

阿克苏辣椒冷床育苗是指10月上旬直接在地上播种育苗，不加地热线等增温措施。育苗床一般选在温室内，提前收获一畦前茬蔬菜，或者预留一畦空地休闲，等待育苗，适期翻地整地制作辣椒育苗床(图3-4，参见彩插)。苗床宽1.5米左右，长度和面积视温室宽度和育苗量而定。苗床营养土直接选用温室内预留苗床地的菜园土，就地取土，每15平方米苗床加入200千克腐熟猪粪或50千克腐熟鸡粪，过筛即可使用。

**图3-4　冬春茬辣椒冷床育苗**

**【解析】**冷床育苗是我国蔬菜传统育苗的一种主要方式，一般选择背风向阳、土壤肥沃、灌排水方便的地方作苗床，就地取土加入适量农家肥，过筛使用。辣椒冷床育苗具有成本低，秧苗素质好，方式简便易行，菜农容易掌握，也是他们最熟悉、应用得最好的一种方式。冷床育苗俗称地育苗，可使幼苗接地气，返璞归真，营养全面，根系环境良好；冷床育苗地温恒定稳定，没有温度忽高忽低的影响，土壤温度偏冷凉，幼苗稳健生长，徒长苗少。

辣椒冷床育苗通常是在日光温室内预留苗床地，采用地床做畦，畦上直接播种，分苗后畦面摆放育苗钵进行秧苗培育，由于没有增加地温的设备，因此称之为冷床。预留苗床地就地取土，操作方便，同时预留地此前施过肥料，肥料与土壤完成了充分融合，加之休闲一茬，地力得到休养培肥，自然形成菜园营养土，与临时制作的营养土相比，它的营养全面、结构合理，适合育苗。

在菜园土中加入猪粪200千克左右或鸡粪50千克左右，主要是因为猪粪是凉性肥料，腐熟缓慢，不易烧根，而鸡粪肥效高、发酵快，所以不宜过多施用，以防烧苗。在新疆虽然羊粪很普遍，但一般不选用羊粪育苗，因为新疆羊粪不仅含草籽量大，而且最可怕的是新疆羊粪盐碱含量高，不宜用作育苗之用。

冷床育苗虽然略显传统，但也不失风范，魅力犹在。

## (二)冷季育苗技术

**冷季育苗是指在寒冷季节育苗。阿克苏良种场冬春茬辣椒一般在上年的10月上旬播种，直接苗床上撒播，搭建小拱棚增温保湿，不覆盖地膜，不加温。到12月中旬，辣椒苗3～4片真叶，约10厘米高时分苗一次，分进9厘米×9厘米或10厘米×10厘米的营养钵内，整齐摆放在分苗床上，浇水，搭建拱棚开始加温，到翌年1月底2月初定植。**

**【解析】**从育苗的时间安排可以看出，整个苗期都在冬季，前期不加温，后期适当临时加温。冷季育苗由于气温和地温都比较低，幼苗生长缓慢，苗期长达120天左右，其中分苗前的时间就有75天左右。辣椒苗期温室的温度、光照等环境管理与棚内叶菜类蔬菜同样管理，保持较低的指标水平，对辣椒而言，这种条件下没有被冻死，但也基本不长，75天才长了3～4片真叶，但正因为温度低，幼苗相对矮小粗壮，得到了低温锻炼，有利于定植缓苗和产量形成。

通常蔬菜冷季育苗都采用“温室膜＋小拱棚＋地膜”三膜覆盖的方式，以更好的保墒提高地温，快速出苗，出苗后揭掉地膜。阿克苏市良种场却只有温室膜＋小拱棚双膜，不铺地膜，主要是因为地膜铺设后，膜下凝结水滴，在地面2～3厘米内湿度过大，加之地温低很容易出现烂种现象。

同时在阿克苏市良种场冬春茬辣椒依然坚持分苗，蔬菜分苗，能防止苗挤苗，扩大幼苗营养面积和光照面积，促使幼苗加快生长。但是，分苗必然造成不同程度的断根，使根系功能下降，抑制幼苗正常生长，因此要想办法保证幼苗在分苗后尽快恢复根系吸收功能，使幼苗健康成长。一般冷床育苗，分苗从2片真叶开始，宜控制在3～4片真叶期。因为越是在幼苗小的时候，分苗成活率就越高，若苗龄过大，不仅成活率低，还会影响花芽分化，而且每分苗一次，延迟生长5～6天，分苗宜采取一次分苗。

分苗密度与产量关系密切。在一定的密度范围内，随着苗距的加大，前期产量会相对提高，效益也会大幅度增加。一般辣椒分苗时苗距7～8厘米，茄子分苗时苗距8～9厘米。若苗床不紧张，其苗距可为8～10厘米；营养钵育苗其直径为8～10厘米，钵间用土充实，提高保湿、保温效果，有利于培育壮苗，提高产量效益。因此在实践中一般选用9厘米×9厘米或10厘米×10厘米的营养钵，一钵一株，保证营养面积，整齐摆放在分苗床上。

**【重要提示】**设施蔬菜的育苗方式有多种，在设施农业发展之初主要是借鉴露地蔬菜的传统育苗方式，如风障、阳畦、冷床育苗、温床育苗、酿热温床育苗等等。但随着蔬菜科技的发展和农业设施的快速发展，蔬菜育苗技术也得到了快速提升，出现了营养钵育苗、穴盘育苗以及工厂化基质无土育苗等现代育苗方式。

无论采用哪种育苗方式，都是与蔬菜的栽培季节与模式、蔬菜的栽培方式相适应的，不同的育苗方式育出的蔬菜苗，其相对应的栽培技术也有所变化。大田农业常说："良种配良法"，在我们设施蔬菜上可以说是："良苗配良法"，即不同的幼苗一定要配套适应的栽培措施，才能生长良好，产量高。

以番茄为例，传统的育苗方式以育大苗为主，壮苗的标准是：苗龄50～65天，株高20厘米左右，7～8片真叶，现花蕾但不开花，茎秆粗壮，叶色浓绿，根系发达，无病虫害。而穴盘基质育苗的壮苗标准则是：苗龄30～40天，株高15～18厘米，4～5片真叶，不现花蕾，茎秆粗壮，叶色浓绿，根系发达，无病虫害。

由此可以看出，大小不同的两种番茄苗，定植后的生长发育时间会有很大差异，那么与它相应的茬口时间安排以及栽培管理措施都应发生变化。这也是为什么阿克苏市良种场的菜农一直坚守传统育苗，而说穴盘育小苗不好的真正原因：他们多年来已经习惯了传统苗的栽培管理，而对穴盘育苗一时还没有掌握最佳的配套栽培技术，需要专家去引导和指导他们转变提升。

尽管如此，我们也不能武断地说传统育苗不好，其实各种育苗方式都有它的优点和缺点，就看你如何配套栽培管理技术了。

## 二、加沙育苗，有道理

**阿克苏市良种场冬春茬辣椒育苗的苗床营养土，在菜园土与农家肥混合后，还要加入适量的河沙，通常河沙与混合土的比例为1∶3，即3份菜园土与农家肥的混合，再加入1份洁净的河沙混合均匀(图3-5，参见彩插)。播种以后苗床覆盖，也选用河沙覆盖1～1.5厘米。**

图 3-5　冬春茬辣椒加沙育苗

**【解析】**这种方式是当地农民从经验中获得，但却有一定的理论意义。我们知道，在大田生产中，一般沙质土壤具有“发苗不发棵”的特点，而黏质土壤具有“发棵不发苗”的特点。也就是说，沙质土壤通透性好，容易出苗、齐苗，但保水保肥性差，土壤肥力也差，如果不及时增施足够的有机肥，后劲不足，难获高产。而黏质土壤相反，由于土质黏重，虽出苗困难，但土壤地力好，有后劲，越长越好，产量潜力比较大。

菜农在苗床土中加入河沙就是这个原因，加入河沙的苗床土通透性好，肥力也好，更加有利于出苗。同时河沙的比热小，白天吸收太阳热量较快，有利于提高苗床温度，而晚上散热也快，它的辐射热有利于保持夜温，因此菜农播种后覆盖一层河沙，这对冬季育苗是很有好处的。

但也要注意，不能加入河沙的量太大，因为河沙是无机的基质，没有肥力，如果加入过多会造成苗床土肥力不足，保水保肥性也差，容易出现后期脱肥现象。另外河沙过多也会出现一个假象，从外观看上去，沙质土壤的苗床始终保持湿润润的，其实含水量已经很低，但浇水后又马上下渗，让人感觉极度缺水而浇水过量，没有经验的人容易受这种特性的迷惑，把握不准。

因此，苗床土加沙量不宜过大，播种后覆盖也不宜过厚。

**【旱长根，湿长苗】**设施蔬菜育苗期，在苗床水肥的管理上我们提倡“保持土壤湿润，宁干勿湿”，究其原理就是“旱长根，湿长苗”。几乎所有的植物都有这个特性，在适度干旱的情况下，根系发育良好，地上长相不佳；而土壤湿度过大，根系发育不良，甚至窒息烂根、导致死亡。特别是营养钵育苗，很容易出现这种情况。

记得有这么一个农户，用营养钵育的番茄苗。连续多日，小苗长的癞兮兮的，怎么整都不长高。请了多名技术员给诊断，有的说是旱的，要浇水，他就浇水；有的说是沤根，要灌药，他就灌药，结果越治越重，有些苗已经开始萎蔫死亡了。

到底是什么原因呢？原来这个农户装进营养钵的土基本都是黏性土，而在每次浇水后怕干得太快，就撒盖一层干沙土，结果有的技术员没有深究，一看表层的干土就说“旱的，浇水”，结果越浇越湿，造成烂根。另一个技术员来了，拔起苗一看“沤根，灌药”，结果越灌越湿，沤根越严重，以至发展到萎蔫。

这种情况怎么诊断呢？首先要看小苗的长相。老叶发黄，新叶不发，茎干细弱，叶色灰暗；环生的几片叶呈“漏斗”状，心叶很低，环叶却很高，可以初步判断不是干旱长相，更像水淹造成的。一般干旱情况下，植株的顶端“上凸”，边叶低，相反水淹情况下，一般因缺氧窒息，新叶不长，边叶显得高一些。其次用手捏一捏营养钵，干则硬实，湿则稀软。最后用手拔一拔小苗，如果土壤过湿，根系发育不良，根量小，很容易拔出；否则小苗很难拔出。或者直接把土倒出来看看。

菜农遇到这些情况，往往认为是得了什么病，首先会想到用药治疗。其实很多病害都是管理不善造成的，技术员没有全程跟踪，如果不全面了解，很难找到原因。关于农业生产上的很多问题，技术员也并不是一眼就能看出，要像中医那样“望、闻、问、切”，问清来龙去脉，实地查看，再结合自己的专业知识和实践经验才能准确找到原因。

其实,解决办法很简单:停止浇水,把营养钵分散摆放,通风暴晒,等钵里的土变干变硬,再浇水。

**【断根控长】**设施蔬菜育苗最常见的问题是徒长,针对造成徒长的原因,我们常常提出"降温、控水、多见光"措施预防,但也有一些非正常情况,用了上述措施仍不见效,徒长故我。那就是传统的营养钵育苗,播种后摆放在地上,幼苗的根系从营养钵的透气透水孔扎出来了,它也能够顺利地从土壤中吸收水分和养分,造成地上部出现徒长。

营养钵一般是黑色塑料杯体,白天可以吸热,夜晚保温护根,还能保肥保水,保护根系,有利于集中育苗,移栽也方便,很受菜农的欢迎。但上述异常徒长现象会时常发生,当你发现根系穿过营养钵,地上部徒长时,就采取"转钵断根",把营养钵原地转个圈,或把营养钵拿起来再放下就行了,过一会儿叶片就出现暂时性萎蔫,不要怕,萎蔫就达到目的了。萎蔫说明这个措施影响了它的生长,减弱了植株的徒长趋势。

摆放在地上育苗的穴盘也经常出现这种现象,往往是因为穴盘播种后放在一个地方再不挪动,根系从透水孔扎出而徒长,遇到这种情况,就采取倒盘的方式断根控长。其实穴盘育苗,不管是放在地上还是放在育苗床架上,都应该隔几天倒一次盘,交换一下位置,以保证幼苗生长均匀一致,同时也预防了蹿根徒长。

## 三、前茬施肥,养后茬

阿克苏市良种场复种模式前茬为秋冬芹菜,收获后复种辣椒等,他们的施肥方式是以农家肥为主,化肥为辅。农家肥提前施入,一般在 7 月份整地时一次性施入优质鸡粪每亩 10 $米^3$ 左右,之后浇水翻地。定植前结合翻地整地每亩再施入磷酸二铵和复合肥合计 100～200 千克。到下一茬辣椒定植时少施或不施农家肥，一次施肥用两茬，前茬施肥后茬用。

**【解析】**高产的蔬菜是一道风景，但它离不开“底蕴”即有机肥的滋养培育。首先，有机肥是高产优质的基础，其营养全面、持效期长，能满足一季甚至多季蔬菜的需求，要想种好菜必须重施有机肥。由于有机肥肥效较缓慢，提倡早施肥、深施肥，提前进入土壤，经过微生物分解与土壤颗粒充分结合，有利于提高肥效。特别是半腐熟的和没有完全腐熟的农家肥，更要提早施入土壤，完成“后腐熟”，以防烧根烧苗。这次施的肥叫作基肥或底肥，按照果菜类蔬菜“磷孕苗，氮长个，钾长果”的需肥规律，全生育期应当坚持“氮磷钾平衡配方，前期不缺磷，中期不缺氮，后期补施钾”的原则，在肥料种类的选择上，氮磷钾平衡配方，基肥以磷肥为主，配合氮肥，少施钾肥。所以选择含磷较高的磷酸二铵或氮磷钾复合肥做底肥较为适宜。

由于这次底肥施入了大量的农家肥和磷肥，二者共同的特点就是肥效慢、持效期长，但它们已经施入土壤，与土壤颗粒充分结合在土壤中慢慢分解利用。而且第一茬种植的芹菜属于叶菜类蔬菜，芹菜对速效氮肥的需求量大，但对磷钾肥的消耗并不多，刚好留给喜欢磷钾肥的辣椒使用。因此，芹菜与辣椒的搭配，各取所需，互不影响，还能互惠互利，早期施入的农家肥和磷肥在冬季养分释放缓慢，辣椒定植后随着土壤温度的升高养分释放加快，有利于后茬辣椒的吸收利用。另外，辣椒定植时正处于寒冷季节，有机肥腐熟困难，施入后容易造成危害，间隔期也很短，几乎没有时间腐熟有机肥，也没有时间施入有机肥，采取前茬一次施入，经过培养分解应用于后茬，非常科学实用。

**【延伸阅读】**有机肥怎么使用更科学？

有农谚说：“庄稼一枝花，全靠粪当家”，这充分体现了有机肥、农家肥的重要性。在我们设施蔬菜上就更重要啦，它既是培肥地力，可持续生产的需要；也是绿色食品、有机食品生产的基础。但这个有机肥到底怎么使用才最合理、最有用呢？在我们的调研中，有菜农提出：粪肥腐熟后的没劲，不腐熟的更有劲。这似乎与专家的理论相反，是吗？咱们慢慢分析。

关于有机肥，这里主要讲粪肥，粪肥的种类很多，设施蔬菜上使用较多的主要有鸡粪、羊粪、牛粪、猪粪、鸽子粪、人粪尿等。它们各有各的特性，如羊粪、鸡粪、鸽子粪、人粪尿等属于热性粪，而牛粪和猪粪属于凉性粪，热性粪腐熟较快，肥效快；凉性粪腐熟慢，肥效也缓。

在有机肥的使用上，我们更加提倡完全腐熟后使用。因为粪肥的成分很复杂，有蔬菜需要的营养成分，也有对蔬菜有害的东西。经过腐熟处理后，蔬菜需要的营养成分经过微生物分解，转化为容易被作物根系吸收的离子，在根系吸水过程中跟随水分进入植物体内；同时高温腐熟，还能够杀死大量的病菌、虫卵和草籽等。可是为什么有些菜农却说"施生粪或半腐熟有机肥更有劲呢"？我分析主要原因：一是菜农没有掌握有机粪肥腐熟的正确工艺技术，造成肥效损失；二是对粪肥使用技术原理不了解，存在错觉或是误解。

**【分析】**我们人类生存的地球，就是一个大的生态系统，是一个食物链，通俗地讲，是各种生物通过一系列吃与被吃的关系，把这种生物与那种生物紧密地联系起来，这种生物之间以食物营养关系彼此联系起来的序列，在生态学上被称为食物链。生态系统中的生物种类繁多，并且在生态系统分别扮演着不同的角色，根据它们在能量和物质运动中所起的作用，可以归纳为生产者、消费者和分解者三类。分解者在物质循环和能量流动中具有重要的意义，因为大约有90%的陆地初级生产量都必须经过分解者的作用而归还给大地，再经过传递作用输送给绿色植物进行光合作用，所以分解者又可称为还原者。它们把复杂的动植物残体分解为简单的化合物，最后分解成无机物归还到环境中去，被生产者再利用。

上述分析可知，动物排泄的粪便不管是人为腐熟处理还是不进行人为处理，都必然要经过腐熟分解这个过程，才能把植物需要的营养成分分解出来，供植物吸收利用。在我们农业生产上使用动物粪肥，一般都需要人工腐熟。

**【有机肥人工腐熟技术】**有机肥特别是粪肥，种类繁多、特性各异，但人工腐熟处理的方法大致相同。

(1)前处理。有机肥的发酵升温是微生物作用的结果，可是微生物活动需要一定的环境条件，即环境含水量在60%～75%；厌氧菌需要无氧密闭，好氧菌需要有氧环境。生产上买来的粪肥常有两种状态：干粪和湿粪。干粪好办，加水至含水量60%～75%，即可进行腐熟处理。而含水量较高的粪肥怎么处理呢？

第一，不能晒粪干。因为露天暴晒，粪肥中的氮肥变成了氨气挥发，大大降低了肥效。我想，这也许是部分菜农所说的“腐熟后的有机肥没劲”的主要原因吧。

第二，添加填充物。如优质土、植物秸秆、家庭生活垃圾、过磷酸钙等。这些填充物加入后，不仅降低了含水量，而且还能吸附氮肥，起到减少氨气挥发，保氮的作用。这里值得一提的是过磷酸钙，过磷酸钙属于磷肥，大家都知道，磷肥容易被土壤固定，属于缓效肥。而加入到粪肥中一起腐熟，可以促进过磷酸钙的分解，同时通过过磷酸钙与铵的化学反应，可以固定氮肥，减少挥发损失。

这里需要大家树立一个理念：一方粪两方肥。确切地说，粪在处理之前还不能称之为肥，经过腐熟处理的粪才能称为有机肥。

第三，凉性粪腐熟较慢，在处理时可以与热性粪混合腐熟。

(2)高温腐熟。经过前处理后的粪肥，堆成高80 cm左右的粪堆，覆盖塑料膜高温腐熟即可。一般夏季处理2天左右，粪堆温度可达40～50℃，7天左右温度可达70～80℃，由于高温消耗水分以及高温下微生物活动受到抑制，此时停止升温，粪堆温度慢慢回落到40～50℃，第一个过程结束。此后揭开塑料膜翻堆倒堆，补充水分至含水量60%～75%，再造堆，覆盖，如此重复2～3次，即可完全腐熟。如果暂时不用，可以加水保存或干燥保存。

(3)适可而止。粪肥等有机肥不腐熟不好，甚至有害，但腐熟太过，也会造成肥效损失，那怎么才最恰当呢？

过分腐熟的特征：粪料干燥松散，颜色发白发红，长满红色菌丝，没有发酵香味，看上去像一堆干土。

恰到好处的特征：肥料颜色呈深褐色，部分松散，长满白色菌丝，没有恶臭气味，散发出阵阵发酵香味。

(4)科学使用。尽管粪肥已经腐熟，但我们还是提倡早施、深施，肥料与土壤充分混合，定植前7天左右结合翻地施入，有利于提高利用率。对于没有腐熟处理或没有完全腐熟的，更应该早施、深施，最好提前一个月左右施入，以防它在土壤中腐熟时，产生的高温烧根烧苗。

这里提醒一点：不要误解，并不是越臭的粪越好。

## 四、高温闷棚，效果好

前茬收获完毕后，将棚内残枝败叶、杂草杂物等清理干净，密闭温室高温闷棚。棚内气温可达70℃左右，5厘米地温可达40℃，闷棚时地面再覆盖一层塑料膜效果更好。第一轮闷棚7天，之后施入农家肥，浇水，翻地后进入第二轮闷棚，再闷棚大约7天左右，之后浇水待定植。

**【解析】**高温闷棚是温室生产的常用技术，但大部分地区没有看到此项技术的重要性。或者忽略不用，或者轻描淡写的意思一下，造成效果不佳，反说此技术无用。而在阿克苏市良种场却得到了高度重视和科学应用，而且效果明显。

闷棚技术是指在日光温室休闲季节，一般是在6～7月份，把温室全部密封，靠日光增温，以高温闷棚的一项技术。闷棚的主要作用是通过高温杀死棚内的病菌和害虫，大部分病菌和害虫扛不住40℃以上的长期高温，因此高温闷棚是日光温室最绿色的杀灭病虫害的技术之一，不使用任何化学药剂，是一种很有效的病虫害物理防治方法。

高温闷棚首先要清洁田园，把棚内的杂物清理干净，其次要完全密封温室，闷棚期间禁止人员出入，以防危及人身安全。高温闷棚是一种全方位杀菌杀虫技术，可以做到棚内不留死角，所以要清理棚内杂物，减少病虫害的藏身之地。闷棚时要做到完全密封，如有透气之处棚内温度提升不高，效果就会很差。以上几点也是我们生产上闷棚不理想的原因，有的人棚内还乱七八糟就开始闷棚，棚膜破损不堪、风口覆盖不严，一会儿开门进去放东西，一会儿又进去拿东西，造成闷棚温度不高，效果不好，还不从自身找原因，反说闷棚没啥用。这也是同样种大棚，有人挣钱而有人赔钱的原因所在，也是阿克苏市良种场温室蔬菜高明于他人的神奇之处。

高温闷棚除了上述要求之外，还需要一定的技术方法。第一轮闷棚要选择前茬收获之后，主要杀灭地面以上的病菌与害虫，由于前茬的种植培养，棚内地面上、空气中、墙缝里、夹角里、棚膜上、拱秆立柱上等等，都会潜藏着病虫害，此时高温闷棚杀灭效果极好，有条件的在地面上铺一层塑料膜，可杀死地面和浅层土壤中的病虫害。

第二轮闷棚要选择农家肥施入翻地后，主要是杀灭农家肥带入的病虫害和藏身在土层中的病虫害。农家肥中往往带有大量的病虫害和草籽，尽管使用前在棚外高温腐熟灭菌杀虫，但仍有部分病虫害随着施肥进入温室。第一轮闷棚气温可达到70℃，但土壤温度特别是深层土壤温度并不高，其中藏身的虫害和土传病害、寄生菌等不能有效杀死，因此要在翻地后进行第二轮高温闷棚，经过深翻的土壤疏松透气，升温快，随着闷棚时间的延长，大部分病虫害被高温杀死。

这就是方法，这就是效果。看似简单的一项小技术，只要态度严谨、方法得当，作用和效果不简单。

**【重要提示】**温室大棚一般都是在夏季翻地、施有机肥、高温闷棚，但如果操作不当，不仅技术效果不好，还可能闹出人命来。上述三项工作的程序一般是先施肥，再翻地，最后再闷棚。不能在闷棚的时候翻地，闷棚时严禁人员进出。如果劳动力不足又没有机械，建议有机肥陆续进棚，翻多少地进多少肥，翻地时一定要打开风口和前沿，通风透气。

高温闷棚除了定植前闷空棚之外，在生长期间某些气传病害刚刚发生时也可以使用，但更要注意方法，否则很容易受害。如温室中的灰霉病、叶霉病、早疫病、霜霉病、白粉病等，都属于气传病害，在发病初期高温闷棚不失为一种无害化防治措施。

但一定要在闷棚温度和闷棚时间上掌握好，由于棚内有蔬菜生长，即使喜温蔬菜，当温度长时间高于35℃也会受害。所以蔬菜生长期间高温闷棚的温度一般不要超过35℃，一次闷棚时间不要超过两个小时，闷棚后及时打开风口，通风降温。可以采取今天闷两个小时，明天再闷两个小时的短时多次的方式，切忌超时超高温闷棚。

**【另类闷棚】**这是一个蔬菜生长期间闷棚的意外。

我认识这么一个农户，平时有点懒，棚里总是乱七八糟，邻居们说他有点傻，可他还有点小聪明。有一年他种的番茄，长得还不错，可就是因为他的懒和那点小聪明，一次闷棚让他的菜全部绝产。

那年冬天，他刚给番茄浇水施肥后，晚上就下雪了。不大不小的雪断断续续下了三天，这下他高兴了："下雪了，棉被子拉不开，就是拉开也没有太阳呀，可以不干活了。"就这样在家睡了三天懒觉。

雪过天晴的早晨，他来到温室就傻眼了，一棚的番茄像水煮的菠菜一样，全完蛋了。什么原因呢？闷棚。

我到他温室的时候，还没走进去，就远远地闻到了一股开水烫菠菜的气味。全部的番茄叶片都垂了下来，就连生命力最强的顶梢也无一不歪下了脑袋，一股浓浓的氨气味还没有散尽。地上的垄沟里，还有一层没有溶化完的磷酸二铵颗粒，地表还一片泥泞混乱。

据他给我说，他的施肥方式也跟他一样傻(撒)！大棚蔬菜在生长期间追肥，一般要选择晴天，把化肥提前溶化在水里，变成液态肥水，然后在浇水时，一垄一垄随水冲施。浇水施肥后要打开风口，第二天早上也要打开风口，以防挥发在空气中的氨气给蔬菜造成危害。

人们都说他有点傻，有点懒，还有点小聪明。他觉得那样施肥太麻烦，先化后化一个样，反正肥料都在自己地里，肉烂了还在自家锅里。就大水漫灌，浇足水后，卷起裤腿、端起盆子，像大田撒化肥一样，把50千克二铵和尿素撒进了番茄地里。关上门，盖好棚就回家了，谁知道第二天下雪呢？

**【重要提示】**这是典型的氨气中毒事件，不是人中毒，是菜中毒。这个菜农犯了三个主要错误。

一是浇水施肥时间选择不当。俗话说浇水要“三看”，“看天，看地，看庄稼”，如果明后天有雨、有雪或是阴天，不能浇水施肥。自己看不出来天气情况，可以看天气预报。

二是浇水施肥方法不当。设施蔬菜严禁大水漫灌，这样不仅浪费水，还很容易引起病害发生。最好能安装滴灌，水肥一体化。就是没有滴灌也要沟灌，坚决不能大水漫灌，更不能撒施化肥。

三是浇水施肥后的管理不当。除了没有放风之外，就是没浇水施肥，这样连续三天闷棚也不行。遇到阴雨雪等特殊天气，连续覆盖时间不要超过24小时。特别是大雪天气，不能睡懒觉，要随时清理棚上积雪，预防把温室压坏。第二天就是雨雪不停，也要设法进行短时见光，哪怕揭开一小部分覆盖物也行，严禁连续覆盖。即使没有浇水施肥，连续覆盖也有绝产的危险。

## 五、翻地深一寸，胜施十遍粪

在阿克苏市良种场，多年来一直采用芹菜复种辣椒的模式，可为什么土壤没有发生板结、地力衰退不明显，还能持续高产呢？就是得益于深翻地，他们一般每年深翻一次，深度在30～50厘米(图3-6，参见彩插)。

图 3-6　日光温室土壤深翻

**【解析】**俗话说“翻地深一寸，胜施十遍粪”，这句农谚在阿克苏市良种场真正起到了作用。温室栽培追求高效高产、周年生产，往往茬口交换时间短，来不及深翻地，只是用旋耕机简单耕地，深度也就是25厘米左右，基本属于半免耕栽培。久而久之，栽培层只有25厘米左右，犁底层却深厚坚实，土壤结构不合理，加上连年施肥积累，土壤次生盐渍化现象日趋严重，产量一年不如一年。可在阿克苏市良种场多年来一直坚持每年深翻一次，40厘米左右。温室内土壤种养结合，才能可持续利用。

前面说“翻地深一寸，胜施十遍粪”，但什么事都有个度，乐极还会生悲呢，翻地也是一样，也有一个深度的限定，不能太过分，研究表明在60厘米以内翻得越深越好，一般翻30～50厘米即可。翻得过深土壤结构就会遭到破坏，上面多年培养的菜园土也叫熟土被翻下，而下面的生土被翻上来，就会大大影响产量。因此在深翻时要坚持一定限度，不能乱土层。生产上有的人误解，采取了深挖沟、大翻土，结果出力不讨好，产量直线下降，又得用时几年重新培肥地力。

科学技术也是有度的，掌握不好就不是科学了。

## 六、高垄双行，植单株

**阿克苏市良种场辣椒采取高垄栽培，垄高50厘米左右，垄宽70厘米，垄距50厘米，垄上距离垄边10厘米双行定植，每穴单株，株距30～35厘米，地膜全地面覆盖。**

**【解析】**温室栽培果菜类蔬菜一般都要起垄栽培，垄高在20～25厘米，唯有辣椒起垄较高，达到50厘米，主要原因是预防辣椒疫病，此病是近年来辣椒的常见病害，属于土传病害，随着灌水特别是大水漫灌传播很快，目前能够有效预防和治疗的最好办法就是起高垄，为的是灌水时不要漫根，从而减少此病的发生蔓延。更好的办法就是安装滴灌系统，水肥一体化，可减少此病。

“70＋50”的垄沟配置模式是近几年在新疆各地设施蔬菜产区，大面积推广的果菜类蔬菜定植的标准化模式，垄宽70厘米，定植时离开垄边10厘米，一垄双行，使操作行变为70厘米，垄上行距变为50厘米，这样田间群体结构合理，也便于农事操作。地膜覆盖采取全地面覆盖较好，除了提高地温以外，还可以防止地面水分过度蒸发，保墒的同时减少空气湿度，从而减轻气传病害。

辣椒单果重比较小，属于靠群体获取产量的果菜类蔬菜，而且前期产量是重点，常规栽培以每穴双株定植较多，每亩保苗6 000～8 000株，以较大的群体获取较高的产量。而阿克苏市良种场冬春茬辣椒栽培是间套种模式，密度太大，间套种困难，所以采用单株定植，每亩保苗 3 500 株左右，给其他蔬菜留有余地。

另外，高垄栽培也为间套种创造了较宽的垄侧面，可以定植 1～2 行生菜、油麦菜或油白菜等短季矮生叶菜类蔬菜，即使单株定植也不至于漏光太多，充分提高了光能利用率和土地利用率，也提高了综合效益。

**【重要提示】**垄的形式多种多样，既有高矮宽窄之分，也有形状上的不同。目前在温室蔬菜栽培上，常见的有平垄和龟背垄两种形式，平垄是指下宽上窄、截面呈梯形、顶部水平的垄；龟背垄是指垄面呈弧形的垄。二者都有宽垄和窄垄之分，宽垄一般在垄上定植 2 行蔬菜，窄垄只定植 1 行蔬菜。根据蔬菜植株大小不同，宽垄一般顶宽 50～100 厘米，窄垄顶宽 30～50 厘米，垄高一般 20 厘米左右。

起垄的好处主要有：一是土壤耕作层通气性好，有利于根系的呼吸；二是垄的三面见光，增温快，有利于提高地温；三是便于浇水和冲施肥料；四是可以减少土传病害。但是起垄栽培如果浇水量过小，容易造成土壤干旱、根系缺水。所以一般深根系的果菜类蔬菜采用起垄栽培，而叶菜类蔬菜一般平畦栽培。

需要提醒的是，我们要正确理解农业技术，它是一门应用技术。所有的农业技术措施没有一成不变的，不是死板刻板的，要灵活应用。但也不能灵活得太过分。有的人听说高垄栽培好，就把垄给起了个六七十厘米，甚至更高，这就过分了。起垄过高，一是劳动强度大，费工；二是田间操作不方便；三是浇水施肥不方便。垄间沟变成了“排碱沟”，水肥流失严重，另外蔬菜 80%的根系都在 30 厘米以内，水肥离它太远，根系吸水吸肥困难，偏离了高产栽培的目的。

所以，起垄能达到发挥它的好处就行了，相信物极必反。

## 七、全程防控,疫病无

温室蔬菜栽培中病虫害一直是令人头疼的问题,既是影响蔬菜产量的主因素之一,由于得病需要打药,因此也是影响产品安全的主要因素,特别是辣椒疫病,一旦得病,治好很难。阿克苏市良种场采取了前紧后松的病虫害系统化防控措施,即苗期和生育前期用药次数多,而到了中后期用药次数减少,前期喷雾后期灌根,打防并举,全程防控,综合治理。

### (一)苗床紧防

一般在育苗床上1/3的苗出土,就要揭开小拱棚第一次喷药(恶霉灵),之后3～5天喷药一次,主要预防猝倒病。待真叶长出后主要预防立枯病,7天左右喷一次恶霉灵。育苗床2/3出苗开始预防斑潜蝇,选用阿维菌素7～10天喷一次。

**【解析】**阿克苏的辣椒育苗正值寒冷季节,种子刚出苗茎秆细弱,地温较低,很容易发生猝倒病,等到真叶长出时,猝倒病减少而立枯病发生,这两种病害发病原因都是低温高湿造成的,在防病用药上也基本一样,都可选用恶霉灵防治。有人认为苗期幼苗小,耐药力也小,容易受害,而且大部分药液落在了空地上,效果不好。但我认为不然,幼苗耐药力弱怕的是高浓度,降低药液浓度即可,至于药液大部分落在空地上,我认为更好,可以一喷两用,既预防了苗上发病,又预防了土壤病害侵染幼苗,一举两得。

冬季温室育苗主要虫害是斑潜蝇,它的虫卵寄生在土壤中,条件合适就会进入幼嫩叶片,取食叶肉,因为它在叶片内部活动,防治困难。而采取早期喷药可以将斑潜蝇控制封闭在土中,使之不能进入叶片危害,用药可以选择阿维菌素类低毒高效农药。

**【重要提示】**俗话说"好苗半季产"。道出了苗期的重要性,不仅要培育出适龄壮苗，而且还要确保幼苗无病虫害。很多大田病害都源于苗床，病苗进地后出现大面积死苗，导致缺苗断垅，原地补苗成活率依然很低，所以病苗进地危害无穷，要高度重视苗床上的病虫害防治，把病虫害控制在苗床上。本着“预防为主，打防并举，标本兼治”的原则，把病虫害消灭在萌芽状态。

## (二)前期灌根

为了预防菜农俗称的“死苗”即辣椒疫病，阿克苏市良种场的菜农在辣椒前期主要采取药液灌根的方式来预防。从分苗后的苗床上就开始，一般在分苗床上灌药 2 次，一钵一钵逐个灌药，定植以后逐棵灌药，称为灌根，一般苗期灌根 2～3 次，此后生长期间再灌根 2～3 次，20～30 天灌根 1 次。常用药剂主要有 50％甲霜铜可湿性粉剂 600 倍液，或 30％甲霜恶霉灵 600 倍液，或 25％甲霜灵可湿性粉剂 700 倍液，或 72％克抗灵可湿性粉剂 600 倍液对全田植株灌根，每株灌药液量 250 克左右。

**【解析】**辣(甜)椒疫病主要为害叶片、果实和茎，特别是茎基部最易发生(图 3-7，参见彩插)。幼苗期发病，多从茎基部开始染病，病部出现水渍状软腐，病斑暗绿色，病部以上倒伏。成株染病，叶片上出现暗绿色圆形病斑，边缘不明显，潮湿时，其上可出现白色霉状物，病斑扩展迅速，叶片大部软腐，易脱落，干后成淡褐色。茎部染病，出现暗褐色条状病斑，边缘不明显，条斑以上枝叶枯萎，病斑呈褐色软腐，潮湿时斑上出现白色霉层。果实染病，病斑呈水渍状暗绿色软腐，边缘不明显，潮湿时，病部扩展迅速，可全果软腐，果上密生白色霉状物，干燥后变淡褐色、枯干。

疫病病原菌的卵孢子可存活 3 年以上，主要以卵孢子在土壤中和病残体上越冬，可度过不种植寄主作物的季节。在适宜的温度和湿度条件下，卵孢子开始萌发，产生游动孢子，侵入辣椒的根部、茎基部、叶部。在辣椒生长期间，病株陆续产生孢子囊和游动孢子，主要随灌溉水扩散传播，发生多次再侵染。病原菌还可通过农事操作而传染，引起叶、枝、果发病。

田间最初仅有少数植株发病，但也形成传病中心，很快向周围扩散，侵染邻近植株。根据各地田间调查证明，由 1 个病株向周围扩展，10 天内发病面积可达到 12 米$^2$，20 天内即可达到 45 米$^2$。如在适宜条件下，由开始发病到全田发病只需 7 天左右。辣（甜）椒疫病是由鞭毛菌亚门，辣椒疫霉真菌侵染所致。病菌以卵孢子在土壤中或病残体中越冬，借风、雨、灌水及其他农事活动传播。发病后可产生新的孢子囊，形成游动孢子进行再侵染。病菌生育温度范围为 10～37℃，最适宜温度为 20～30℃。空气相对湿度达 90％以上时发病迅速；重茬、低洼地、排水不良，氮肥使用偏多、密度过大、植株衰弱均有利于该病的发生和蔓延。

**图 3-7　辣椒疫病植株**

## (三)水中带药

在生产上,除了苗床严防和前期灌根防控之外,到了植株生长中后期,植株高大、稠密,不便于灌根,即采取随着浇水冲施药剂防控的方式,一般每次浇水时每亩随水冲施硫酸铜溶液5千克左右,保护茎基部和根部,预防侵染。

**【解析】**辣椒疫病属于土传性病害,病菌寄生在土壤之中,只要条件合适随时都能够侵染植株,特别是浇水和农事操作更容易传播。到了辣椒生长中后期,尽管植株茎秆粗壮,抗病能力增强,但仍然不能掉以轻心,虽然灌根不太方便,但水中带药仍不失为一种较好的预防措施。因为辣椒疫病菌主要寄生在土壤之中,其侵染路线基本是自下而上侵染,上部叶面喷洒药剂的效果仍然不如下部防控的效果好,随着浇水每亩冲施硫酸铜5千克左右,重点防控下部。

硫酸铜($CuSO_4$)纯品为天蓝色或略带黄色颗粒晶体,水溶液呈酸性,是一种保护性无机杀菌剂,一般为五水化合物即五水硫酸铜($CuSO_4 \cdot 5H_2O$),又称胆矾、蓝矾,在农业上作为杀菌剂使用。在辣椒疫病的防控上,提倡以防为主,因此硫酸铜作为保护性杀菌剂能够起到很好的防控作用,在阿克苏市良种场得到广泛应用。但有的地方辣椒疫病发生时使用硫酸铜,效果不理想,因为它是一种保护性杀菌剂,用于治疗效果不好。还有的地方认为硫酸铜是保护性杀菌剂,没有特效治疗功能,就认为硫酸铜不是一种好农药,忽视它,很少使用。其实这些错误的做法和想法,都是对蔬菜病害的不了解,不理解“预防为主”的重要性,不懂得病害防控机理,得病之后乱投医,结果越治越糟糕,造成重大损失。

**【重要提示】**辣椒疫病近几年成为人们蔬菜种植中谈之色变的病害,一般在辣椒苗期就可侵染,到了结果初期开始发病,传播速度非常快,绝产率非常高。但更让人担心的是这种病害没有一个针对性强的专用药,凡得病者很少能治好,产量损失很大。但经过上述分析,我们可以初步总结阿克苏市良种场的做法为:全程系统防控技术。

辣椒疫病属于土传病害,能够长期寄生在土壤中伺机侵染,一定要从苗床开始全程系统防控。用药重点放在土壤和水上,喷洒苗床,无病苗定植;定植后灌根防控;生长期间水中带药杀菌保护。在栽培模式上采取高垄栽培,最好能安装滴灌系统,切记大水漫灌漫根,但要保持土壤湿润,切忌土壤过干过湿,给茎基部造成伤口,让病菌有机可乘。

**【延伸阅读】**从上述分析,我们不难看出,辣椒疫病确实属于一种顽固性病害,另外也不难看出,在阿克苏市良种场种植辣椒使用了不少农药。在食品安全倍加重视的今天,我们该如何理解食品安全呢?就让我们了解一下什么是绿色食品吧。

绿色食品的定义:是指在无污染的生态环境中种植及全过程标准化生产或加工的农产品,严格控制其有毒有害物质含量,使之符合国家健康安全食品标准,并经专门机构认定,许可使用绿色食品标志的食品。

绿色食品在中国是对无污染的安全、优质、营养类食品的总称。是指按特定生产方式生产,并经国家有关的专门机构认定,准许使用绿色食品标志的无污染、无公害、安全、优质、营养型的食品。绿色食品是指在无污染的条件下种植、养殖,施有机肥料,不用高毒性、高残留农药,在标准环境、生产技术、卫生标准下加工生产,经权威机构认定并使用专门标识的安全、优质、营养类食品的统称。具体标准要求如下。

(1)产品或产品原料产地必须符合绿色食品生态环境质量标准。

(2)农作物种植、畜禽饲养、水产养殖及食品加工必须符合绿色食品生产操作规程。

(3)产品的包装、贮运必须符合绿色食品包装贮运标准。

(4)产品必须符合绿色食品标准。

绿色食品是中国政府主推的一个认证农产品,它有绿色 AA 级和 A 级之分。

A级绿色食品标准要求：生产地的环境质量符合《绿色食品产地环境质量标准》，生产过程中严格按绿色食品生产资料使用准则和生产操作规程要求，限量使用限定的化学合成生产资料，并积极采用生物学技术和物理方法，保证产品质量符合绿色食品产品标准要求。

AA级绿色食品标准要求：生产地的环境质量符合《绿色食品产地环境质量标准》，生产过程中不使用化学合成的农药、肥料、食品添加剂、饲料添加剂、兽药及有害于环境和人体健康的生产资料，而是通过使用有机肥、种植绿肥、作物轮作、生物或物理方法等技术，培肥土壤、控制病虫草害、保护或提高产品品质，从而保证产品质量符合绿色食品产品标准要求。

## 八、适龄定植，有讲究

在阿克苏市良种场，冬春茬辣椒的适龄定植很有讲究，一般苗龄120天左右，苗高15～20厘米，真叶7片左右，显小花蕾时定植最佳。播种、分苗和定植时机的选择与夏秋季不同，夏秋蔬菜的播种、分苗和定植一般选择阴天或晴天下午进行，遮阴防晒提高成活率，而冬春茬则相反，一般选择晴天上午进行，温度和光照条件好，更有利于幼苗成活缓苗。穴盘小苗与自育大苗，农户更愿意接受使用自育大苗（图3-8，参见彩插），同期苗，自育大苗要比穴盘育小苗早上市15天左右。

**【解析】**在温室蔬菜栽培上特别提倡适龄适期定植，但随着科学技术的发展，蔬菜的适龄与适期也在发生着变化，现代育苗技术和传统育苗技术出现了某种程度的纠结。现代育苗技术提倡集中规模化育苗，在智能化温室中进行，选用塑料穴盘基质育苗，育出的商品苗矮小，叶龄也少。这种方式育出的菜苗整齐一致，育苗时间短、一次性育苗量大，不分苗，菜农俗称之为“小苗”。而传统育苗方式则是在生产温室中进行，以就地挖取的菜园土为主，配合农家肥和河沙先育地苗，再分苗进入较大的营养钵中培养。育出的

图 3-8　辣椒大苗定植

苗高大粗壮，苗龄长，菜农俗称之为“大苗”。

就目前冬春茬栽培辣椒而言，菜农更加接受传统育出的大苗。我国传统农谚也有“春栽大苗，秋栽小苗”、“辣椒栽花，茄子栽荚儿”的说法，认为辣椒苗太小和太大都不好，小苗定植后生长迅速，容易徒长而落花落蕾；已经开花或显大花蕾的大老苗，定植后缓苗慢，门椒花容易脱落，影响产量。实践证明，我国的传统农谚不无道理，菜农的选择也不无道理。

**【大小苗的困惑】**不管是穴盘育小苗，还是营养钵育大苗，都有各自的适龄苗标准，都应该根据栽培季节与茬口安排，做到适龄苗适期定植。在这方面虽然阿克苏市良种场因地制宜做得很好，但是在我们的设施蔬菜生产上，大部分还很不过关。

一方面表现在育苗质量不高。不管是哪种育苗方式，总是以定植时幼苗的质量为标准。造成育苗质量不高的原因，首先是对育苗的重视度不高。一般育苗时间要早于定植一个月左右，很多人还没有进入状态，认为距离生产还早着呢，认为温室大棚里的工作才是真正的生产，对育苗不够重视。俗话说："好苗半季产"，尽管育苗时间很短，但它的重要性与后面很长时间的管理一样重要，大部分蔬菜的花芽分化和孕育都在苗期，这时候管理不善，后患无穷。其次是育苗技术不全面，起码技术应用不全面。由于重视程度不高，很多育苗技术或被忽略，或不深入，觉得无所谓。其实育苗包括很多技术，如种子处理技术、基质或床土的配制技术、水肥管理技术、温度以及病虫害管理技术等，其工艺流程也包括播种、出芽、绿化、管理、出盘等多个程序，哪个环节跟不上都会影响育苗的质量。

另一方面，育苗与栽培不配套。首先是育苗设施不配套，缺这少那，造成技术无法应用，甚至因此忽略了一些技术措施。特别是所谓的"智能温室"育苗，出现的问题更多，仅仅是建了一座玻璃房子而已，配套设备不齐全，"智能温室"一点儿都不"智能"。人工拌基质、人工装穴盘、人工播种、人工把穴盘摆放在育苗架上，就连最基本的自走式喷淋都没有，人工拿着喷头喷水。几乎所有的工作都是人工操作，只是从原来的日光温室换了个地方干活而已。相反，还给育苗带来了困难，应用智能温室育苗技术吧，温室又不智能；应用传统技术吧，又和所谓的"智能温室"不配套，这种不伦不类、不洋不土的东西，着实让我们的技术员为难了一把。其次是育苗与种植不配套。育苗的只管育苗，种植的只管种植，育苗中心就像零售商店，同一批苗卖了半个月还没卖完，有的已经开花结果还在苗床上。买苗的人也不讲究是啥苗，大的小的统统要，把一切问题都推给以后。如此这般，不仅田间管理难度增大，而且生育期难以掌握，茬口难以安排。另外，小苗有小苗的配套栽培技术，大苗有大苗的配套栽培技术，二者还是有很大区别的，可很多农户，什么苗都一个管理办法，结果很不理想。综上所述，就不难理解为什么几个较大的老蔬菜基地的菜农选择自己育苗了。

**【重要提示】**我国的农业发展包括设施农业发展，正处于传统农业向现代农业的转型期，所谓现代农业即是应用现代工业技术为农业提供现代的设施条件，同时应用现代的科学技术和现代的管理技术来经营运作的农业。现代设施农业是通过采用现代农业工程和机械技术，改变自然环境，为动植物生产提供相对可控制甚至最适宜的温度、湿度、光照、水和肥等环境条件，而在一定程度上摆脱对自然环境的依赖进行有效生产的现代农业。它是集工程技术、信息技术、生物技术、环境技术为一体的现代农业生产方式，具有农机与农艺融合、农机化与信息化融合，技术装备化、过程科学化、方式集约化、管理现代化的特点。

不管是现代农业还是传统农业，都有自己的一套完整系统，形成一个运行体系，在这个体系中每一个环节都是相互影响的、相互制约的。就设施农业而言，现代设施农业系统还没有形成一套完整的体系，在运作过程中各项技术还不能完美融合。相对而言，传统的设施农业技术体系相对完善，从业农民技术掌握完备，因此在当前也就略显优势，在生产实践上取得了明显效果。目前是过渡阶段，我们不能否定任何一方技术的科学性，现代与传统的纠结实属正常。

## 九、调节剂，难取舍

**在阿克苏市良种场冬春茬辣椒的栽培生产上，菜农还一直保持着使用植物生长调节剂的习惯，主要是生长调节抑制剂如矮壮素、缩节胺、多效唑，甚至比久($B_9$)等，主要目的是预防植株徒长，应用较多的是矮壮素。一般在苗床上使用2～3次，定植以后根据长势情况使用2～3次，用量从苗期的每喷雾器(约15千克水)2～3瓶盖(每瓶盖1毫升左右)，到生长期间的7～8瓶盖，甚至10瓶盖以上。**

**【解析】**植物生长调节剂是指对植物的生长发育有调节作用的化学物质，包括人工合成的化合物和从生物中提取的天然植物激素，在我国属于农药的范畴。植物生长调节剂是有机合成、微量分析、植物生理和生物化学以及现代农林园艺栽培等多种科学技术综合发展的产物，是人们在了解天然植物内源激素的结构和作用机制后，通过人工合成与植物内源激素具有类似生理和生物学效应的物质，在农业生产上使用，有效调节作物的生育过程，达到稳产增产、改善品质、增强作物抗逆性等目的。而作为植物生长调节剂被应用在农业生产中主要是胺鲜酯(DA-6)、氯吡脲、复硝酚钠、生长素、赤霉素、乙烯、细胞分裂素、脱落酸、油菜素内酯等 9 大类，按功能作用分类如下。

延长贮藏器官休眠：胺鲜酯、氯吡脲、复硝酚钠、青鲜素、萘乙酸钠盐、萘乙酸甲酯。

打破休眠促进萌发：赤霉素、激动素、胺鲜酯、氯吡脲、复硝酚钠、硫脲、氯乙醇、过氧化氢。

促进茎叶生长：赤霉素、胺鲜酯、6-苄基氨基嘌呤、油菜素内酯、三十烷醇。

促进生根：吲哚丁酸、萘乙酸、2,4-D、比久、多效唑、乙烯利、6-苄基氨基嘌呤。

抑制茎叶芽的生长：多效唑、优康唑、矮壮素、比久、皮克斯、三碘苯甲酸、青鲜素、粉绣宁。

促进花芽形成：乙烯利、比久、6-苄基氨基嘌呤、萘乙酸、2,4-D、矮壮素。

抑制花芽形成：赤霉素、调节膦。

疏花疏果：萘乙酸、甲萘威、乙烯利、赤霉素、吲熟酯、6-苄基氨基嘌呤。

保花保果：2,4-D、胺鲜酯、氯吡脲、复硝酚钠、防落素、赤霉素、6-苄基氨基嘌呤。

延长花期：多效唑、矮壮素、乙烯利、比久。

诱导产生雌花：乙烯利、萘乙酸、吲哚乙酸、矮壮素。

诱导产生雄花：赤霉素。

切花保鲜：氨氧乙基乙烯基甘氨酸、氨氧乙酸、硝酸银、硫代硫酸银。

形成无籽果实：赤霉素、2,4-D、防落素、萘乙酸、6-苄基氨基嘌呤。

促进果实成熟：胺鲜酯(DA-6)、氯吡脲、复硝酚钠、乙烯利、比久。

延缓果实成熟：2,4-D、赤霉素、比久、激动素、萘乙酸、6-苄基氨基嘌呤。

延缓衰老：6-苄基氨基嘌呤、赤霉素、2,4-D、激动素。

**【重要提示】**对目标植物而言，植物生长调节剂是外源的非营养性化学物质，通常可在植物体内传导至作用部位，以很低的浓度就能促进或抑制其生命过程的某些环节，使之向符合人类的需要发展。每种植物生长调节剂都有特定的用途，而且应用技术要求相当严格，只有在特定的施用条件(包括外界因素)下才能对目标植物产生特定的功效，往往改变浓度就会得到相反的结果。在生产应用上一定要用量适宜，不可随意加大用量，不能随意混配使用，使用方法要得当，按照登记批准标签上标明的使用剂量、时期和方法使用，植物生长调节剂对人体健康一般不会产生危害。

我国AA级绿色食品和有机食品明确规定不允许使用农药和植物生长调节剂，因此在绿色食品和有机食品生产上是不能使用任何植物生长调节剂的。但也不能说明使用植物生长调节剂就对人类健康有影响，资料查阅表明，在适当方法下使用植物生长调节剂，国内外目前还没有关于植物生长调节剂对人产生危害的报道。近年来，媒体上有不少关于植物生长调节剂的错误报道，在社会上给人们造成很多误导，让人听到激素就害怕。

其实植物激素是一种存在于植物体内的内源激素，任何植物体内都有，是植物必不可少的。而植物生长调节剂并不是激素，是根据植物内源激素的化学成分人工合成的化学物质，用以模仿代替内源激素的功能，为农业生产服务，达到高产优质的目的。

# 第三节　农家技术三见神奇

随着人们日益增长的物质和文化需求的变化，对于生活的追求不再局限于一日三餐的温饱，不再追求钢筋水泥的城市和灯红酒绿的奢华，而是更多地追求健康和返璞归真的自然。近年来“农家”二字悄然流行，去农家乐，住农家屋，穿手工衣，吃农家菜，体验农家劳动。然而就设施农业而言，也无处不体现着这种趋势。不再追求豪华，不再把农业搞成城市农业，远离化学农业，崇尚天然农业，农家小院里的农家小菜倍受欢迎。阿克苏市良种场坚守住的就是这种朴素与归真的农家技术，于无声处似有声，不见惊雷展神奇。

## 一、农家技术，农家芹菜

### (一)秋后播种

阿克苏市良种场日光温室秋冬茬芹菜，菜农根据自家的目标市场，播种期从7月中旬到9月初都有，大致分三个时期：较早的在7月20日左右播种，之后在8月上中旬播种，较晚的在8月底9月初播种。全生育期一般在120天左右，7月播种的11月底即可上市，8月播种的12月上市，9月播种的翌年1月份上市。

**【解析】**芹菜属于喜冷凉的蔬菜，其种子发芽适宜温度一般在15～20℃，生长温度20～25℃适宜，温度过高生长不良。设施栽培可以选择秋冬茬和早春茬两个茬口，早春栽培气候适宜相对容易，秋冬茬栽培由于播种时气温偏高，还是有一定难度。对于喜冷凉的叶菜和根菜类蔬菜，在传统的露地栽培上一般选择立秋以后播种，如萝卜、白菜等，此后气候逐渐转凉，更加适合生长。或者选择早春栽培，早春季节气候依然冷凉，比较适合叶菜类蔬菜生长。

设施栽培仍然要遵循各类蔬菜的生长习性，安排好种植季节，叶菜类蔬菜性喜冷凉，秋季栽培如果播种太早出苗困难，一般选择立秋以后开始播种较为适宜。另外，芹菜播种过早，生长期由于气温较高，容易出现干烧心、裂秆等不良现象，生产的芹菜纤维含量偏高，会大大降低产品的质量。阿克苏市良种场的播种期选择较为适当，收获期恰逢冬季，新鲜绿色蔬菜在此时上市，正值蔬菜供应淡季，填补了冬季叶菜类蔬菜的短缺。

## (二)农家品种

阿克苏市良种场栽培的芹菜品种，是以小芹菜为主(图 3-9)。

**图 3-9 阿克苏市良种场温室种植的农家芹菜**

**【解析】**芹菜的栽培品种主要分为本芹和西芹两大类，本芹属于中国本地芹菜品种，因为是国产本地芹菜，所以叫本芹，人们俗称为小芹菜或毛芹菜。而西芹是引自欧美国家的芹菜品种，所以叫西芹，西芹的叶柄粗壮、实心，生产上常见的品种有文图拉、高犹它等。

两种芹菜品种在我国栽培面积都很大，人们各有所好，但在新疆各地，人们更喜欢食用本芹，因为本芹气味浓，人们说它更有芹菜味，但也存在纤维多的弱点，有人称之为“食之如草”。也有人更喜欢西芹，因为西芹味淡、质脆、口感好。良种场菜农依据人们的喜好选择本芹，符合当地的消费习惯和市场需求。但要注意，不同的芹菜品种，栽培方式稍有区别，在选择购买芹菜种子时，一定要与自己的栽培方式相适应，同时还要考虑市场的需求。

## (三)宽畦密植

阿克苏市良种场芹菜一般不育苗移栽，而是采取直播种植。播种前做宽约 20 米的平畦，每畦面积 200～300 米$^2$，畦间整细耙平，浇水待播。播种方式一般采取 15～20 厘米行距开沟条播，部分直接撒播。

**【解析】**设施芹菜栽培一般采取育苗移栽的方式，因为芹菜的整个生育期 120 天左右，苗期和田间生长期的时间基本各占一半，育苗移栽可以缩短田间时间，有利于周年多茬栽培的安排。常规的设施芹菜栽培也是采取平畦定植，一般畦宽 1.5 米左右，这个宽度便于拔草、间苗等的管理。定植一般采取 15～20 厘米行距，按照 7～8 厘米的窝距摆放，每窝 3～5 棵小苗，西芹由于单株较大，行距放宽到 30～40 厘米，株距 15～20 厘米，单株定植。

而阿克苏市良种场却采取直播栽培，其主要原因有三：一是他们的周年生产模式决定的。在这里基本是秋冬种芹菜，之后复种冬春茬辣椒，有充足的时间在田间生长；二是直播密植可以分期采收。结合间苗提前采收一部分，这一部分芹菜作为毛芹菜，小苗上市，这也是芹菜的生长特性优势，不管大小苗都可以采收上市；三是复种指数越低蔬菜单产越高。同一块土地复种的次数越多，土壤地力消耗越大，减少茬次有利于单产提高。可是他们为什么把畦面做的这么大？难道仅仅是为了“充分利用土地”？这么大的畦面浇水、拔草等田间管理很不方便，可多年来他们依然如此，我问了很多种植户，却最终也不得而知，这也算的“一奇”了，奇得像一个秘密、像一个谜。

**【重要提示】**芹菜种子籽粒细小，幼芽顶土力弱，出苗较困难，播种在高温、土壤板结、畦内积水的地块，均不利于出苗。应选择地势较高、排灌方便、土质疏松、肥沃的沙壤土作育苗畦。播种前要施足腐熟底肥，为使土壤疏松要多施些圈肥。为达到出苗快、全、齐，一般要浸种催芽。先用冷凉水12～14℃浸泡12～24小时，将种子淘洗干净，放风凉处晾一会儿，待种子表面干燥，用湿毛巾包好，放冷凉处（15～20℃）见光催芽，每天用冷水清洗1次。待种子露芽即可播种，多采用湿播法，即先浇底水，水渗后掺沙撒播。苗畦上搭遮阳棚，降温、防晒、防暴雨。播后覆土要薄要均匀，苗畦要保持湿润，一般可隔1～2天早、晚时浇一小水，直到苗出齐，小水勤浇，有利于出苗。干籽直播往往出苗不整齐，建议加大播种量，及时间苗。

## （四）简约管理

设施栽培芹菜的管理，本身就不很复杂，它不像果菜类蔬菜需要开花、结果、成熟等多个生育过程，食用芹菜主要以营养生长为主，生育期也比果菜短。在管理上重点掌握温度、水分和施肥、防病这几项就行了。芹菜喜冷凉，生长适宜温度为20～25℃，在温室的管理上前期注意通风降温，进入后冬季注意保温，白天20～25℃，夜间10～15℃，尽管芹菜喜冷凉，温度也不能太低。

芹菜像其他叶菜类蔬菜一样，喜水、不耐干旱，但也不能涝淹，全生育期保持土壤湿润不干比较好。过于干旱，植株生长缓慢、矮小粗短，纤维含量增加，品质降低，商品性差；过于涝渍，根系呼吸不畅，出现生理性黄叶甚至各类病害滋生。在管理上提倡小水勤浇，不要忽干忽湿。芹菜以营养生长为主，喜氮肥，一般结合浇水每次每亩施尿素3～5千克，少量多次。另外芹菜缺硼容易出现裂秆现象，影响品质，因此在底肥中可增施硼砂每亩1～2千克，生长期间叶面喷施2～3次即可预防缺硼裂秆现象。

**【解析】**简约栽培是近几年提出的一种栽培理念，就是不要把简单的农业生产复杂化，提出的技术过于高深，只有专家会用，而从业农民学习应用困难，造成新技术成果不能转化为生产力，束之高阁，毫无用处。理论研究是基础，技术应用才是真。适时发展简约技术，降低成本、技术容易、操作简便、减轻劳动量，或者应用先进的设施设备，智能化管理来降低劳动强度和劳动成本，从而获得优质的产品和较高的比较效益。逐渐减少依靠高投入、高劳动强度来获取较高收益的农业生产方式，解放劳动力，提高劳动效率。

### (五)一菜两收

阿克苏市良种场芹菜采取的是直播密植的方式，采收也采取了分期采收，先以毛芹菜的形式采收，最后以小棵芹菜的形式采收。一般结合间苗10～15天采收一次，此时采收苗高20～30厘米的毛芹菜，当剩下的植株单株重70～80克时，作为小棵芹菜一次性采收完毕。

**【解析】**芹菜作为叶菜类蔬菜，具有它的特殊性，随时都可以采收。多年来，设施种植的芹菜采收方式也发生着变化，最初设施栽培芹菜是借鉴露地栽培的方式，以中国芹菜即本芹为主，采收方式以劈叶为主，从外围叶片开始劈着卖，很少整株带根采收，销售上市也是捆成把论斤卖。后来西芹走进设施农业，西芹单株和叶片都比较粗壮，单株重500克以上，劈叶对植株伤害也较大，一般不再劈叶式分期采收，而是达到商品成熟后，集中整株采收，以完整无根单株的形式上市，不再捆成把销售，有的还一棵一个包装销售。

经济社会发展到今天，消费者的视线又回到了中国芹菜，说本芹更有芹菜味，西芹没有芹菜味。菜农们也发现，西芹虽然产量高，但近几年市场价格一直不如本芹高，又发现人们把所谓的“毛芹菜”看作“土芹菜”，像对“土鸡”、“放养鸡”的认识一样，认为“毛芹菜”才是天然无公害的芹菜，最受消费者的欢迎，市场价格也更好，便有了今天的一菜两收栽培形式。不再劈叶采收，而是当苗高20～30厘米时，结合间苗整株带根采收，以毛芹菜的形式上市，最后留下的芹菜集中采收，带根或削掉根部以小棵芹菜的形式上市。

**【重要提示】**首先，芹菜品质的优劣既不是以大小，也不是以气味论好坏，本芹也好，西芹也好，所谓的毛芹菜也好，各有优点。本芹味浓，但纤维多，食之如草；西芹味淡，但质脆，食之如笋。人们各有所好。另外，要正确认识“毛芹菜”或“土芹菜”，人们往往把植株细小的带根上市的芹菜看作是“毛芹菜”或“土芹菜”，其实不然，所有的芹菜品种都是从小长大，都有“毛芹菜”的过程，但不一定是“土芹菜”，所谓的土芹菜一般是指地方品种或农家品种种植出来的芹菜，这些品种在农村自留种，品种特性是植株小，分蘖多，宿根性强，气味浓。但随着农业商品化的发展，这些品种大部分已经遗失。

## 二、五菜同台，合唱高效

### (一)五菜同台

辣椒10月下旬育苗，翌年1月下旬至2月上旬定植，3月下旬始收，6月中旬前后结束；甘蓝11月底至12月上旬育苗，定植时间同辣椒同期于行间，辣椒采收初期收获；生菜12月上旬育苗，翌年1月上中旬定植于垄腰，2月中下旬上市；辣椒行间和温室后立柱前种植豆角，12月中下旬育苗，与辣椒同期定植或直播，6月结束；油麦菜12月上中旬育苗，翌年1月上中旬定植或直播，2月初或3月上旬前后上市。

**【解析】**这是一种典型的立体间作套种高效种植模式，方式为：辣椒/甘蓝/豇豆/生菜/油麦菜，“一茬五熟”。虽然五菜同台演出，但也要区分主角和配角，一般辣椒为主角，其他为配角。作为果菜类蔬菜，一般生育期都比较长，茬口的灵活性比较差，不易变动，同时果菜类蔬菜的产量潜力较大，所以一般把果菜类蔬菜作为主茬。而叶菜类蔬菜生育期较短，灵活性好，短平快，一般植株矮小，所以叶菜比较适合于穿插种植，调配茬口。这里辣椒作为主茬，其他几种蔬菜根据时间和空间均作为辣椒的副茬，与辣椒套种。图3-10(参见彩插)为冬春茬辣椒套种甘蓝。

**图 3-10　冬春茬辣椒套种甘蓝**

## (二)合唱高效

1. 辣椒

(1)品种选择。选择适合保护地栽培的早熟、大果型、抗病、耐低温、微辣型的优质品种，如海丰 8 号、猪大肠等。

(2)种子处理。已包衣的种子直接播种。未包衣的种子必须进行种子处理，方法：清水漂除秕籽，泡 2～4 小时，捞出晾干，用 10%磷酸三钠处理 20 分钟或 1%硫酸铜溶液浸种 15 分钟捞出冲净药物后继续用 55℃的温水浸种，搅动 15 分钟，水温降至 30℃以下，4～6 小时后捞出沥干，置 25～28℃下催芽，6～7 天即可播种。催芽中每天温水淘洗 1～2 遍，4～5 小时翻动 1 次，透气。

(3)播种育苗。采用苗床或穴盘育苗。营养土选取肥沃、疏松、3 年内未种过茄果类蔬菜的田园土与充分腐熟的羊粪,按 1∶3 的比例混合均匀,每立方米加入磷酸二铵 2 千克和 10 克敌克松消毒,或采用蘑菇渣∶细砂∶蛭石=1∶0.5∶1、蘑菇渣∶羊粪∶细沙=5∶1∶0.5 的无土基质。播前苗床浇透水,晴天上午播种,点播或均匀撒布在床面,覆土 0.5～1 厘米后用 40～50℃温水喷洒,播后床面覆地膜,保持土温 28～30℃,当幼苗拱土时降到 27～28℃,夜间最低保持 18～20℃,待 70%出苗时要及时去除地膜。

(4)幼苗管理。苗出齐后降温,白天 22～24℃,夜间 12～14℃,7 天后转入正常管理,白天 24～28℃,夜间 15～18℃。出苗后视情况覆土 1～2 次,厚度 0.3～0.5 厘米,以保墒壮苗。3～4 片真叶时分苗,选用 10 厘米×10 厘米营养钵,每钵 1 株,分苗前 1～2 天浇“起苗水”,减少伤根。子叶露出地面,栽后浇水,量不宜过大。分苗选择在 12:00～16:00 进行。光照过强适当遮阴,防止打蔫。分苗后适当提高温度以利缓苗,白天气温保持 28～30℃,夜间从 20℃缓降 3～4℃,土温不低于 20℃,缓苗后白天 26～28℃,夜间 17～18℃,土温 20℃左右。定植前 7～10 天低温炼苗,白天 20℃,夜间可降到 12℃,不宜低于 10℃。苗期如有脱肥现象,可喷 1～2 次 0.2%磷酸二氢钾和 0.3%尿素混合液。同时注意防治立枯病和猝倒病。当植株苗龄 100～120 天,根白色、粗壮、须根多、茎短粗、10～12 片叶、株高 18～20 厘米,现蕾时即可定植。

(5)适时定植。1 月上中旬整地、起垄、覆膜。结合整地,每亩施优质腐熟有机肥 8 000 千克,磷酸二铵 50 千克,深翻 30 厘米后起垄做畦。高垄双行覆膜栽培,垄宽 65 厘米,垄间距 60 厘米,高 35～40 厘米,垄上平整覆膜。当地温稳定在 10～14℃定植,选晴天 11:00～16:00 进行。定植前先在垄面按株距 40 厘米打孔,点水定植,每穴 1 株,每亩栽植 3 500 株左右。

(6)定植后管理。

①温度管理。定植后采取保温防寒措施,缓苗期不放风,白天温度 28～

32℃，夜间18～20℃。降温天气，及时生火加温，保持最低温度10℃以上。开花期白天25～28℃，夜间15～20℃，超过30℃时，放风降温。结果期白天25～30℃，夜间15～18℃，地温18～20℃。天气转暖逐渐加大放风量，防止高温、高湿使植株徒长，引起落花落果，当外界最低气温达15℃以上时，昼夜放风。

②水肥管理。定植时浇足稳苗水，门椒坐住前不浇水，以控水促根系发育。门椒膨大后追肥浇水，随水每亩追尿素10千克或磷酸二铵15千克；盛果期一般6～7天浇水1次，保持土壤湿润，并隔水追肥，每次用尿素5～10千克或磷酸二铵10千克，防早衰；中后期可叶面喷施0.3%磷酸二氢钾等微肥。进入夏季，应适当增加浇水次数和浇水量。

(7)植株调整。及时打掉门椒以下侧枝，以后每层果采摘后及时打掉下部老叶和病叶。门椒结果后适量疏除伸向垄内较弱“副枝”，以利通风透光。

(8)采收。定植后50天左右，果实充分长大，颜色变深，果实变脆而有光泽时采收，门椒和对椒适当早摘，防止坠秧。

(9)病虫害防治。预防为主，综合防治。选用适宜药剂对猝倒病、立枯病、疫病、病毒病、灰霉病等病害和蚜虫、白粉虱等虫害进行及时防治。病毒病在定植前、缓苗后和盛果期各喷1次0.1%硫酸锌溶液进行预防，发病初期喷20%病毒A可湿性粉剂500倍液、或1.5%病毒灵1 000倍液、或NS-83激抗剂100倍2～3次进行防治。疫病可在浇头水时，每亩用敌克松1千克随水灌入，20天后再进行一次，发现病株后可用50%甲霜灵600倍液、70%乙磷锰锌、58%甲霜灵锰锌、64%杀毒矾、60%琥·乙膦铝等可湿性粉剂500倍液结合浇水进行灌根防治。灰霉病在摘除病果、病叶后使用10%速克灵或45%百菌清烟剂按每亩200～250克连续熏烟2～3次，或交替用50%多菌灵可湿性粉剂500倍液，或50%扑海因可湿性粉剂2 000倍液进行防治。

**【解析】**辣椒在五菜同台中应该说是主角，它的产量和效益对最终的产量特别是效益，起着主导性作用。上述实用技术已经把整个过程介绍了一遍，比较实用，这里我就“分苗”和“单株定植”稍作解释。

1. 关于分苗　随着蔬菜育苗技术的发展和工厂化育苗的实现，分苗这一项技术逐渐弱化，大部分不再分苗了。但在传统的蔬菜育苗中，分苗还不失为一项很好的技术。蔬菜分苗，能防止苗挤苗，扩大幼苗营养、光照面积，促使幼苗加快生长。但是，分苗必然造成不同程度的断根，使根系功能下降，抑制幼苗正常生长。要保证幼苗尽可能恢复根系吸收功能、幼苗健康成长，就必须了解分苗过程中都有哪些讲究。

(1)分苗要适时。一般冷床育苗，分苗从 2 片真叶开始，宜控制在 3～4 片真叶期。因为幼苗相对小，成苗率高，若苗龄过大，就会影响花芽分化，而且每分苗一次，延迟生长 5～6 天。分苗前 3～5 天，苗床要降温，加大通风、控制水分、锻炼秧苗。分苗时做到边挖苗，边搭建小拱棚移苗盖膜，以防中午高温使秧苗萎蔫。分苗时尽可能集中人力和时间，以利幼苗健壮生长和管理。分苗宜采取一次分苗。

(2)密度要适宜。分苗密度与产量关系密切。在一定的密度范围内，随着苗距的加大，前期产量会相对提高。一般辣椒分苗时苗距 7～8 厘米，茄子分苗时苗距 8～9 厘米。若苗床不紧张，其苗距可为 8～10 厘米；营养钵育苗选直径为 8～10 厘米，钵间用土充实，提高保湿、保温效果，有利于培育壮苗，提高产量。

(3)方法要得当。分苗前半天应对苗床浇水，以利于挖苗和苗带土。挖苗时用铁锹或铁铲。挖苗要求离幼苗根部 1～2 厘米。挖苗后用手轻轻抠掉根部带的大部分土，取苗勿伤嫩茎，对子叶应小心保护。幼苗挖起后立即排苗，尤其要防根部被太阳晒或被风吹干，分苗时最好将大小苗分开，剔除病苗、虫伤苗、无头苗。分苗后宜浅排，一般以子叶出土 1～2 厘米为标准，排苗要把根部土培紧，并及时浇足定根水。当天挖的苗当天排完。若上午排不完的，可集中在一起用土围住，并用遮盖物遮盖，以防苗失水萎蔫，在下午要及时排完。

2. 关于单株定植　在辣椒的传统栽培上，一般提倡双株定植。一是因为辣椒单果重小，个体对产量的影响不大，它的产量主要靠群体获得，那就是要有一定的群体密度，密度太小，产量低，双株定植可以增加密度；二是辣椒的耐阴性较好，特别是生产青椒，不太提倡果实过多地见光；三是辣椒茎干细弱，容易倒伏，双株定植可以有效预防倒伏。

但是随着科学技术的发展，特别是辣椒品种的丰富，出现了茎秆粗壮，大株型、大果型的辣椒品种。另外随着设施农业的发展，辣椒不再是一年生蔬菜，有些品种可以多年生长，植株高大。还有就是像阿克苏市良种场这样的间套种栽培模式，如果双株定植，密度过大，再套种其他蔬菜就有困难。以上这三种情况，基本都是选择单株定植，如果是小果型辣椒单作，建议选择双株定植。

关于辣椒单株定植还是双株定植的问题，在我们的设施生产上较为突出，普遍存在因为单株定植，群体密度过小，看单株都很好，可是综合产量却偏低。其主要原因是盲目照搬他地经验，没有从品种类型、果型株型大小，以及栽培模式上做出选择，不加区分的全部单株定植。

2. 甘蓝

(1)品种选择。选择生长期短、结球较小的早熟品种，如中甘 11、8398 等。

(2)播种育苗。甘蓝 11 月底育苗。种子处理方法：将种子放在 25℃清水中浸泡 4 小时，沥干后用湿毛巾或棉布包好后放入 20～25℃条件下催芽，每天清水冲洗 1 次，当种子萌芽后即可播种，或干籽直接播种。播种前苗床浇足底水，水渗后均匀播种，覆盖用 50%多菌灵可湿性粉剂与 50%福美双可湿性粉剂按 1∶1 比例混合药土 0.8 厘米厚，覆盖地膜保湿增温，以利出苗。用种量 5～8 克/米$^2$，育成苗 100 株。

(3)幼苗管理。播种后保持白天 20～25℃，夜间 15～17℃；齐苗后白天

15℃左右，不超过25℃，吐心叶时温度增到15～18℃。

(4)分苗。待幼苗长到三叶一心时把苗分到10厘米×10厘米营养钵内，每钵1株，或按10厘米×10厘米株行距假植。分苗后提高管理温度，白天20～25℃，夜间不低于14～16℃；缓苗后，白天18～22℃，夜间11～14℃。管理上由分苗前的“以蹲苗为主”转为以促苗快长为主。定植前10天浇大水切块，炼苗并准备定植。

(5)适时定植。苗龄60天左右，6～7片真叶时同辣椒同期定植在垄中间。株距40～45厘米，每垄定植一行。

(6)田间管理。

①温度管理。温度管理随同辣椒。

②肥水管理。定植后穴浇透水，2～3天后浇一次缓苗水，缓苗后每亩追施尿素6～8千克提苗；进入莲座期保持土壤见干见湿，莲座中、后期适度控水10～14天；包心期结合浇水每亩穴施腐熟油渣150～200千克，以后每次浇水或隔水追施尿素每亩8～10千克，保持土壤见湿不见干，或随辣椒管理。

(7)采收。到辣椒开始采摘时，一次或分次收获甘蓝，以不影响辣椒生长和正常田间管理为宜。

**【解析】**甘蓝属于十字花科芸薹属植物，种类很多包括结球甘蓝(图3-11)、羽衣甘蓝、抱子甘蓝、球茎甘蓝、皱叶甘蓝、赤球甘蓝、花椰菜、青花菜和芥蓝等。除了皱叶甘蓝和赤球甘蓝在我国很少栽培外，其他种类都有栽培。都属于低温长日照作物，但它们也都有一个共同的发育特点，就是植株只有长到一定大小时，才能接受低温，完成春化。所以在栽培上预防未熟抽薹，最重要的是适龄定植，把握定植苗的大小，一般早熟品种如中甘11和8398等，苗龄60天左右，幼苗长到6～7片叶时定植较为适宜，定植苗越大抽薹率越高。

在设施蔬菜的栽培上，以结球甘蓝、花椰菜和青花菜种植最多。抱子甘蓝也始有栽培，但很多人对它不太了解。

(1)结球甘蓝。甘蓝的各个变种都起源于地中海沿岸，1804年经克什米尔传入新疆，当时叫莲花白菜。今天在新疆大部分人仍然称甘蓝叫莲花白，在内地各省也有叫大头菜、洋白菜、包包菜、钢白菜、卷心菜、包心菜等名称。结球甘蓝按叶片特征又分为普通甘蓝、皱叶甘蓝和紫甘蓝，其中普通甘蓝主要有尖头形、圆头形和平头形。生产上常见的品种有中甘11、8398、津甘8号、京丰1号、中甘9号、晚丰等，设施栽培宜选择早中熟品种，如中甘11、8398等。

**图3-11　结球甘蓝**

(2)花椰菜。又叫花菜、菜花等，是以花球为产品的甘蓝变种。根据熟性分为早、中、晚熟品种，早熟品种主要有雪峰、白峰、荷兰春早、夏雪40等，中熟品种主要有龙峰、荷兰雪球、瑞士雪球、日本雪山等，晚熟品种主要有巨丰130、福建120、冬花240等。设施栽培选择早中熟品种较为适宜。

(3)青花菜。也叫西兰花、绿菜花等，是以绿色或紫色花球为产品的一个甘蓝变种，所含的芳香异硫氰酸具有抗癌作用，越来越受人们的青睐。早熟品种定植到始收50～60天，播种到收获120天，主要品种有捷时、捷绿、绿优65、大阪圆顶90等。中熟品种定植到始收60～70天，播种到收获

120～145天，主要品种有绿优2号、伴侣、朵宝等。

(4)抱子甘蓝。又叫芽甘蓝、子持甘蓝，是甘蓝中腋芽能形成叶球的变种。抱子甘蓝植株直立高大，不像结球甘蓝那样顶端结球，而是顶部开放生长，不断发生新叶，每个叶腋处侧芽发达，能形成芽球(小叶球)供食用。一般芽球直径2～3厘米，大的可达4厘米以上，通常单株可收40余个。自下而上逐渐成熟，一般定植后90～110天，小叶球直径2.5厘米以上即可陆续采收，采收时用小刀沿茎将小叶球割下，6～7次可采收完毕，亩产1 000～1 200千克。主要品种有早生子持、增田子持以及荷兰引进Explorer $F_1$ 等。

3. 菜豆

(1)品种选择。选择丰产、优质、抗病虫、抗逆性强、适应性广、商品性好的早熟品种，如架豆王等。

(2)种子处理。晾种1～2天，严禁暴晒。播种前用55℃水浸种15分钟，不断搅拌后浸种2～3小时，或用种子总量0.5%的50%多菌灵可湿性粉剂拌种或用硫酸链霉素500倍液浸种4～6小时，捞出晾干后播种。

(3)播种育苗。有育苗和直播两种方式。育苗：12月中下旬播种，播种前浇足底水，每钵播种2～3粒，覆土1～2厘米，待幼苗长出真叶后视长势情况留1～2株健苗。

(4)定植。当幼苗长到5～6片叶时与辣椒同期定植或直播。垄上每隔4株辣椒定植1穴或3粒种，株距1.2米，每垄4～5株，相邻两行定植的菜豆应错开，使之纵成行，斜成线，错落有致，在辣椒生长中、后期适当遮挡强光照，防止病毒病，又不影响通风透光；后墙立柱前定植1行菜豆，株距40厘米。

(5)田间管理。开花坐果前对水肥要求不高，管理上以控为主。植株开始抽蔓时可用塑料绳垂直吊蔓。为促进开花结荚，应采取整枝打尖措施，将主蔓第一花序以下侧芽全部抹去，促主蔓健壮；主蔓第一花序以上各节位侧枝，在早期留2～3叶摘心，促侧蔓形花序；当主蔓长至15～20节(2～3米)

时摘除顶尖，促下部侧枝花芽形成。其他温湿度、水肥管理随同辣椒。

(6)病虫害防治。选择适宜药剂注意防治茎基腐病、菜豆病毒病、白粉病等病害及蚜虫、斑潜蝇等虫害。

**【解析】**以上是阿克苏市良种场菜豆栽培的详细过程，但关于“豆角”这个称呼值得我们多了解一些。“豆角”这个名词是一个俗称，其实豆类蔬菜包括很多种类，但其中生产上常见的主要有两大类，一类是菜豆，也叫四季豆，形状以粗短或扁宽常见；一类是豇豆，形状细长。全国各地对它们的通俗称呼有很大差别，由于饮食习惯的不同，选用的品种也有很大差异。在新疆往往把菜豆称作“豆角”，把豇豆仍称豇豆，而在山东等地，往往把菜豆称为“芸豆”，而把豇豆称为“豆角”。

在品种的喜好上也有不同，在新疆比较喜欢颜色白绿、圆棒状的菜豆，多以“干煸豆角”的形式食用，而山东等地更喜欢翠绿、宽扁无籽的菜豆，多以“素炒芸豆”的形式食用。豇豆品种也有差别，与菜豆有些相似，新疆喜欢颜色白绿、粗圆带籽的品种，多以干煸、素炒的形式食用；而山东各地喜欢翠绿、细长、无籽的豇豆，多以凉调的形式食用。

另外，菜豆和豇豆的生长发育习性也有很大差别。先说菜豆，目前栽培的品种主要有架菜豆和地菜豆两类，前者要搭架子攀缘生长，后者不需要搭架子，在地上匍匐自然生长。从花的颜色上也主要分为白花菜豆和紫红花菜豆，它们对温度、光照等环境因子要求不严格，适应性很强，一年四季只要条件合适都可以开花结果，因此也叫四季豆，取四季都可栽培之意。

而豇豆，在栽培上以搭架子攀缘生长为主，也可地上匍匐生长。花的颜色主要是紫色花，果实的颜色有绿色和紫红色。对温度和光照的要求相对较高，一般在春、夏、秋季栽培较为适宜，温室冬季反季节栽培比较困难。因此，在选择种植豆类蔬菜的时候，要充分考虑它们的生活习性，合理安排栽培季节。

4. 生菜

(1)品种选择。选择丰产、抗逆性强、生长期短、商品性好的品种,如美国大速生、玻璃生菜等。

(2)播种育苗。12 月底至翌年 1 月初育苗,播前苗床浇足底水,将种子与等量湿细沙混匀后撒播,覆土 0.5 厘米左右。苗期注意苗床保温,白天 16～20℃,夜间 10℃左右,控制浇水。可在 2～3 片叶时间苗、分苗,采用营养钵和苗床两种方式,苗间距 6～8 厘米,分苗后即浇水,并覆盖薄膜等覆盖物保温保湿,缓苗后,适当控水,利于发根。

(3)定植。1 月下旬(辣椒定植前),当苗龄 30～40 天,具有 5～6 片真叶时定植在垄腰上,或 3～4 片叶时直接定植,每垄东、西两面垄腰各定植一行,苗间距 15 厘米。定植后浇添加多菌灵、生根粉等药剂的温水。

(4)田间管理。缓苗后水肥等管理随同辣椒。注意防治软腐病、干腐病等病害和白粉虱、蚜虫、潜叶蝇等虫害。

(5)采收。一般定植 40 天后即可采收,生菜采收期较灵活,采收规格无严格要求,可根据市场需要而定。

5. 油麦菜　油麦菜 12 月上中旬育苗,翌年 1 月上中旬定植或直播于垄肩下,每垄两行,东、西面各一行,株距 10 厘米。2 月初或 3 月上旬前后适时采收上市。

**【解析】**说到生菜和油麦菜,不能不说说莴苣。莴苣是属于菊科莴苣属的一类叶菜类蔬菜,按照食用部位不同分为叶用莴苣和茎用莴苣,含有 4 个变种。

(1)茎用莴苣。就是我们常说的莴笋,其茎部肥大,为食用部分。根据叶片形状又可分为尖叶莴笋和圆叶莴笋两种。

(2)皱叶莴苣。就是我们常说的生菜,叶片有深裂,叶面皱缩,不结球。原产地中海沿岸,是欧美国家的大众蔬菜,在我国东南沿海和台湾种植较多。近年来随着栽培面积的迅速扩大,成为全国各地寻常百姓的大众蔬菜,成为我国发展较快的绿叶蔬菜。由于其质脆、鲜嫩爽口，适宜生食，所以又叫生菜。中国式汉堡、煎饼卷菜、煎饼果子，以及火锅涮菜、生菜蘸酱、垫盘等，随处可见生菜的影子。

(3)直立莴苣。就是我们现在说的油麦菜，也叫莜麦菜、油荬菜，叶片狭长直立，一般不结球或卷心呈圆筒形，也叫散叶莴苣。是近年来蔬菜市场上出现的一个新面孔，叶片较长呈长披针形，色泽淡绿、质地脆嫩，口感极为鲜嫩、清香、具有独特风味。油麦菜是一种低热量、高营养的蔬菜，逐渐成为我国各地人们喜食的绿叶类上品蔬菜。

(4)结球莴苣。也叫结球生菜，叶片全缘，有锯齿或深裂，叶面皱缩或平滑，顶生叶形成叶球，叶球呈圆球形或扁圆形。食用方法基本同于皱叶生菜。

**【重要提示】**五种蔬菜共生在同一个环境中，尽管都能正常生长，但每种蔬菜也各有特性，也有在温度、水肥等方面的冲突，因此，在管理上要做好协调工作。不能像单作栽培一样，每种蔬菜都拿高产，几种蔬菜共生重要的是协调生长，每种蔬菜的产量不拿最高，也不拿最低，只要各种蔬菜都能在产量表现上处于中上水平，那么综合效益就会很高。千万不能失之偏颇，过于追求单产。在管理上以辣椒为主，其他蔬菜尽量争取，是间套种的基本原则。特殊情况下，宁失副茬，不失主茬。

## 三、一室双瓜，同甘共苦

根据黄瓜前期生长快、产量高，而苦瓜前期生长慢、后期耐高温的特点，日光温室黄瓜与苦瓜套种每亩产黄瓜 10 000 千克以上，苦瓜 3 000 千克以上，产值达到 2 万多元，取得了可观的经济效益。现将该模式栽培技术介绍如下。

### (一)品种选择

黄瓜选用适宜温室栽培的品种津优系列等优良品种,苦瓜适宜本地种植的绿冠等。

### (二)适期播种

黄瓜12月中旬播种,苦瓜2月中旬播种。黄瓜使用黑籽南瓜种作砧木,培育嫁接苗,苦瓜用营养钵育苗,育苗期间温室内白天保持25～30℃,夜间15～20℃,定植前夜间温度降至10℃进行低温炼苗。

### (三)整地施肥

为提高黄瓜和苦瓜的产量,必须施足基肥,亩施充分腐熟的有机肥10 000千克、尿素30千克、磷酸二铵50千克、硫酸钾50千克。进行深翻土地,使肥土充分混合,整平后进行大小行起垄种植,垄高20～30厘米,垄面宽90厘米,垄沟宽50厘米。

### (四)定植覆盖

黄瓜1月底2月初定植,苦瓜4月中旬定植,黄瓜按大小行进行定植,大行距80厘米,小行距60厘米,株距30厘米,每亩栽植2 800株;苦瓜平均行距210厘米,株距90厘米,每亩栽植350株,即每隔2行黄瓜定植1行苦瓜。定植苦瓜的这一垄要按照苦瓜的株距减少黄瓜的定植株数,定植后及时覆盖地膜。

### (五)科学管理

1. 温度　定植后幼苗生长初期,温室内白天温度保持在30～32℃,高于33℃时放顶风,夜间温度应保持在15～20℃。进入开花结果期白天温度控制在25～30℃，夜间温度控制在12～18℃，低于10℃时应采取加温措施。

次年4月份以后，黄瓜接近尾声，应及时去掉黄瓜秧，苦瓜则进入结瓜期。春天随着外界温度的升高，要加强放风，当夜间温度稳定在15℃以上时，可昼夜放风。

2. 肥水　秧苗定植后浇1次缓苗水，缓苗后在苗期一般不再浇水，以土壤不干为原则。黄瓜坐果后，视土壤墒情进行浇水，一般春节前每15～20天浇1次水，春节后随着气温的升高，一般每隔7～10天浇1次水。结果期结合浇水每亩冲施N、P、K复合肥30千克，或腐熟的人粪尿1 000千克。

3. 吊蔓整枝　当瓜秧长到30厘米时，选择晴天中午前后及时吊蔓。先顺行设置吊蔓的铁丝，再东西向利用棚室支架拉紧吊蔓铁丝，最后每株拴1条尼龙绳供瓜蔓攀缘。

黄瓜主蔓1～6节长出的侧蔓要及早去掉，6节以后的侧蔓留1叶1瓜摘心。当温室北端的苦瓜主蔓长到1.5米，南端主蔓长到0.6米时，以下的侧蔓全部去掉，以后留2～3个健壮的侧蔓与主蔓一起上棚架，再生出的侧蔓有瓜者留蔓，并当节打顶，无瓜者从基部剪掉。在生长过程中，黄瓜和苦瓜都应及时摘除老叶、病叶，以利通风透光。苦瓜要在花期摘取新开的雄花与雌花进行对花授粉，时间以上午9:00前后为宜。

4. 病虫害防治　黄瓜主要病害有霜霉病、白粉病、灰霉病等病害。苦瓜主要病害有炭疽病、疫病、斑点病等病害。温室内主要虫害有白粉虱、斑潜蝇等。要采取以防为主，综合防治的原则，一般每隔7～10天防治1次，喷药时要选择不同药剂进行交替用药防治。

5. 适时采收　黄瓜结果期一般2～3天采收1次，盛果期每天采收1次。苦瓜自开花12～15天为采收适期，过早采收影响产量，过晚采收降低商品品质。

**【解析】**设施间套种蔬菜种类的选择原则主要包括相似相近性和互补性两大原则，黄瓜和苦瓜间作是典型的相似相近性为主，互补性为次的套作模式。关于二者的相似相近性和互补性在第一节《间套复种初见神奇》里已经阐述，关于黄瓜，大家都太熟悉了，这里主要把苦瓜的相关知识简单介绍。

苦瓜又名凉瓜、锦荔枝、癞葡萄等，葫芦科一年生攀缘性草本植物。以嫩果供食，其特殊的苦味可增进食欲，促进消化，并可除邪热、解劳乏、明目解毒。在我国南方种植普遍，现在苦瓜栽培分布于全国。

苦瓜植株根系比较发达，侧根多，主要分布在30～50厘米的耕作层内，根群分布宽达130厘米以上，深30厘米以上。根系喜欢潮湿，又怕雨涝。茎为蔓生，五棱，浓绿色，被茸毛。苦瓜果实为浆果，表面有许多不规则的瘤状突起，果实的形状有纺锤形、短圆锥形、长圆锥形等。表皮有浓绿色、绿色、绿白色与白色，老熟时橘黄色，达到黄熟的果实，顶部极易开裂，露出血红色的瓜瓤，瓤肉内包裹着种子。

苦瓜喜温，较耐热，不耐寒。种子发芽适宜温度30～35℃，温度在20℃以下时，发芽缓慢，13℃以下发芽困难。在25℃左右，约15天便可育成具有4～5片真叶的幼苗，如在15℃左右则需要20～30天。在10～15℃时苦瓜植株生长缓慢，低于10℃则生长不良，当温度在5℃以下时，植株显著受害。开花结果期以25℃左右为适宜。15～30℃的范围内温度越高，越有利于苦瓜的生育，结果早，产量高，品质也好。而30℃以上和15℃以下对苦瓜的生长结果都不利。苦瓜属于短日性植物，喜阳光而不耐阴，对土壤的适应性较广，从沙壤到轻黏质的土壤均可。

常见的苦瓜按皮色可分为白色、绿白色和青绿色3种，按果皮瘤状突起可分为条状瘤、粒瘤、条粒瘤相间及刺瘤等类型，按果实的形状也分为3种类型。

(1)短圆锥形。长度15～20厘米，肩宽8～11厘米，呈锥形。

(2)长圆锥形。长度在20～30厘米呈锥形，为目前海南栽培面积最大的一类。

(3)长条形。长度在30厘米以上呈长条形,最长可达100厘米。

**【重要提示】**前些年,苦瓜主要在我国南方食用较多,但随着设施农业的发展和人们生活保健意识的提高,苦瓜在北方也大面积种植,而且走进了温室,一年四季都可供应市场。但需要人们注意的是:我发现在乌鲁木齐早市上有卖老熟苦瓜的,人们不太懂,以为是新品种买回食用,这是不科学的。成熟食用的苦瓜是指商品成熟,而不是老熟苦瓜,表皮绿色或绿白色时食用最佳,口味好、营养好,橘黄色老熟苦瓜可以留种或入药,但鲜食不佳。

## 四、草莓熟了,哈密瓜依然香甜

立体高效栽培是设施农业的一类栽培模式,这种栽培方式能在有限的空间内创造出更高的经济效益。采用草莓、哈密瓜套作栽培,打破了传统日光温室中单一栽培草莓的形式。

### (一)品种选择

1. 弗杰尼亚草莓　系西班牙品种,引进代号为A(又名TODLA)。植株生长直立,繁殖力中等,幼苗细弱,栽植成活后,植株由弱转壮。叶片大,近棱形,叶脉清晰,托叶粉红色。花序平于叶面,一级序果平均单果重33克,最大单果重75克。果实长平楔形,颜色鲜红,果面光滑,有光泽。种子平嵌果面,萼片稍反卷。果肉粉红色,质地细腻,果味香甜,果肉硬,极耐运输。植株抗逆性强,抗病、丰产。在5～18℃气温条件下1～2周即可完成休眠。一般情况下可在1月份采收,温室栽培可陆续产生4～5次花序,形成多次果,延续结果2～3个月,条件适宜可达4个月,一般亩产3 000千克,最高可达5 000千克,每亩栽苗8 000株左右。

2. 哈密瓜　宜选用早熟耐低温有网纹的甜瓜品种,如金凤凰、西域2号、绿宝石等,这些品种有糖度高,不易裂果,早熟性好的优点。

## (二)茬口安排

草莓可在 9 月中旬定植，最早 10 月上旬便可升温，12 月下旬至翌年 1 月上旬果实就能陆续成熟，4～5 月份结束。哈密瓜 1 月上旬温床育苗，2 月中旬定植，3 月中旬开花，4 月底至 5 月初采收。收获后人工培肥地力，再进行翌年的生产循环。

## (三)草莓栽培

1. 定植　在日光温室中，草莓定植前亩施 5 000 千克优质农家肥，深翻起垄，垄宽 80 厘米左右，垄高 20 厘米，垄上双行栽苗，株距 15 厘米，每穴 1 株苗。先覆地膜，在地膜上刨穴栽苗，幼苗“深不埋心，浅不露根”。有条件的最好铺设滴灌管道，这样空气湿度小，病害发生明显降低，土壤湿度大，有利于草莓的生长，也便于肥水管理。

2. 升温后温湿度控制　升温时间应根据温室类型、品种休眠深浅和栽培方式而定。弗杰尼亚草莓 9 月中旬定植，最早 10 月上中旬便可升温。升温前期，要关闭所有通风口，闷棚，白天温度 30～35℃，夜晚不低于 8℃，必要时可使用临时加温设备。开花期应注意通风，否则湿度大会影响授粉效果，畸形果增多。有条件的可用蜜蜂传粉，产量会明显增加。白天 20～25℃，夜晚 6～7℃，空气湿度控制在 40%～60%。果实膨大期，最高不要超过 22℃，最低 2℃。

## (四)哈密瓜栽培

1. 浸种催芽　将种子倒入 55～60℃的温水中，水量为种子的 3～4 倍，搅动至水温为 30℃，保持该温度浸种 6～8 小时。也可采用药液浸种，10%磷酸三钠浸 15～20 分钟，可预防病毒病，50%多菌灵 800 倍液浸 50～60 分钟，可防治枯萎病。药液浸种后应用清水将种子反复漂洗干净。种子捞出后用湿布或湿毛巾包好放到28～30℃的条件下催芽至种子破口露白。

2. 苗期管理　出苗前小拱棚气温控制在28～35℃，地温25～28℃，一般不放风。出苗后及时撤去地膜，保持气温22～25℃，地温20～22℃，夜间气温15～18℃，以防形成高脚苗，注意放风排湿、降温，实行冷床育苗，培育壮苗，促进花芽分化。定植前5～7天，撤去苗床小拱棚，并加大棚内的通风量和通风时间，进行低温炼苗，此期不可浇水。

3. 定植　哈密瓜苗于2月中下旬定植在草莓垄间，株距50厘米。定植时在穴内加入适量的土壤杀菌剂和磷钾肥，每穴1株瓜苗，浇足水。

4. 整枝　一般实行一条龙式整枝方法，管理起来较为方便，即，保留主蔓上13～15节位的侧蔓，该侧蔓第1节有雌花出现，即花前留1片叶摘心，其余节位的侧蔓一概抹去，主蔓长28～30节时打顶。

5. 人工授粉　方法是：每天中午12:00之前，选择当天新开的雄花，去其花冠，露出雄蕊，轻轻涂抹到当天开放的雌花的柱头上，要涂抹均匀，促进其受精坐果，从授粉至子房内胚珠完成受精要24～48小时。

6. 选瓜吊瓜　为争取早熟优质，每株甜瓜一般只留1个瓜，小果型可留2个，在果实膨大前期，选择一个果型端正、无伤痕、无虫眼的瓜，用塑料绳拴于果柄近果实部，将瓜吊起，吊绳另一端拴在顶端的铁丝上，吊瓜高度应尽量一致，以便于管理。

7. 肥水管理　采用膜下沟灌技术在初花期和幼果膨大期各浇一次透水，每次浇水随水冲施尿素及磷酸二氢钾各5～7千克，并在伸蔓期及果实膨大期各喷两次氨基酸叶肥，可促进植株生长和果实膨大。伸蔓期，若缺水，可浇一次小水，在果实膨大停止采收前10天左右，应控制浇水，或不浇水，以防裂果、烂果。

8. 温室内环境调控　哈密瓜喜光，在生产上要经常擦洗棚膜，提高透光率，科学揭盖棉被，尽量延长光照时间。生长前期注意增温保温，保持白天气温25～28℃，夜间不低于12℃；生长后期注意通风降温，以防高温灼伤。

果实膨大期和成熟期空气湿度在50%～60%较为适宜。

**【解析】**这是一个“双甜”的事业，哈密瓜作为新疆的最最特色瓜果，享誉国内外。同时，哈密瓜也是在新疆第一个走进温室的瓜果。早在20世纪80年代，新疆农科院吴明珠院士就采用塑料薄膜温室甜瓜育苗，这也是新疆日光温室农业的启蒙。近年来，随着设施农业的大发展，哈密瓜普遍走进新疆各地的日光温室，目前较为成功的是哈密瓜的早春茬栽培。温室栽培的哈密瓜相对大田而言，属于吊蔓式栽培，技术上有了很大改进，定植密度增加，新的技术措施广泛应用，取得了相当可观的效益。

而草莓，匍匐生长，耐寒性极强，温室栽培可作为越冬或早春生产。但草莓单作，温室空间利用率不高，而且草莓具有休眠特性。鉴于这些特点，在草莓中套种哈密瓜不失为一种好的模式。既充分利用了温室的空间，而且在时间上也充分利用了草莓的休眠期，二者具有时空上的互补。

## 第四节　设施蔬菜家族

蔬菜是一个大家族，据统计，我国各地栽培的蔬菜(含食用菌和西甜瓜)至少有298种，分属50个科，按照商品名统计，在大中城市日常生产供应的蔬菜有70～80种。这么多种类的蔬菜尽管没有全部走进设施，但设施栽培的蔬菜也涵盖了《中国蔬菜栽培学》各论所列的14个门类，根菜类、薯蓣类、葱蒜类、白菜类、芥菜类、甘蓝类、叶菜类、瓜类、茄果类、豆类、水生蔬菜、多年生及杂类、食用菌类、芽苗菜类等，几乎都有设施栽培，权且把这一部分称为《艺超群芳》乐章的设施蔬菜家族曲吧。

当然我们很难把蔬菜家族在这里全部展现给大家，只把在阿克苏市良种场的蔬菜家族成员呈现给你们，既有番茄、辣椒等老成员，也有儿菜、快菜等新成员，技术来源于阿克苏市良种场菜农的自我总结，张宏站长整理。

## 一、日光温室番茄秋冬茬栽培技术

### （一）品种与播期

主要品种是加茜亚、1420，6月15日前后播种。

### （二）育苗

1. 种子处理　用55℃水约1千克，将种子倒入（种子与水的质量比为1∶6），不停搅动30分钟后沥干，进行催芽。

2. 苗床准备　每1万株准备1.5米×7米苗床5床。

3. 播种　每个营养钵内播种1粒种子，然后覆盖营养土0.5厘米左右，加盖地膜，遮阳降温。

4. 出苗后管理

（1）温度管理。掌握温度不超过30℃，夏天育苗温度越低越好。

（2）肥水管理。营养钵内浇足底水后苗期不需要再给水，确需给水营养钵之间间隙内灌入少量的水即可。

（3）病虫害防治。虫害有斑潜蝇、蚜虫、白粉虱；病害有猝倒病和立枯病。

（4）调节剂。展叶2片时用矮壮素10～15毫升加水20千克，喷施1～2次。

### （三）定植时间

7月15日前后，苗期25～35天，6～7片真叶。

## (四)定植后管理

1. 温度管理　用遮阳网、棉被或棚膜遮阳降温，温度控制在 30℃以下。

2. 肥水管理　整地前浇透水，定植时浇定根水和缓苗水。果实长到核桃大时开始浇水和追肥，每序花的盛花期浇水肥 1 次，肥料用量 15～30 千克，共 4～5 次。

3. 植株调整　西红柿单秆整枝，所有侧芽全部抹去，每序花盛期用矮壮素 1 次 10～30 毫升。5～7 穗花打顶。

4. 保花保果　用 30～40 毫克/千克浓度防落素保花、矮壮素化控保花、清枝保花和肥水保花。

5. 病虫害防治　虫害有斑潜蝇、蚜虫、白粉虱、红蜘蛛，用斑潜净、吡虫啉等防治。病害有立枯病、早晚疫病、叶霉病、灰霉病、白粉病等，用普力克、霜疫净、硫酸铜等进行有序预防。

6. 关键技术　遮阳降温和防雨水，尽量降低苗床和栽培床地温。

**图 3-12　秋冬茬番茄种植**

**【解析】**温室番茄应当属于阿克苏蔬菜家族的老成员了，曾几何时，“阿克苏西红柿”像“阿克苏苹果”一样名满全疆，在乌鲁木齐市、石河子市、喀什市等大中城市蔬菜批发市场，占据着优势地位。多年来，在阿克苏市良种场和西郊设施蔬菜基地，番茄的栽培面积一直很大，栽培技术一年比一年好。关于详细技术，我这里不再做过多的解析，除了精湛的技术，我这里说说阿克苏温室栽培番茄的品种。从秋冬和早春两个茬口模式可以看出，阿克苏番茄遵循着秋冬茬大红品种为主，早春茬粉红品种为主。

而在阿克苏温室番茄栽培中，最突出的是秋冬茬栽培(图 3-12，参见彩插)，品种最突出的也在秋冬茬采用的品种——进口番茄品种。如在秋冬番茄栽培技术中提到的"加茜亚"和"1420"就是进口品种，这里我们就先说说温室番茄进口品种吧。

所谓进口品种就是指从国外引进来的育成品种。温室番茄进口品种进入我国时间并不算太长，大约在 20 世纪 90 年代末。当时正处于山东设施农业发展的高潮期，设施农业技术不仅在山东全省推广应用，也正逐步推广应用到全国各地。同时，山东寿光发展成为了全国反季节蔬菜的集散地，蔬菜产品销往全国各大城市。而当时我们用于设施栽培的番茄品种，大多是原来的露地栽培品种，皮薄、质软，耐运输、耐贮藏能力较差，因此市场需求催生了耐贮运品种。

也就是在这个时候，大量国外番茄品种涌入国内，由于这些品种突出表现为果皮果肉厚、质硬，果实货架期长、耐贮运，植株长势强、产量潜力大等特征特性，很快被国内市场接受。又由于这些品种大部分都是大红色，与之前国内普遍栽培的粉红品种区别明显，由此在生产上人们习惯把温室栽培番茄分为大红品种和粉红品种两个大类。

早期进入我国的进口番茄品种主要有以下几种。

(1)以色列泽文种子公司(ZERAIM GEDER)，代表品种主要有：加茜亚(GRAZIELLA)、秀丽(SHIRLEY)、卓越(BEATRICE)、多菲亚(TROFEO)、乐家(NOGAR)、哈特(HADA)等。

(2)以色列海泽拉种子公司(HAZERA)，代表品种主要有：FA-189、FA-

1420、FA-516、FA-870 等。

(3)荷兰瑞克斯旺公司(RIJKZWAAN),代表品种主要有:百利(BERIL)、玛瓦(MELVIN)、卡特琳娜等。

(4)西班牙西方种业公司,代表品种主要有:印帝安等。

上述番茄种子价格都比较高,一般在 0.2～0.4 元/粒,每亩定植 2 000～2 500 株,即需种子投入 500～1 000 元,由于种子成本投入较高,所以温室番茄进口种子首先在栽培水平较高的地方被应用。阿克苏是新疆应用进口番茄品种较早的地区。

## 二、日光温室番茄早春茬栽培技术

### (一)品种与播期

可选用德赛超冠番茄,11 月 15 日至 12 月 15 日播种。

### (二)育苗

1. 种子处理　用 55℃水约 1 千克,将种子倒入(种子与水的质量比为 1∶6),不停搅动 30 分钟后沥干,进行催芽。

2. 苗床准备　每 1 万株准备 1.5 米×7 米苗床 5 床。

3. 播种　现将营养钵内灌足水,待水渗下后,每个营养钵内播种 1～2 粒种子,然后覆盖营养土 0.5 厘米左右,苗床上用地膜覆盖,待出苗30%～40%,去掉地膜也可加盖小拱棚。

4. 出苗后管理

(1)温度管理。出苗前 20～30℃,出苗后 1～2 周 15～28℃,2 周 13～25℃。

(2)肥水管理。营养钵内浇足底水后苗期不需要再给水,确需给水营养钵之间间隙内灌入少量的水即可。

(3)病虫害防治。苗期病害猝倒病和立枯病，用恶霉灵、普力克 800～1 200 倍液喷施；虫害有斑潜蝇、蚜虫，用斑潜净和吡虫啉 1 000～2 000 倍液；生长期和结果期虫害有斑潜蝇、蚜虫、白粉虱，病害有立枯病、早晚疫病、白粉病、叶霉病、灰霉病等。

(4)调节剂。苗期用矮壮素 1～2 次，每次 5～10 毫升。生长期和结果期每序花的初花期喷 1 次，10～30 毫升，节间控在 8～10 厘米为宜，根据土壤湿度和肥力而定用量和次数。

### (三)定植时间

小苗真叶 5～7 片叶略显小花蕾开始定植，苗期 50～60 天。定植前整地施优质腐熟农家肥每亩 5～10 米$^3$，化肥 100 千克配合微量元素 5～8 千克。

### (四)定植后管理

1. 温度管理　定植后 1～3 天不开风口 18～30℃，4 天后开始小风口 15～30℃，3 周后开大风口 13～28℃。

2. 肥水管理　果实长到核桃大时开始浇水和追肥，每序花的盛花期浇水肥 1 次，氮磷钾复合肥 15～30 千克，共 4～5 次。

3. 植株调整　西红柿单秆整枝，所有侧芽全部抹去，4～6 花序打顶。

4. 保花保果　用 30～40 毫克/千克浓度防落素喷花保花。

5. 病虫害防治　虫害有斑潜蝇、蚜虫、白粉虱、红蜘蛛；用斑潜净、吡虫啉等防治；病害有立枯病、早晚疫病、叶霉病、灰霉病、白粉病等，用普力克、霜疫净、硫酸铜等进行有序预防。

6. 关键技术　①定植期蹲苗；②严格化控；③肥水管理；④及时整枝；⑤苗期不可长时间低温。

**【解析】**番茄品种的选择，与人们的消费习惯和市场需求直接相关。多年来，在我国大部分地区人们更习惯于吃粉红番茄(图 3-13)，皮薄、肉软，酸甜可口，当水果一样食用；而大红番茄(图 3-14)往往因为皮厚、味淡，在冬季粉红品种供应不足时不得已才选择。温室早春栽培番茄主要供应春夏市场，那时多种蔬菜已经上市，人们可选余地很宽，粉红番茄品种就更受人们的青睐。

**图 3-13　番茄粉红果图**

**图 3-14　番茄大红果图**

近年来,人们关于鲜食番茄的认识有些误区。

误区一:传统的薄皮粉红品种不耐贮运吗?

回答是否定的。不同的番茄品种具有不同的特性,针对不同的特性可以采取不同的技术措施。粉红品种番茄的成熟可分为绿熟期、白熟期、变色期、坚熟期和完熟期等几个时期,其中绿熟期和白熟期采收后即可自然成熟,采后即食风味不佳,但适于贮藏和远运;变色期是指30%果面转红,也比较适合长时贮运。待3/4果面转红,还没变软时为坚熟期,也叫成熟期,是最佳上市期,不宜远运贮藏。果面全部着色、色泽鲜艳即为完熟期,此期果肉变软,适合即刻上市鲜食,口味佳,但不宜贮运,常用于制种、制酱。

由此可见,传统的薄皮粉红品种番茄并非不耐贮运,只是采收时机不正确,根据目标市场适期采收也是栽培技术的重要组成部分。有人说,番茄没有红熟采收,都是抹药催红的。其实不然,达到绿熟期的番茄已经成熟,部分种子可以发芽,存放几天即可自然红熟,不影响风味和营养。当然也不否认有部分人为了快速变红用了催熟剂,其实完全可以不用,早摘几天,多存几天即可。

误区二:厚皮大红品种不好吃吗?

回答也是否定的。评判一个品种好吃与否,重点要看什么时候吃,怎么吃。有人说不好吃,主要是因为这些品种皮肉厚、质硬、汁水少,没有我们传统习惯的酸甜可口的感觉,什么原因呢?一方面是它的品种特性就是如此,另一方面还要看哪时候吃。无独有偶,厚皮大红番茄的成熟也分为几个时期,即绿熟期、黄熟期、坚熟期和完熟期。如果在完熟期之前食用,口感不佳,但到了完熟期,果肉变软、色泽鲜艳,口感好。这些大红厚皮番茄品种,货架期比较长,特别是从坚熟期——完熟期需要很长的过程,适合于贮藏和长距离运输。之所以我们说它不好吃,其主要原因是我们食用时还没有达到完熟期。

## 三、日光温室黄瓜早春茬栽培技术

### (一)品种与播种期

主要品种博耐13、福田冬美,12月20日至翌年1月20日播种。

### (二)育苗

1. 种子处理 ①温汤浸种:用55℃水浸泡约100克种子(种子与水的质量比为1∶6),不停搅动30分钟后继续浸泡6～8小时;②干种直播。

2. 苗床准备 种植1亩黄瓜准备育苗3 000～3 500株,准备苗床地15～20米$^2$。用腐熟农家肥100～200千克撒施,每亩二铵1千克、钾肥1～2千克,翻地25厘米,浇足量水。待地干后再翻地,将土打细、耙平。

3. 播种 营养钵内装2/3的营养土,浇水100毫升待水渗下后每只营养钵放1～2粒种子,然后覆盖营养土1～2厘米后加盖地膜或拱棚。

4. 出苗后管理

(1)温度管理。出苗温度20～30℃,出苗后1周15～28℃,一叶一心时降至7～10℃持续1周,以后恢复至13～18℃。

(2)肥水管理。苗期达4～5周时若苗床内缺水,可在营养钵内加50毫升左右的水。

(3)病虫害防治。病害猝倒病、灰霉病和立枯病;虫害有斑潜蝇、蚜虫、白粉虱。

(4)调节剂。苗期用矮壮素1～2次,每次5～10毫升。

### (三)定植时间

2月1日至2月20日。

## (四)定植后管理

1. 温度管理　定植后1周闭棚,温度20～30℃,1周后开始小风口15～28℃,3周后开大风口13～28℃。

2. 肥水管理　定植后浇足根水和缓苗水,到第一次摘瓜后开始供肥水,每次每亩氮、磷、钾复合肥15～30千克,7～10天一次,4～5月份5～7天浇一次。

3. 植株调整　单蔓整枝,所有侧枝全部清除,2～3天绕蔓一次、去卷须。

4. 保花保果　①肥水保果;②防病保果;③及时采收保果和清除老叶保果。

5. 病虫害防治　虫害有斑潜蝇、蚜虫、白粉虱、红蜘蛛;病害有立枯病、枯黄萎病、霜霉病、灰霉病、蔓枯病、白粉病。

6. 关键技术　①蹲苗;②苗期低温促瓜,7℃以上。

**【解析】**黄瓜落蔓栽培技术。

黄瓜属于蔓生性蔬菜,主蔓细弱且有卷须,攀缘生长。温室生产上往往采取摘除卷须,绑绳吊蔓的措施立蔓栽培。传统温室栽培中,由于黄瓜属无限生长型,且有生长回头瓜的特性,一般采取单蔓整枝,主蔓长到20～25片叶时摘心,促进回头瓜的生长。尽管如此,这样栽培的黄瓜产量也是有限的,因为回头瓜不可能一直持续下去。

随着人们技术水平的提高,以及对高产栽培的追求,长季节栽培黄瓜应运而生,就是不打顶让黄瓜一直长下去,一直结瓜。如果温、光、水、气、土壤等环境条件可以满足,技术措施应用得当,是可以实现的。可是日光温室的空间和高度是有限的,容不得黄瓜无限生长,于是,落蔓技术就产生了。

所谓黄瓜的落蔓栽培技术,就是不打顶,当黄瓜生长点长到接近棚膜时,将植株下部叶片摘除,自下而上把黄瓜的茎蔓盘绕在地面上,降低植株高度，留出生长空间，继续生产的一种技术措施（图 3-15，参见彩插）。技术看似并不难，但也要注意如下几点。

**图 3-15　冬春茬黄瓜落蔓栽培**

(1)落蔓高度。在日光温室的立体空间里，地面以上 0.5～1.5 米的位置，从温、光、水、气等方面都是最优越的，因此落蔓后黄瓜的生长点在这个空间范围最适宜。过高，失去了落蔓的意义，过低生长不良。

(2)轻拿轻放，以防折断。黄瓜的蔓很脆，特别是气温低时更脆，如果不注意很容易折断。如果折断就会影响水分和营养的运输，严重的会造成植株萎蔫死亡，所以要轻拿轻放。

(3)先摘叶再落蔓。落蔓前先将下部叶片摘除，不能带叶片落蔓，以免造成混乱损伤，通风不良，滋生病害。

(4)预防病害。落蔓操作难免给植株造成伤害伤口，病菌容易侵入，操作完成后，每亩用 45%百菌清烟雾剂 250～300 克放烟熏蒸，控制病害传染。

(5)加强水肥管理。较长的生长期、较高的产量，就需要更多的营养供应，才能保障可持续生产。落蔓后更要加大水肥投入，保证继续开花结果，温室环境管理照常进行，切不可懈怠。

# 四、日光温室辣椒早春茬栽培技术

## (一)品种与播种期

主要品种是海丰8号,10月1日至11月1日播种。

## (二)育苗

1. 种子处理　用55℃水约1千克,将种子倒入(种子与水的质量比为1∶6),不停搅动30分钟后沥干,进行催芽。

2. 播种　苗床撒播,以后小苗移栽;营养钵直播,每穴2粒种子以后间苗。

3. 出苗后管理

(1)温度管理。白天20～28℃、夜间10～18℃。

(2)肥水管理。营养钵内浇足水,苗期不需浇水,确需浇水从营养钵间隙内浇水。

(3)病虫害防治。病害猝倒病和立枯病,虫害有斑潜蝇、蚜虫、白粉虱;生长期和结果期虫害有斑潜蝇、蚜虫、白粉虱,病害有立枯病、病毒病、疫病、白粉病、灰霉病等。

(4)调节剂。用矮壮素1～2次,每次10～30毫升。

## (三)定植时间

1月下旬至2月中上旬定植,苗期60～80天,5～8片叶。

## (四)定植后管理

1. 温度管理　定植后3天不开风口,白天18～30℃,夜间15～20℃、3

天后开始小风口,1 周后开大风口温度控制在 15～28℃。

2. 肥水管理　定植时浇足根水和缓苗水,盛花期开始肥水浇灌,每亩用氮、磷、钾复合肥 15～30 千克,10～15 天一次。

3. 植株调整　门椒以下的嫩芽全部除去。

4. 保花保果　花控保果、用矮壮素 10～30 毫升喷施、水肥保果、及时施肥浇水、清枝保果、防病虫害、增加温差保温。

5. 病虫害防治　虫害有斑潜蝇、蚜虫、白粉虱、红蜘蛛,病害有猝倒病、立枯病、疫病、白粉病、灰霉病、病毒病。

6. 关键技术

①蹲苗;②小水灌浇;③温度:前期高温后期中温;④适度套种高秧作物遮阳。

## 五、日光温室西葫芦早春茬栽培技术

### (一)品种与播种期

主选品种冬玉,12 月 10 日至翌年 1 月 10 日播种。

### (二)育苗

1. 种子处理　55℃温水浸种。

2. 苗床准备　每亩育苗 1 600～2 500 株,准备苗床 15～20 米$^2$,用农家肥 200 千克、二铵钾肥各 1 千克均匀撒施,浇水翻地再浇水翻地,准备营养土。

3. 播种　每个营养钵播 1 粒种子。

4. 出苗后管理

(1)温度管理。出苗温度 20～30℃左右,1 周后 15～25℃,3 周后

13～25℃。

(2)肥水管理。苗期缺水营养钵内加水 50 毫升。

(3)病虫害防治。病害猝倒病、灰霜病和立枯病;虫害有斑潜蝇、蚜虫、白粉虱。

(4)调节剂。矮壮素 1 次,10～20 毫升。

## (三)定植时间

1 月初至 2 月底定植。

## (四)定植后管理

1. 温度管理　定植后 1 周 20～30℃,1 周后 15～28℃,3 周后 13～28℃。

2. 肥水管理　浇定根水和缓苗水。

3. 植株调整　根瓜(第一个瓜)以下分枝全部去除。

4. 保花保果　①2,4-D、防落素保果;②疏花保果;③肥水保果;④防病保果;⑤适时采收及去除老叶保果。

5. 病虫害防治　虫害有斑潜蝇、蚜虫、白粉虱;病害有立枯病、霜霉病、灰霉病、白粉病。

6. 关键技术　适度蹲苗、注意温度两高(出苗期、定植期)两低(苗期、生长期),后期水和肥充足,及时去除老叶,通风见光。图 3-16(参见彩插)为早春茬西葫芦的栽培情况。

**【解析】**关于西葫芦栽培上的几个问题。

问题一:关于西葫芦的保花保果问题。

西葫芦的花是雌雄同株异花,露地栽培以昆虫传粉为主,而温室栽培西葫芦一般采取人工辅助授粉的方式保花保果,具体做法为:每天正午之前(太阳出来之前更好),先采摘一些盛开的雄花,剥除花瓣只留柱头,在雌花

图 3-16 早春茬西葫芦种植

内轻轻涂抹即可，一般一朵雄花可授3～4朵雌花。除此之外，也可在温室内释放蜜蜂或熊蜂辅助授粉，调节好温室内的温度、光照和湿度才能使蜜蜂或熊蜂正常活动。

但也有例外，日光温室栽培西葫芦，到了冬季温光条件不好，特别是温度过低的情况下，雄花很少甚至几乎没有，这种情况下人工授粉和蜜蜂授粉都很困难，只有采用植物生长调节剂处理了。一般选用2,4-D或坐果灵处理，具体做法：将2,4-D或坐果灵配制成30～40 mg/kg的溶液，加入少许红颜色标记，涂抹雌花的瓜柄处，浓度不要太大，一个瓜涂抹一次即可，不要重复处理。

问题二：关于西葫芦的疏花疏果问题。

在温室西葫芦的栽培上，保花保果很重要，疏花疏果更重要。现在的温室栽培西葫芦品种结瓜能力非常强，如果都留下，很容易造成化瓜，严重影响产量和品质，需要人工疏瓜。具体要求是：每株西葫芦动态保持3～4个瓜就可以了，疏掉部分幼瓜。同时要及时采收达到商品成熟的大瓜，西葫芦瓜长得太大太久，容易多籽老化，商品性和食用性降低，一般单瓜250克左右即可采收上市。

在生产上，种植户往往不舍得摘除密密麻麻的幼瓜，但植株提供的营养是有限的，不可能养活这么多“孩子”。即使你不摘掉，它也会以化瓜的方式淘汰一部分，与其如此，倒不如人为控制，“计划生育，优生优育”更好。

问题三：关于西葫芦吊蔓栽培的问题。

西葫芦，别名美洲南瓜，是南瓜属中的一个栽培种。主要有两种类型：一种是矮生类型，另一种是蔓生类型。

矮生类型：节间短，主蔓0.3～0.5米，雌花多，早熟丰产，适于密植，是生产上的主栽类型，温室栽培西葫芦也是以矮生型为主。如目前生产上应用的早青一代、冬玉、寒玉、金皮西葫芦等都属于这一类型。

蔓生类型：生长势强，节间长，主蔓3～4米长，晚熟，耐寒力弱，抗热性强，栽培较少。品种有北京笨西葫芦、甘肃扯秧西葫芦等。

所谓的西葫芦吊蔓栽培，就是把矮生西葫芦延长的茎蔓用绳吊起，立蔓生长，延长生育期，以期获得更高的产量。我认为大可不必，我们现今生产上栽培的西葫芦品种，基本都是矮生品种，这类品种有它自身的生长发育规律，最好的栽培是尊重植物的固有特性和规律，发挥它的最大优势。如果想吊蔓栽培可以选择蔓生类型的品种。有人把矮生西葫芦吊蔓栽培叫作“技术创新”，我认为不是，创新不是改变，是发展。如果想创新为立蔓栽培，可以去选育立蔓品种，那才叫创新，改变了种性优势不是创新，只能称为小伎俩。

## 六、日光温室茄子早春茬栽培技术

### （一）品种选择

前几年选择黑龙王，今年使用大龙王（黑龙江产），大龙王具有采收早，开花至商品茄22～25天，提前2～3天，长势旺，抗病强。

## (二)育苗

1. 种子处理　有包衣,无需处理。

2. 播种期确定　育苗时间10月10～20日,苗床均匀散播,播种量一般每亩25克,第一次分苗11月底至12月初。

3. 苗床准备　在温室内进行,秋茬儿菜种植时提前预留,营养土为温室外白地土壤配以猪粪(发酵过),混合均匀后装营养钵,土壤和猪粪配比为6∶1。

4. 播种　先将苗床浇透水,将种子均匀撒播在苗床上,然后覆土1厘米,搭小拱棚(用新棚膜),此期间不通风,7～10天出苗。

5. 出苗后管理

(1)肥水管理:播种至分苗期间不用浇水。

(2)病虫害防治:防治重点猝倒病,出苗后1周开始喷乙酸铜,隔3天喷1次,连喷3次;防虫主要喷阿维菌素,10～15天喷1次,至分苗前。

## (三)定植

1. 定植时间　1月下旬至2月上旬,依天气情况,天气晴好可与1月下旬定植。

2. 施肥整地　施肥时间在秋菜收获后施肥,每亩施腐熟的猪粪6米$^3$,撒施均匀后深翻。

3. 做畦　畦宽0.9米,沟距1.5米,沟深25～30厘米。

4. 定植　株距0.5米,行距0.8米,亩栽1 800～2 000株。挖穴栽苗,苗栽好后浇定植水。

## (四)定植后管理

1. 温度管理　依据天气情况进行通风,保持气温白天28～30℃,夜间

15℃左右。

2. 肥水管理　在开花期后1周浇第1次水，7～10天1次连浇4～5次，进入盛果期4天左右浇1次水，持续到采收结束。

3. 追肥　果实进入膨大期开始，浇水结合追肥，以冲施肥(氮、磷、钾含量30%)为主，每次每亩施肥量20千克。如采收量大，适当加大施肥量。

4. 植株调整　采用三杈整枝。

5. 保花保果　用“黑又亮保蕾胶囊”溶液蘸花，每4天1次。

6. 病虫害防治　预防为主，采用高温闷棚，闷棚前先清棚，然后施肥，撒施硫酸铜或杀灭线虫和地下害虫的农药。闷棚时间不少于10天。生长期主要防治蚜虫，斑潜蝇，喷阿维菌素加蜱虫啉，半个月左右1次，中后期采用异丙威熏2～3次，采收后再熏1次。

**【解析】**关于温室栽培茄子的整枝。

茄子的分枝特性为假二杈分枝，一个变两个，两个变四个……，结的茄子也对应称为门茄、对茄、四门斗、八面风……。常规栽培一般不整枝，但温室长季节栽培需要合理整枝，一般采取双杆整枝(图3-17，参见彩插)或三杆整枝(三杈整枝)，充分利用垂直空间。随着茄子生长时间的延长，分枝增加，平面空间不能满足，利用垂直空间是延长结果期的好办法。

具体做法是：茄子第1次分枝以下萌蘖全部摘除，第2次分枝的四个枝保留两个(三个)，以后一直保留两个(三个)枝开花结果称为双(三)杆整枝。示意图见图3-18。

## 七、日光温室四季豆早春茬栽培技术

### (一)品种与播种期

主选品种天马豆角，1月1日至1月15日播种。

图 3-17 茄子双杆整枝

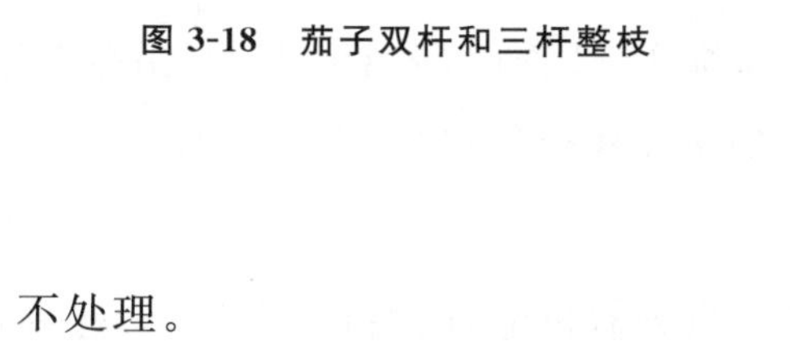

图 3-18 茄子双杆和三杆整枝

## (二)育苗

1. 种子处理 不处理。

2. 苗床准备 每亩育苗 1 800～2 200 株,准备苗床 20 米$^2$,用农家肥

200 千克、磷酸二铵和硫酸钾各 1 千克均匀撒施，翻地浇水，待地干后翻地筛土准备营养土。

3. 播种　营养钵内装土 3∶2，排列整齐，每床放营养钵 15 个×70 排，两床，营养钵内浇足水，待水干后每钵内放 2～3 粒种子，覆土 2 厘米左右，加盖地膜或小拱棚。

4. 出苗后管理

(1)温度管理。15～28℃，1 周后 13～28℃。

(2)肥水管理。苗期内一般不给水，苗床确实干燥可从营养钵缝隙间给少量的水。

(3)病虫害防治。病害猝倒病、根腐病和立枯病；虫害有斑潜蝇、蚜虫、白粉虱。

(4)调节剂。矮壮素 1 次，10～20 毫升。

## (三)定植时间

2 月 5 日至 3 月 15 日定植。

## (四)定植后管理

1. 温度管理　定植后 1 周不开风口，保持 20～30℃，1 周后开小风口 15～30℃，3 周后开大风口 13～30℃。

2. 肥水管理　定植时浇定根水和缓苗水，3～4 周后开始浇水，7～10 天 1 次，每次每亩冲施肥(氮、磷、钾含量 30%)15～30 千克。

3. 植株调整　每窝 1～2 株苗，多余的拔掉，吊蔓有序生长。

4. 保花保果　①矮壮素化控保果；②肥水保果；③防病保果；④适时采收及去除老叶。

5. 病虫害防治　虫害有斑潜蝇、蚜虫、白粉虱、红蜘蛛；病害有立枯病、根腐病、早晚疫病、锈病。

6. 关键技术　前期严格蹲苗、后期水肥充足。

## 八、日光温室芹菜秋冬茬栽培技术

### (一)品种与播种期

主选品种四季西芹,6 月 20 日至 9 月 20 日播种。

### (二)育苗

1. 种子处理　高锰酸钾 1 000 倍液,常温浸种 24 小时。

2. 苗床准备　育苗定植的,苗床与大田面积比例为 1∶3,每平方米苗床施腐熟肥 10 千克、磷酸二铵 0.2 千克、硫酸钾 0.162 千克,撒施,浇水翻地,再浇水再翻地。

3. 播种　①育苗苗床播种,每平方米 2 克种子,均匀撒播;②直播,每平方米 1 克种子,条播。

4. 出苗后管理

(1)温度管理。秋冬芹菜出苗时温度较高,应遮阳降温和浇水降温,温度保持 20℃左右。

(2)肥水管理。5 天左右浇水 1 次。

(3)病虫害防治。病害猝倒病和立枯病;虫害有斑潜蝇、蚜虫。

(4)调节剂。株高 2～3 厘米时用矮壮素 5～10 毫升喷施。

### (三)定植时间

苗龄 30～35 天开始定植,行距 18～20 厘米、株距 3～5 厘米。

### (四)定植后管理

1. 温度管理　常温管理。

2. 肥水管理　7～10 天浇 1 次水。

3. 病虫害防治　虫害有斑潜蝇、蚜虫、红蜘蛛；病害有猝倒病、立枯病、枯萎病、根腐病。

4. 关键技术　①蹲苗；②严格化控。

## 九、日光温室儿菜与棒菜栽培技术

这两个菜名可能很多北方人不知道，但四川、重庆人都认识它。先看看它在阿克苏市良种场的栽培技术吧，等会再做分析。

### (一)品种选择

采用临江儿菜，其特点是耐低温，抗病虫，高产。

### (二)播种期确定

考虑临近春节，又可以达到一定产量确定播种期，一般为 8 月 20～30 日。

### (三)育苗

育苗以营养钵直播育苗，苗期 25～30 天。

### (四)定植时间

9 月中下旬。

## (五)整地施肥

整地前施基肥(农家肥)每亩 6 米$^3$,按 1.2 米开沟做畦,沟深 25~30 厘米。

## (六)定植

按株距 35~40 厘米,行距 60 厘米定植。

## (七)定植后管理

1. 肥水管理　定植完成后浇透水 1 次,以后 5 天左右浇 1 次水,扣棚后浇 1 次水,沙土地在采收前 15~20 天浇 1 次水。追肥 1 次,穴施,在儿菜植株封行前进行,以磷酸二铵、尿素、复合肥混合施入,施肥量每亩 20 千克。

2. 病虫害防治　菜青虫防治:防治 4~5 次。

灰霉病防治:采用熏、喷结合的方法,先熏后喷,间隔 10 天,熏药时间在儿菜长出后开始,到采收前 15 天结束。

3. 植株调控　采用多效唑,儿菜封行时 1 次,1 周后再用 1 次,用量为 18 升喷雾器用药 10~15 克。

4. 扣棚时间　重霜后 1 周扣棚,早扣棚易造成旺长,产量降低。

5. 关键技术　①植株控制,必须使用多效唑控制生长。②晚扣棚。

**【解析】**儿菜和棒菜都属于芥菜的一种,在四川、重庆等地栽培普遍。从这两个蔬菜的引进种植,我们不难看出,川农进疆不仅促进了新疆设施农业的发展,而且还引进了很多优良蔬菜品种,大大丰富了新疆的菜篮子。说到儿菜和棒菜,我们就要从芥菜说起了。

芥菜不是一种蔬菜,它是一类蔬菜,属于十字花科芸薹属芥菜种中的栽培种群,在我国栽培历史悠久。世界各国至今均以籽芥菜做油料作物,唯有中国的芥菜演化出以根、茎、叶、薹供食的丰富类型作为蔬菜。提起儿菜和棒菜可能有人不认识，但是提起榨菜、大头菜、雪里蕻，几乎无人不知无人不晓，其实它们都属于芥菜的一种。芥菜喜冷凉润湿，忌炎热、干旱，稍耐霜冻。适于种子萌发的旬平均温度为25℃。最适于叶片生长的旬平均温度为15℃，最适于食用器官生长的温度为8～15℃，但茎用芥菜和包心芥食用器官的形成要求较低的温度，一般叶用芥菜对温度要求较不严格。

芥菜除了子芥菜收获种子，生产芥末、芥末油、咖喱粉等辛香料外，都是作为蔬菜生产的。可分为根芥、茎芥、叶芥和薹芥4大类，共16个变种，其中茎芥3个：茎瘤芥、抱子芥、笋子芥。抱子芥就是阿克苏市良种场菜农所说的儿菜，笋子芥就是棒菜。

抱子芥：又称儿菜、娃娃菜，主要以其肥大、味甜而不苦的肉质茎及其肉质侧芽供鲜食，肉质侧芽更优。儿菜又叫“超生菜”，粗大的根部上，环绕相抱着一个个翠绿的芽苞，如同无数孩子把当娘的围在中间。一母多子，这也是它叫“儿菜”的来由。该变种最初于20世纪70年代初在四川南充发掘出来的，现在全国都有栽培。特别是四川各地，都有他们的知名地方品种，如渠县的角儿菜，仪陇县的紫缨子儿菜、花叶儿菜，阆中的抱鸡婆儿菜等。按肉质侧芽的形状和大小，抱子芥分两个类型。

(1)胖芽型：每株密生肥大肉质侧芽25～30个，呈不规整纺锤形，纵径11～14厘米，横径3～4厘米，单个侧芽平均重50克以上。

(2)瘦芽型：每株密生肥大肉质侧芽15～20个，呈不规整圆锥形，纵径10～15厘米，横径5～7厘米，单个侧芽平均重35克以下。

目前的栽培品种主要有以下3种。

(1)临江儿菜。永川地方品种。株高40～48厘米，开展度98厘米，收获时叶11～14片。肉质主茎短缩，腋芽肥大，绿白色，密集环绕于主茎，单株肉质腋芽14～20个，单株鲜重105克左右，播种至收获150～170天。

(2)大儿菜。南充地方品种。株高52～57厘米，开展度68厘米，肉质侧芽长扁圆形，单株18～20个，单株鲜重900克左右。肉质茎短圆锥形，单株鲜重600克左右。

(3)抱儿菜。南充地方品种。株高62～67厘米,开展度79厘米,肉质侧芽长扁圆形,单株26～29个,单株鲜重1 100克左右。肉质茎棍棒状,单株18～20个,单株鲜重750克左右。

笋子芥:又名棒菜,以其肥大的棒状肉质茎为主要产品器官。主要栽培品种有以下3种。

(1)竹壳子棒菜。成都地方品种。株高72厘米,开展度84厘米,肉质茎长棒状,横径4厘米,纵径24厘米,表皮浅绿,单鲜重450～500克。

(2)白甲菜头。自贡地方品种。株高66～70厘米,开展度72厘米,肉质茎长棒状,上有棱,横径4厘米,纵径30厘米,表皮浅绿,单株鲜重400克左右。

(3)持芥菜头。江西吉安地方品种。株高85～100厘米,开展度75厘米,肉质茎棒状,上有棱,横径8厘米,纵径36厘米,表皮浅绿,单株鲜重750～1 200克左右。

**【重要提示】**儿菜和棒菜是一种很好的蔬菜,被阿克苏市良种场的川军菜农们引进新疆,丰富了新疆的菜篮子、餐桌子。但在选择种植上,首先要了解它的生长习性和栽培技术,其他地方不宜盲目引进;其次这两种菜毕竟是小宗蔬菜,不易栽培面积过大,要考虑市场需求。作为小宗蔬菜,在设施蔬菜生产的大盘子里,可以当成一个很好的稀有蔬菜,与其他设施蔬菜调配、穿插种植,还是应坚持以大宗蔬菜为主,稀有蔬菜为辅的原则。

## 十、日光温室快菜栽培技术

快菜是什么菜？给身边的人提起“快菜”,很多人都是这种反应,不知道啥是快菜。而在阿克苏市良种场设施蔬菜生产基地却种植普遍,那么什么是快菜呢？也许很多人都见过,只是不称呼它叫“快菜”罢了。

所谓的快菜，从白菜的分类上应该属于大白菜，即早熟的大白菜。快菜大概分两种类型：一种形似小一号的大白菜，也叫夏阳白菜，生育期 50～55 天，白帮、直筒合抱、叶色浅绿。高约 36 厘米，球径 12 厘米左右，外叶 8～9 片，最大叶片 40 厘米×30 厘米左右。另一种快菜更像小白菜，也有人叫它“小白菜”，不抱心，叶色深绿，叶面皱，生长快速，播种后 28～30 天以后便可陆续采收幼苗或半成株上市。下面我们就从头认识它。

**【解析】**关于白菜。

白菜这是人们再熟悉不过的蔬菜了，在没有设施农业的时代，人们吃的冬季蔬菜老三样：萝卜、白菜、马铃薯，白菜就是其中之一。可是越熟悉，人们却越是不了解它了，往往把大白菜以外的白菜统统称为小白菜。其实白菜还有很多分类，这里我们有必要解析一下。

白菜类蔬菜是十字花科芸薹属芸薹种中的栽培种群，包括白菜亚种、大白菜亚种和芜菁亚种。由此可以看出，白菜和大白菜不能划等号，它们是有区别的。

1. 大白菜　大白菜是十字花科芸薹属芸薹种中能形成叶球的亚种，一、二年生草本植物，别名又叫结球白菜、黄芽菜、包心白菜等。类型可分为：散叶大白菜、半结球大白菜、花心大白菜和结球大白菜，我们常见的大白菜就是指结球大白菜，有卵圆型、平头型和直筒型，按叶色分有青帮型、白帮型和青白帮型。大白菜按照熟性可分为：早熟、中熟和晚熟，生长期从 50～65 天(早)，70～85 天(中)、到 85 天以上(晚)，其中生长期小于 50～65 天的早熟大白菜常称为快菜。

快菜常见品种有以下 4 种。

(1)快菜 1 号。沈阳市农业科学院于 1998 年育成，是替代原“沈阳快菜”的新一代产品。

特征特性：生育期 60 天，白帮，直筒合抱，叶色浅绿。球高 36 厘米，球径 12 厘米，外叶 8～9 片，最大叶片 40 厘米×30 厘米。高抗病毒病、霜霉病、软腐病、白斑病、耐热、品质好。我国南北各地均可种植。单株重1.3千克,亩产5 000千克。

栽培要点:露地可做春季栽培,填补八、九月份没有大白菜的淡季,也可作秋季栽培。垄直播,行距60厘米左右,株距30厘米左右,每亩定苗3 300～4 000株。要及时清理前茬,整地前喷施敌百虫200倍液,出苗后及时防治黄条跳甲,春结球和夏播栽培时,莲座期要彻底治蚜。

(2)快菜5号。沈阳市农业科学院于2002年育成。

特征特性:生育期60天,白帮,直筒合抱,叶色浅绿。高抗病毒病,霜霉病、软腐病。我国南北地区均可种植,单株1.8千克,亩产6 000千克。

栽培要点:可做春结球生产,垄直播,行距57厘米,株距25～33厘米,每亩定苗3 300～4 000株,整地前喷敌百虫200倍液,出苗后及时防治黄条跳甲。

(3)京研快菜2号。北京市农林科学院2011年育成。

特征特性:苗用白菜一代杂种,株型较直立,外叶深绿色,叶面皱,叶背面有光泽,无毛,叶肉厚,质地柔软,帮白,帮较宽,品质佳,生长速度快,播种后30天左右即可开始收获上市;秋季播种35天后,株高34厘米,单株重274克耐热、耐湿,抗TuMV病毒病、霜霉病、黑腐病;适应性广。

栽培要点:翻地做成平畦或高畦,划沟条播,沟距20厘米,株距15厘米。每亩种植密度约20 000株。播种后28～30天以后便可陆续采收幼苗或半成株上市。苗期病害发生较少,主要注意虫害防治。虫害主要有蚜虫、菜青虫、小菜蛾、黄条跳甲、斑潜蝇等。

(4)夏阳。台湾育成品种。植株直立,外叶少,叶球长球形,坚实,单株重800克左右,品质优良。宜密植,早熟,定植后50～55天收获。耐热、耐贮运,商品性好。

2. 普通白菜　十字花科芸薹属芸薹种白菜亚种的一个变种。别名:小白菜、青菜、油菜,我国南方种植较多,生长期短,适应性广,可周年生产。普通白菜按照栽培季节可分为秋冬白菜、春白菜、夏白菜等，常见的品种主要有以下2种。

(1)上海慢。上海市郊地方品种。按照抽薹早晚有二月慢、三月慢、四月慢、五月慢等，各种慢菜长相相似，株型直立、束腰，叶柄浅白至浅绿。单株重0.5～0.7千克，耐寒性强，产量高，品质好。尤其以四月慢、五月慢耐寒、产量高。

(2)苏州青。苏州地方品种。植株直立，束腰，较矮，叶色深绿，叶面平滑，叶柄绿。耐热、抗病、筋少、品质好。

3. 油白菜　除了上述大白菜和普通白菜之外，现在生产上也有人种植小油菜，许多人把它也叫作小白菜或油白菜，这里简单说一下。油菜，又叫油白菜，是十字花科植物油菜的嫩茎叶，颜色深绿，帮如白菜，属十字花科白菜变种。油菜有白菜型油菜、芥菜型油菜和甘蓝型油菜，我们平时吃的小油菜多属于白菜型油菜，普通白菜的一个变种，抽薹前的油菜幼苗。

**【重要提示】**大白菜与普通白菜的区别。

由上述分析可以看出，早熟大白菜俗称快菜，而普通白菜俗称慢菜。从它们的常见品种名称也可以看出，早熟大白菜常称作×××快菜、快菜×号等，而普通白菜常称××慢，前者的“快”是指早熟，生长快，后者的“慢”是指耐热耐寒，抽薹慢。由此我们可以清楚地区分快菜和小白菜的区别了。

从专业的角度区分，白菜和大白菜同属喜冷凉蔬菜，但普通白菜的耐寒性和耐热性均比大白菜强，大白菜属半耐寒性蔬菜，生长适温12～22℃，高于30℃不能适应，10℃以下生长缓慢，5℃以下停止生长，－2～0℃即可受冻。而普通白菜平均气温18～20℃生长最适宜，－3～－2℃能安全越冬，比大白菜适应性广，耐寒性强。从长相上看，普通白菜株型矮小，不抱心，叶片开张，多数品种叶片光滑、叶柄明显，无叶翼，一般叶片大而肥厚，叶色浅绿至深绿、墨绿。而大白菜，一般株型大，抱心，叶面有毛，叶色浅绿或白绿，单株重量大。

## 第五节 栽培制度解析

栽培制度这个名词，乍一听似乎有些过于理论化，但是我们不能不提，因为它在设施蔬菜的生产上绝不容忽视，甚至更重要。大家在前面《间套复种初见神奇》部分也略有了解，这里咱们具体说一下这个问题。那么什么是栽培制度呢？什么又是设施蔬菜的栽培制度呢？栽培制度在设施蔬菜生产上有何意义？如何制订设施蔬菜的栽培制度呢？

我们都知道，农业生产向来都是和大自然的季节变化直接相关的，违背自然规律就很难获得成功。在我国，自古就有“春华秋实”、“春种秋收”、“头伏萝卜二伏菜”等等说法，这就是栽培制度。而现如今随着农业科技的发展，栽培制度的内涵和意义也在发展变化，就设施蔬菜而言，设施蔬菜栽培制度就是设施蔬菜种植制度，是指一个生产单位种植的蔬菜种类、品种、布局，及其休闲、轮作、连作、复种及间套种等栽培形式。它是根据不同地区自然气候和设施类型，确定适当的栽培季节、茬口安排和种类、品种合理布局等，以充分利用设施条件，达到提高单产、降低成本和淡季时供应多样化的新鲜蔬菜的目的。

在设施蔬菜上主要是指蔬菜的品种布局与茬口安排，由于设施蔬菜更加突出反季节生产和周年生产供应，因此合理的茬口配套就更显得重要了，是设施蔬菜高产高效和可持续生产的基本保障。既包括年际间和茬际间的种植安排，也包括同一茬次中一种或多种蔬菜种植搭配；等等。

# 一、如何确立设施蔬菜种植制度?

设施蔬菜的种植制度,说白了就是一年种几茬,每茬种什么,什么时候种的问题。这几个问题是根据当地的气候特点,确定这里适合种什么菜,菜农有没有技术能力把这个菜种好,几种蔬菜在一个温室里如何安排先后顺序才不会出现矛盾。同时在选择蔬菜种类的时候还要考虑前后茬不能互相影响,考虑用地和养地的关系,不能让土地竭尽全力、入不敷出。既要发挥土地的生产潜力,又要保护生产环境,使生产更有利于优质高效,这也是绿色生产的重要基础。也可以说,一定时期的种植制度反映了当地、当时的农业生产力水平和社会经济条件。种植制度安排得好,说明当地的设施蔬菜生产水平高,也说明当地的农业经济条件好,一个连茬口都不会安排的人也很难把菜种得更好,但一个地方的设施蔬菜种植制度如何才能安排得更好呢,我认为需要掌握如下几点。

## (一)制订设施蔬菜种植制度需要考虑的条件

1. 气候条件　设施栽培蔬菜多属于喜温和喜凉蔬菜,既不耐严寒霜冻,也不耐高温酷暑、暴雨涝渍。尽管有设施保护,但仍具有鲜明的气候性,因地、因时制宜,趋利避害、减灾保收很重要。

2. 土壤肥力条件　土壤肥力状况的好坏,包括人工施肥量的多少,是蔬菜复种次数,连续高产的基础。

3. 水资源条件　热量和水分状况决定复种次数的多少,而水、肥又决定蔬菜产量的高低和效益的大小。

4. 社会经济技术条件　栽培制度的集约化程度与当时当地生产者投入的劳力、肥料、水利设施、机械化水平、资金的多少以及技术的熟练程度密切相关。如果经济技术水平、生产力水平低,过于集约化的多熟制栽培,反而达不到增产增效的目的。

## (二)制订设施蔬菜种植制度需要考虑的内容

1. 蔬菜种类　一个地区、一个生产单位选择种什么蔬菜，要根据市场需求和当地的自然环境、经济技术条件而定。

2. 连作与轮作　典型轮作实例，茄果类为主作：第 1 年，茄果类蔬菜—秋冬白菜；第 2 年，瓜类蔬菜—萝卜//莴苣；第 3 年，豆类蔬菜—甘蓝或白菜；第 4 年，茄果类蔬菜。

3. 间作和套作　菜间套种的原则，要以主作为主、主次分明，充分发挥间套种的增产潜力，避免以宾欺主。

4. 复种与休茬　休茬是一种特殊的轮作即空轮作，适当休茬有利于改善土壤结构，恢复土壤肥力，减少病虫害的发生。

**【解析与提示】**种植制度看起来像是一个很理论性的名词，其实我们的农业生产无时无刻不在应用它。俗话说“一年之计在于春”，说的就是一年之初农民对其全年的农业生产的计划，春天种什么，夏天种什么。而在我们设施农业上，我认为应该是“一年之计在于夏”，因为设施农业突出的是反季节生产，生产重点在冬春，而夏天往往作为休茬、休闲的季节，在这个季节，除了修缮温室、准备肥料、晒地养地等工作之外，更重要的是谋划下一年的生产计划。

俗话又说“人无远虑必有近忧”，在我们设施农业生产上更加明显。设施农业生产一般是头一年的 7～8 月份开始，到第二年的 5～6 月份结束，中间经历了整个冬天，这中间要完成收获和再种植的换茬，但是为了充分利用时间，换茬间隙比较短，容不得充分思考和准备。因此，在夏季就需要考虑好秋冬茬种什么，哪时候可以收完，才能顺利种下一茬的问题。在我们实际生产上，很多地方眼前的事情就把他忙得焦头烂额，没有时间考虑长远，其实这也是一个技术能力不高的表现，但更重要的是一茬乱、茬茬乱呀。这一茬晚了或早了几天，下一茬不能适期定植，出现了“苗等地”或“地等苗”问题，壮苗等成了弱苗，直接影响了下一茬的产量和效益。

如此这般，就出现了恶性循环，把季节真的搞乱了。也不难想象生产上“秋延晚不晚”“春提早不早”是怎样造成的了。因此，栽培制度在设施农业生产上就是一个种植规划，规划不好就谈不上高效。由此也可以理解阿克苏市良种场的设施蔬菜为什么连年高效，为什么如此神奇了？我总结为十二个字“制度合理，技术过硬，勤劳用心。”

## 二、如何安排设施蔬菜茬口模式？

设施蔬菜茬口模式的安排是种植制度的具体应用，只要是设施蔬菜种植，谁也绕不开茬口问题。有些名词如“秋延迟”、“春提早”、“冬生产”等等，都是设施农业人耳熟能详的设施农业名词，但有的人能够准确理解，大部分人也只是人云亦云，别人咋着我咋着，对茬口模式没有一个深入的理解，在茬口的安排上仍然不能做到合理搭配，灵活运用。这里我总结了六种基本茬口模式（表 3-1），与大家共同解析分享，如何依此举一反三、灵活运用。

**表 3-1　设施蔬菜基本茬口模式一览表**

| 栽培形式 | 育苗方式 | 播种期 | 定植期 | 收获供应期 |
|---|---|---|---|---|
| 秋延迟栽培 | 穴盘基质 | 6 月下至 7 月下旬 | 7 月下至 8 月下旬 | 9 月下至 12 月下旬 |
| 秋冬茬栽培 | 穴盘基质 | 7 月中至 8 月中旬 | 8 月中至 9 月中旬 | 10 月下至 1 月下旬 |
| 越冬茬栽培 | 穴盘基质 | 7 月中至 8 月中旬 | 8 月中至 9 月中旬 | 10 月下至 5 月下旬 |
| 冬春茬栽培 | 穴盘基质 | 11 月中至 12 月下旬 | 1 月中至 2 月中旬 | 3 月下至 6 月上旬 |
| 春提早栽培 | 穴盘基质 | 1 月中至 2 月中旬 | 3 月上至 4 月上旬 | 4 月中至 6 月下旬 |
| 春夏秋栽培 | 穴盘基质 | 4 月中至 5 月中旬 | 5 月中至 6 月中旬 | 7 月中至 9 月中旬 |

【解析】有人说“设施农业把季节搞乱了”，这是不了解设施农业的人说的话，不管是设施农业还是露地大田农业，都是大自然的一部分，都是和季节息息相关的，都离不开春夏秋冬、阳光雨露。尽管设施农业有一定的设施保护，室内环境在一定程度上人为可控，但仍然要和外界季节气候相匹配，外界冷了就加温，热了就降温，没有哪个人反着干，谁又能说温室和季节无关呢？从我们目前生产上称呼的茬口和上表中所列的基本茬口也可以看出，每个茬口都含有春、夏、秋、冬四个字中的一个或多个，因此设施蔬菜栽培茬口是和季节搭配的。

第一，先说说秋延迟和秋冬茬。这两个茬口很相似，基本都是秋种冬收，时间上相差一个月左右，也是目前新疆设施栽培的主要茬口之一。育苗时间在夏末秋初，正式定植时间在秋季，是夏季休茬后设施蔬菜栽培的第一季，往往以果菜类蔬菜为主。尽管两个茬口很相似，但在应用上仍有区别。一般秋延迟稍早一些，适合于冬季气温较低的地区，如新疆的北疆以及巴州、阿克苏等地。该茬收获后进入一年的最冷季节，不宜再定植果菜，可以种一茬短季叶菜，春天气温回暖后，再种植一茬果菜。其周年搭配模式为：秋延迟果菜—越冬叶菜或根茎类蔬菜—春提早果菜。

而秋冬茬比秋延迟晚一个月左右，一般收获后不再种植叶菜，而是直接定植下一茬果菜，也可以冬季种叶菜或根茎菜。比较适合冬季不太冷的地方，如新疆的巴州、阿克苏及其以南地区，喀什、和田等地最为适宜。其周年搭配模式为：秋冬茬果菜—冬春茬果菜，也可以为秋延迟果菜—越冬茬叶菜或根茎类蔬菜—春提早果菜，但以前者居多。

第二，再说说冬春茬和春提早。这两个茬口也很相似，基本上是冬种春收，是与秋冬茬和秋延迟相匹配的两个茬口模式。一般是冬季育苗，早春定植，春末夏初收获结束。与前面重复的内容不再赘述，这两茬的重点在一个“早”字上，上市越早，价格越好，收益越高。上市太晚会与拱棚蔬菜甚至露地蔬菜发生冲突，失去了温室蔬菜的优势，成本高而收益不一定高。这也是我们南疆温室存在的突出问题——“早春不早”，由于定植较晚等问题，造成产品迟迟不能上市，不仅效益受到影响，还影响了休茬晒地、修缮温室等工作，直接影响下一年的生产。因此，要适期定植，妥善管理，及时采收。

第三，重点说说越冬茬栽培。说越冬茬栽培可能有些人觉得有些陌生，在我们新疆常把它称为冬生产，其实“冬生产”不是一个具体的技术概念，到底什么才是冬生产呢，你比如“秋冬茬”、“冬春茬”等都含有冬季生产，算不算冬生产呢？从技术上讲也算冬生产。我认为叫“越冬茬”更好一些，即秋种——冬管(收)——春收，它的整个过程为秋天种，越过了整个冬季，春天收获结束。越冬茬经历了秋、冬、春三个季节，时间较长，也有人把它叫作一年一大茬。由于越冬茬蔬菜在冬春季上市，价格好，效益好，能有效调节淡季蔬菜供应。随着设施农业技术水平的提高和市场的需求，越冬茬栽培的蔬菜面积在逐年增加。

由题目可见，这个茬口的重点在一个“冬”字上，冬天既有管理也有采收，但冬天是一年最冷的季节，加之生长季节比较长，有点儿像秋冬茬+冬春茬，管理难度较大。在冬季气温很低的新疆北疆等寒冷地区相对困难，更加适合于南疆的喀什、和田以及东疆的吐鲁番等地，在阿克苏、巴州、哈密等地短期临时补温也可生产。由于越冬茬蔬菜的采收期从冬季一直延续到春末，是蔬菜供应的最淡季，往往蔬菜价格较好，效益较高，近年来越来越被菜农接受。图 3-19(参见彩插)为温室内番茄的越冬茬栽培。

越冬茬栽培，尽管在喀什、和田等地可以进行，但冬季的气温依然很低，开花坐果也很困难，因此在技术上要区分几个阶段，突出每个阶段的管理重点。

首先，秋季管理是基础。定植过早天气炎热、生长旺盛，容易早长早衰；定植过晚带花入冬，坐果困难，冬季难以采收上市。因此提倡坚持“带产果入冬”的原则，一般 8 月上旬到 9 月中旬定植，冬前形成 50%～70%的前期产量。

其次，冬季管理是重点。进入冬季天气寒冷，光照也不好，重点是维护性管理，减少浇水施肥等田间操作，保护入冬前的成果，不要过度追求开花

图 3-19 温室番茄越冬茬栽培

坐果。加强温度管理，安全过冬是目标，否则将前功尽弃。

最后，春季管理是补充。在这些适宜越冬生产的地区，到了来年 2 月份，天气逐渐回暖，植株开始恢复性生长。冬前形成的果实逐渐开始成熟，植株上部又开始开花结果，此时及时采收成熟的果实，加强水肥管理，快速形成第四，30％～50％的后期产量。力争既赶上较好的市场价格，又不降低综合产量，最终获得最高效益。切不可虎头蛇尾，冬前重视、冬后放弃；也不能让胜利冲昏了头脑，只笑眯眯的采收果实卖高价，而忽视了春季的补充性生产。

**【重要提示】**不管是叫“冬生产”也好，还是叫“越冬茬”也好，都要理解它的真正含义，因地制宜，切不可一刀切，盲目追求“迎难而上”的虚伪人定胜天精神。农业生产是最实际的工作，要树立科学发展观，尊重大自然的客观规律，尊重科学。既不能过分夸大微弱的天然优势，蛮干强干；也不要过分低估优越的自然优势，懒惰懈怠。新疆地域广大，生态气候多样，每个地方都有自己的农业发展优势，也都能找到最佳的模式。特别是农业，本身就具有气候性、地域性特点，再结合农作物的生长发育特点，气候和作物二者有机结合，再加上科学技术和人的勤劳，才能真正做到最好。

第四，最后说说春夏秋栽培。春夏秋栽培也叫越夏栽培，设施农业发展初期没有这个茬口，大家都知道设施农业最早的目的，是在冬季露地不能生产的时候，增加保护设施进行反季节生产，解决冬季没有新鲜蔬菜的问题。但随着设施农业面积的扩大，设施蔬菜成了蔬菜生产的主力军，有的地方弱化了露地蔬菜生产，导致夏季蔬菜出现了短缺。

同时又发现，即使没有弱化露地蔬菜生产，但夏季高温炎热，主要产出喜温耐热的果菜类蔬菜，如辣椒、茄子、黄瓜、番茄等较多；而喜冷凉的根菜类蔬菜和叶菜类蔬菜供应不足，如萝卜、大白菜等很少，越夏栽培应运而生。选择相对耐热的根菜和叶菜类蔬菜品种，如大白萝卜、水萝卜、夏阳白菜、耐热菠菜等，利用设施的有利条件，遮阳、降温、防晒等措施，在炎热季节生产喜凉蔬菜，大大拓展了反季节的内涵，反季节也就从“反冬”又增加了“反夏”的含义。

春夏秋栽培模式应用到我们新疆就更有意义了，大家知道，不管在山东还是在河南，由于他们的地域面积小，全省的气候环境基本一致，越夏栽培还不是那么容易。在新疆就不一样了，我们地域广大，生态气候多样，纬度从北纬35°～49°，海拔从－154～5 000米均有设施农业生产，更容易找到适合各种蔬菜生长的环境，这是他人不可比拟的得天独厚的自然优势。

就拿春夏秋栽培来说吧，在北疆的塔城、阿勒泰以及伊犁、昌吉、乌鲁木齐、博州等地，包括南疆和东疆的浅山区，和其他海拔较高的地方，虽然冬季寒冷多雪，但夏季气候凉爽、阳光普照，具有逆温带俗称冬窝子的气候特征。在这些地方，不需要特殊的遮阳、降温、防晒措施，就可以安全生产根菜叶菜甚至果菜类蔬菜，这是大自然给予我们的惠顾，非常适合设施蔬菜的春夏秋栽培。

**【重要提示】**关于逆温带，在北疆多地都非常重视，近年来在逆温带区域也建设了很多日光温室，有的应用的很好，可也有的遇到了很大困难。凡是应用不好的都存在一个重要原因，就是对逆温带的天然优势应用不当，过分美化夸大优势，在应用上却又抛却优势。逆温带区域夏季凉爽不可置疑，但说它冬季温暖却十分勉强，北疆大部分的逆温带区域冬季依然是白雪覆盖，十分寒冷。特别是跟南疆的喀什、和田、阿克苏以及东疆的吐鲁番等地相比，所谓的逆温带区域就显得寒冷异常了。南疆的冬天几乎不下雪，即使下雪也很快就化完了，很少有白雪皑皑的景象，正常年份气温很少有低于－20℃的，即使有，时间也很短。

因此，在北疆所谓的逆温带区域一定要清醒客观的认识自己，发展设施农业的优势不在冬而在夏，不可过分强调冬季果菜生产，要扬长避短，充分发挥夏季气候冷凉、阳光充足的优势。而在南疆，夏季炎热，也要扬长避短，及时休茬、晒地、修缮温室，发挥冬季温暖优势发展设施果菜。

## 三、因地制宜，发挥“新疆优势”

近日来，我正在编写“新疆设施蔬菜产业发展规划”，关于新疆设施农业的前前后后、方方面面做了很多思考。其中，部分内容也许有利于设施农业人去理解和选择设施蔬菜的栽培制度，特别是写到新疆设施农业优势分析时，我的感触最深，甚至于想把这种种优势总称为“新疆优势”，由于“规划”还没有最终完成定稿，现摘引部分内容仅供参考。

### （一）新疆设施蔬菜产业优势分析——新疆优势

设施农业在新疆历经20余年的发展，截至2012年地方设施农业占地面积达到97万亩，实际种植面积91.11万亩（含复种），生产各类反季节蔬菜、瓜果、食用菌等310.15万吨，实现产值89.24亿元、纯收入58.3亿元。其中设施蔬菜263.83万吨，设施瓜果等产量46.32万吨，同时还为加工番茄、加工辣椒等蔬菜种植提供了近30亿株生产用苗，为特色农业转变生产模式，加快推广育苗移栽种植技术提供了保障。2012年，设施农业面积已占全疆耕地面积的1.26%，产值占全疆农林牧渔业总产值的3.92%。由此可见，设施农业已经成为新疆一个优势产业，被自治区确定为新疆农业六大产业之一，设施农业在新疆的产业优势地位和良好发展氛围基本形成。

回顾过去，展望未来，细细品味新疆设施农业多年的发展，认真分析新疆发展设施农业的独特优势，你会发现新疆设施农业发展有着得天独厚的、他地无可比拟的区域优势。这些优势分析也许有利于提高认识，因地制宜，更好的发挥利用我们的优势。

1. 产业政策优越，发展氛围良好　当前从自治区党委、人民政府到各地(州)、县(市)党委、政府都高度重视设施农业发展。《自治区党委自治区人民政府关于进一步推进农村改革发展的意见》，把发展设施农业作为构建新疆现代农业产业体系，推进外向型农业发展的重要内容之一，并从2009年起，自治区财政安排的设施农业发展专项资金由1 000万元增加到5 000万元，以支持设施农业快速发展。各地(州)、县(市)也把发展设施农业列入了重要的议事日程，加大了政策、资金、人力、物力的支持力度，引导和推动设施农业发展。

同时，通过多年实践，我区已总结出一套符合实际、行之有效的设施建设和生产技术、经验及模式。各级农业科研、技术推广部门也把搞好设施农业科技攻关、技术指导作为服务“三农”的重要内容，加大了工作力度，为设施农业发展提供了技术支撑。总体看，全区上下已经形成了大力发展设施农业的良好社会氛围。

2. 生态环境多样，区域优势明显　这也许是新疆发展设施农业的最大优势了。新疆地域广大，生态气候多样，这是全国哪个省区都难以比拟的天然优势，这种优势也造就了新疆设施农业的丰富内容。从纬度上讲，新疆设施农业南北横跨北纬35°～49°，气候从炎热到温暖，再到寒冷甚至严寒；从海拔上讲，从全国最低的－154米的吐鲁番，到海拔3 000米以上的帕米尔高原，都有设施农业；从地形地貌上讲，有平原、有山地、有绿洲、有沙漠、有戈壁，看似荒芜实则优势，设施农业能以优良的设施条件，化露地不能而能，转劣势而为优势。

多样的生态环境，使得设施蔬菜自然形成了各具优势的生产区域，使得多种茬口的多种蔬菜，在这些区域形成明显的优势。如塔克拉玛干大沙漠西南缘的和田、喀什、克州、若羌、且末等地，不仅可以生产春提早和秋延晚蔬菜，设施蔬菜冬生产也独具优势；新疆中部的巴州、阿克苏和东疆的吐鲁番、哈密等地，冬季短期临时加温也可冬生产；而北疆设施农业主要分布在浅山区逆温带，夏季冷凉，是设施越夏蔬菜的优势区域。如此种种优势更有利于设施蔬菜的多样化和不同季节的均衡供应。

3. 光热资源丰富，产品品质优良　新疆光热资源丰富，全年日照时间为2 500～3 400 小时，年均太阳总辐射量为 5 000～6 500 兆焦/米$^2$，年平均日照率为 60%～80%。≥10℃的有效积温，南疆在 4 000℃以上，吐鲁番盆地为 4 500～5 390℃。从气候资源条件分析，我区南疆、东疆和北疆逆温带山区，冬季天气晴朗，阴天少，具备发展设施农业，生产反季节蔬菜、瓜果的良好条件。优越的光热资源条件，较大的昼夜温差，使新疆设施蔬菜如同新疆瓜果一样，不仅单产高，而且具备了产品品质优良的特性。

4. 市场前景广阔，发展潜力巨大

(1)区内具有较大的市场空间。随着新疆社会经济发展和人民生活水平不断提高，城镇居民和广大农牧民对反季节蔬菜、瓜果的消费能力不断增加。反季节蔬菜的需求旺盛，就目前我区的生产能力，冬春季蔬菜供应还有很大缺口，这为疆内设施农产品生产发展提供了较大的市场空间。

(2)比较效益日益突出，设施农业已为广大农民接受。各族农民致富意愿强烈，特别是在人多地少、增收渠道单一的地方，设施农业以其突出的比较效益成为农民脱贫致富的首选产业，认识不断提升，发展积极性高，很多农民已由最初政府推动、被动介入转为积极参与、主动投入，这为产业发展提供了强大的内在动力。

(3)新疆设施农产品还具有开拓中亚国家市场的潜力。新疆与8个国家接壤,现有17个一类口岸,12个二类口岸,是我国对外开放口岸最多的省(区),也是我国“东联西出,西来东去”,开拓中亚、南亚、西亚和东欧工农业产品市场的前沿阵地。特别是新疆毗邻中亚,与中亚等国人文相通,风俗习惯、消费偏好极为相似,农业产业结构互补性强,我区蔬菜、瓜果等农产品在中亚国家很受欢迎。中亚国家由于受自然条件、传统习惯和生产水平等条件限制,农业生产总体上仍处于低投入、低产出的状况,特别在果蔬等劳动密集型和技术集约型农产品生产上与我区有很大差距。这为新疆大力发展外向型设施农业生产创造了广阔的市场空间,也使新疆具备了建成沿欧亚大陆桥出口走廊反季节出口蔬菜基地的条件。

(4)新疆反季节瓜果具有抢占国内市场的优势。我区冬春季节光照资源丰富,可选用早熟优良品种进行西甜瓜、葡萄、桃、草莓、杏、樱桃等反季节栽培,生产优质瓜果供应国内市场和出口周边国家。近年来在自治区党委政府的关怀下,大量知名品牌以其优良的品质、独特的风味已经被国人熟知,在全国各地都出现了新疆特色农产品专卖店,而且需求量日益旺盛,显示出较强的市场竞争优势。

## (二)设施蔬菜生产布局分析——新疆优势区域

综合考虑地理、气候、区位、人文、经济等因素,理论联系实际,通过对新疆设施农业实际区域布局的统计与分析,参考前人对设施农业的区划研究,初步将全疆设施蔬菜产区划分为塔西南缘冬春设施蔬菜产区、塔北缘春秋设施蔬菜产区、吐哈盆地春秋设施蔬菜产区、伊犁河谷春秋设施蔬菜产区、天山北坡夏秋设施蔬菜产区、塔额盆地夏秋设施蔬菜产区、北疆高寒区设施夏菜产区等7个功能区,如图3-20(参见彩插)所示。新疆日光温室分布密集区域见图3-21。仅供新疆各地设施蔬菜种植区参考。

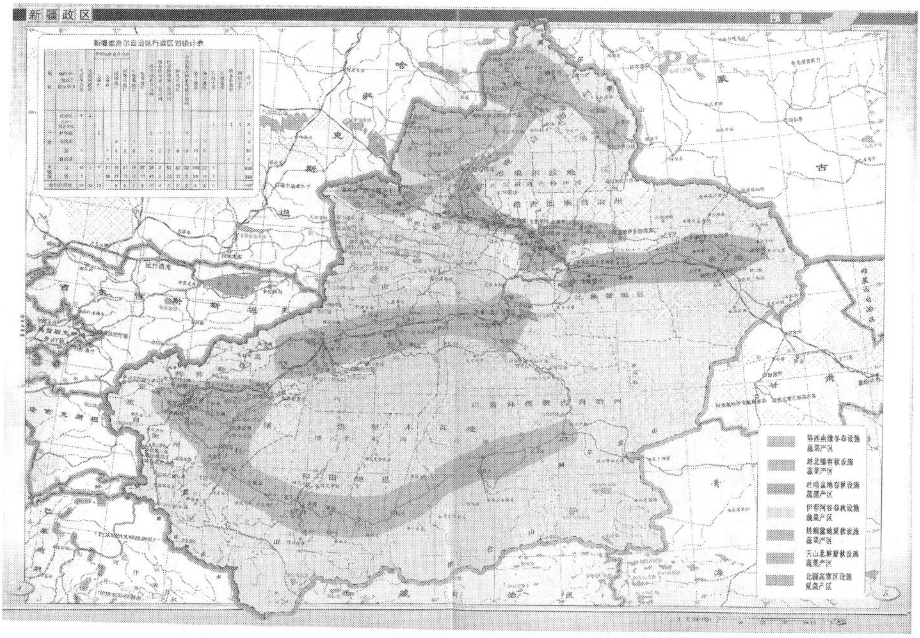


**图 3-20　新疆设施农业功能区划**

1. 塔西南缘冬春设施蔬菜产区　包括巴州的若羌县和且末县的平原乡镇、和田地区的平原县市、喀什地区的平原县市、克州的平原县市。本产区在北纬 35°～40°，地处塔里木盆地西缘和南缘，干旱少雨，冬季温暖少雪，天气晴朗，适合于日光温室喜温果菜的越冬茬和冬春茬生产。

——功能定位。以秋冬茬、越冬茬和冬春茬为主要模式，生产喜温的果菜类蔬菜，首先满足本地市场需求，部分供应周边和乌鲁木齐市等天山北坡冬季严寒区城市冬春淡季市场。

——主要产品与上市期。番茄、辣椒、茄子、豇豆、菜豆、西葫芦、西甜瓜、丝瓜、苦瓜等，塔南缘和田地区、若羌、且末集中在 12 月至翌年 3 月上市，塔西缘喀什地区、克州集中在 11 月至翌年 5 月上市。

2. 塔北缘春秋设施蔬菜产区　包括阿克苏地区的阿克苏市、温宿、新

图 3-21 新疆日光温室分布密集区域

和、库车、沙雅、阿瓦提、拜城、柯坪，巴州的库尔勒市、和静、和硕、博湖、焉耆、尉犁等。本产区在北纬 40°～42°，地处塔里木盆地北缘，干旱少雨，冬季温和少雪，天气晴朗，适合于日光温室喜温果菜的秋冬茬和冬春茬生产，短期临时加温可部分实现果菜越冬生产。

——功能定位。以秋冬茬和冬春茬为主要模式，主要生产喜温的果菜类蔬菜，首先满足本地市场需求，部分供应周边和乌鲁木齐市等天山北坡冬季严寒区城市冬春淡季市场。

——主要产品与上市期。番茄、辣椒、茄子、豇豆、菜豆、西葫芦、西甜瓜、丝瓜、苦瓜等，主要集中在11月至翌年1月和4月至6月上市。

3. 吐哈盆地春秋设施蔬菜产区　包括吐鲁番地区的吐鲁番市、鄯善县、托克逊县，哈密地区的哈密市等。本产区在北纬42°～44°，地处吐哈盆地，吐鲁番是全国海拔最低的地区，夏季干旱炎热少雨，冬季温和少雪，天气晴朗，适合于日光温室喜温果菜的秋冬茬和冬春茬生产，短期临时加温可部分实现果菜越冬生产。

——功能定位。以秋冬茬和冬春茬为主要模式，主要生产喜温的果菜类蔬菜，首先满足本地市场，其他供应乌鲁木齐市等天山北坡冬季严寒区城市冬春淡季市场。

——主要产品与上市期。番茄、辣椒、茄子、豇豆、菜豆、西葫芦、西甜瓜、丝瓜、苦瓜等，主要集中在11月至翌年5月上市。

4. 伊犁河谷春秋设施蔬菜产区　包括伊犁州直的伊宁市、伊宁县、霍城县、察布查尔县、特克斯县、新源县、巩留县、尼勒克县等。本产区在北纬43°～45°，地处伊犁河谷，夏季凉爽，冬季温和，适合于日光温室喜温果菜的秋延迟和早春茬生产，喜冷凉的叶菜类、根茎类、白菜甘蓝类蔬菜可进行冬季生产。

——功能定位。以生产秋延迟和早春茬果菜、冬季叶菜为主，首先满足本地市场，部分产品外向出口。

——主要产品与上市期。番茄、辣椒、茄子、豇豆、菜豆、西葫芦、马铃薯、胡萝卜等，果菜主要集中在11月至翌年1月和4月至6月上市，叶菜等喜凉蔬菜主要集中在11月至翌年3月上市。

5. 塔额盆地夏秋设施蔬菜产区　包括塔城地区的塔城市、额敏县、和不克赛尔、裕民等。本产区在北纬45°～47°，地处塔额盆地，是全疆纬度最高的设施农业产区，夏季凉爽，冬季寒冷，适合于日光温室果菜和叶菜春夏秋茬生产。

——功能定位。以生产夏秋茬果菜和叶菜为主，首先满足本地市场，部分产品外向出口。

——主要产品与上市期。番茄、辣椒、茄子、豇豆、菜豆、西葫芦、马铃薯、胡萝卜以及各类叶菜等，主要集中在5月至10月上市。

6. 天山北坡夏秋设施蔬菜产区　包括乌鲁木齐县、高新区、米东区，昌吉州的昌吉市、阜康市、奇台县、木垒县、吉木萨尔县、玛纳斯县、呼图壁县，塔城地区的乌苏市、沙湾县等。本产区在北纬42°～45°，地处天山北坡，冬季严寒多雪，夏季炎热，适合于日光温室果菜和叶菜夏秋茬生产。

——功能定位。以生产春夏秋茬果菜和叶菜为主，满足本地市场，主要供应乌鲁木齐等天山北坡城市。

——主要产品与上市期。番茄、辣椒、茄子、豇豆、菜豆、西葫芦、马铃薯、胡萝卜以及各类叶菜等，主要集中在5月至10月上市。

7. 北疆高寒区设施夏菜产区　包括博乐市、精河县、温泉县和阿勒泰地区的阿勒泰市、布尔津县、富蕴县、福海县、吉木乃县、哈巴河县，克拉玛依市等。本产区在北纬43°～49°，地处北疆极寒冷区域，冬季多雪，夏季不炎热，适合日光温室夏季生产。

——功能定位。以春夏果菜和夏季叶菜、茎菜和根菜、豆类蔬菜为主，满足本地市场，部分根茎类和叶菜类蔬菜可远销乌鲁木齐等天山北坡城市，或外向出口。

——主要产品与上市期。番茄、辣椒、豇豆、菜豆、西葫芦、马铃薯、胡萝卜以及甘蓝、莴笋等叶菜和茎菜，主要集中在5月至10月上市。

## 四、典型周年高效模式简析

设施蔬菜最突出的特点就是周年生产，除了每年留出一个月左右的休茬时间，尽量充分利用空间和时间。特别是日光温室和连栋温室，建设造价很高，一次性投入高，生产成本投入也高，所以要充分利用才能物有所值。

但是我们也并不提倡只种不养、掠夺性生产，提倡种地养地相结合，使土地可持续生产，可持续高产。我可以理解，我们的菜农不愿意休茬性轮作，也不想种植产量低、效益差的蔬菜，但我们可以以高产高效的蔬菜为主，根据当地的气候许可，在高产蔬菜之间合理换茬轮作，或见缝插针的搭配一些小宗蔬菜，在保证产量效益不减的前提下，合理安排种植茬口。这里我举几个典型模式的例子简单分析。

### (一)秋冬茬番茄——冬春茬黄瓜

这是典型的一年两茬果菜周年生产模式，两种蔬菜都属于高产高效的大宗设施蔬菜，两个茬口时间较长，产量潜力很大。这种模式在全疆的应用面积最大，只是不同地区根据自己的气候条件稍作改动，但仍属于该模式。在茬口时间上一般是做如下安排。

(1)秋冬茬番茄。5月下旬至7月上旬育苗，6月中下旬至8月中下旬定植，第二年1月底至2月初收获结束。其中定植时间根据气候掌握早晚，秋冬季气温较低的地区适当早定植，一般在6月中下旬至7月中下旬定植，气温较高的地区适当晚些定植，一般7月中下旬至8月中下旬定植。定植过早，由于气温高，番茄生长快速，提前上市，价格优势不明显，病虫害也重，容易早衰，造成秋延晚不晚；定植过晚，气温低，特别是进入冬季，果实生长慢，不能红熟，影响适期上市。

(2)冬春茬黄瓜。一般12月中旬至翌年2月初育苗，1月底至3月上中旬定植，5月中下旬至6月上中旬收获结束。时间的掌握也是较冷的地方稍晚，冬季温暖春来早的地区适当早，能早则早，尽量延长采收期，提高产量。

就新疆的气候而言，这种模式比较适合于阿克苏地区、巴州、吐鲁番、哈密以及以南的喀什、和田、克州等地。在北疆也可以，但秋冬茬番茄定植时间要适当提前，保留3～4穗果即可，不宜过多，否则难以红熟上市。冬春茬黄瓜定植时间适当延后，因为黄瓜形成产量较快，对产量影响不大。

**【解析】**在几种主要的设施蔬菜中，它们的生长特性有区别，有的适合促早栽培，而有的则适合延晚栽培。

如番茄，它的果实有一个从小到大，从绿色转红色而成熟的漫长过程，没有长大转红的果实基本不能食用。从开花到果实红熟，一般需要60天左右，而在寒冷季节，时间更长，达80～100天，甚至120～150天以上。由这些特性可以看出，番茄不太适合促早栽培，更适合延晚栽培，这也是为什么秋延晚栽培选择番茄了。

如辣椒和茄子，它们的果实特性与番茄相似，都有一个较长的长大和转色过程。另外辣椒和茄子的苗期生长缓慢，苗期长，促早栽培要提前育苗。好在辣椒和茄子果实与番茄不同，长大和转色过程比番茄短，而且果实可以提前采收，没有完全长大的辣椒和茄子也可以食用。因此辣椒和茄子既适合延晚栽培，也适合冬春促早栽培，但要提前育苗。

再如黄瓜、西葫芦等瓜类和豆类蔬菜：这类蔬菜生长快速，不仅苗期短，结果早，而且果实生长快速，形成产量早。同时，供给人们食用的是它们的幼嫩果实，而不是老熟果实，所以提倡提早采收，越小越嫩、越小越新鲜。但是生长快速的蔬菜大都短命，容易早衰，后期产量和品质较差。由此我们也不难看出，这类蔬菜更适合促早栽培，这也就是为什么把黄瓜安排在冬春季了。

另外就是叶菜类蔬菜：叶菜类蔬菜大部分属于二年生蔬菜，但我们收获食用的是它的营养生长体，一般生长快速，大小都能食用。这类蔬菜在设施农业上，往往与果菜类蔬菜配合，调剂茬口，短平快。由于它们属于喜冷凉蔬菜，所以常安排在冬季或春季栽培，而炎热的夏秋栽培较少。

**【重要提示】**设施蔬菜茬口的安排，除了考虑蔬菜的特性外，还要考虑连作和轮作的问题，以保证持续高产。同一种蔬菜不要连茬种植，同属一个科的蔬菜如番茄、茄子和辣椒，也尽量不要连茬种植。蔬菜连作不仅会使病虫害累积严重，而且根系的有害分泌物也会在土壤中积累，更重要的是，同种或同科蔬菜对土壤中的矿质营养的需求近似，特别是一些微量元素和一些目前没研究清楚的微量物质，连年种植会造成这些营养缺乏，从而导致一些生理性病害，就算没有病症，也会使蔬菜产量和品质逐年下降。

这也不难理解为什么我每次去阿克苏市良种场设施蔬菜基地，问菜农最大的技术问题和需求时，他们说最需要我给他们化验一下土壤，看缺什么，因为他们的蔬菜一年不如一年好，而且病害越来越重，就连芹菜等叶菜也越来越难种了。这里我可以清楚地告诉大家原因，那就是连作造成的影响，当然可以化验，也可以根据检测结果配方施肥、改良土壤，但有些微量物质是目前科技水平下难以检测和补充的，可以说是未知的。

说到这里，我想大家应该可以理解连作的坏处，和轮作的重要性了吧。在茬口的安排上，可以选择茄果类与瓜类，或与豆类和叶菜类轮作，同时增施有机肥，深翻土地，边种植边改良，才能实现蔬菜可持续高产优质。

## (二)越冬番茄一年一大茬

随着设施蔬菜栽培技术水平的提高，以及冬春市场的需求，原来的两茬种植在交换茬口时依然存在蔬菜供应不足，为了填补这个空缺出现了一年一大茬种植。这种模式以番茄最多，其次是茄子、甜椒、黄瓜等蔬菜。栽培时间安排：一般定植时间为8月中旬至9月中旬，定植过早，生长快，病害也重，容易造成后期早衰；定植过晚，冬前形不成产量，上市晚，达不到预期目的。在生产上，我们更提倡带产越冬，冬前为主，春季补充。

时间安排：一般8月中旬至9月中旬定植，第二年5月底至6月底收获结束，田间全生育期9～10个月。

比较适合于冬季气温不是很低的喀什、和田、克州等地，在阿克苏、巴州和吐鲁番等地，深冬短期临时加温也可安全越冬。但我们也应该清楚，番茄一年一大茬越冬栽培，由于它的生育期很长，又经过了整个不适宜生长的冬季，栽培难度要大于其他茬口。因此，这个模式比较适合于技术水平较高的地区，以及技术水平较高的农户。在关键技术上需要掌握如下几点。

(1)要选择耐低温弱光性好、生长势强、连续坐果能力强、产量潜力大的“一好一大两强”品种。目前以色列、荷兰等进口品种，在这些方面都有较大优势，近年育成的部分国产大红厚皮品种也比较适宜。

(2)培育壮苗是基础。对于生长期长的栽培模式，打好基础很重要，否则后期会出现早衰，综合产量不高。

(3)带产越冬是技巧。虽然是越冬栽培，但不能定植太晚，不能让开花坐果期恰逢冬季，提倡冬前形成60%～70%的产量，春季恢复生长后，补充30%～40%的产量，不要盲目夸大冬暖优势，正确理解冬生产的含义。

(4)耐心是关键。长季栽培番茄，从定植到采收比较漫长，需要耐心，切忌虎头蛇尾。前期打好基础，中期加强管理，后期也不能松懈。特别是中期，正值冬季，要做好保温，谨慎浇水施肥，有时候一个失误会导致全军覆没，这也是一年一大茬长季节栽培的难点所在。

**【友情提示】**越冬生产要树立“不求产量最高，但求效益最好”的思想，一茬的产量很难敌得过两茬或三茬，但冬生产的产品集中上市期在12月至翌年5月，此时是新疆果菜的最淡季，一般价格比较高，效益好。但也不能盲目追求，要根据当地的气候和栽培水平来选择。就目前而言，南疆三地州的气候相对最优越，但农民的栽培水平有待提高；北疆农民的栽培水平相对高，但气候不适宜冬生产；而在巴州、阿克苏、吐鲁番等地，气候介于二者之间，栽培水平好的县市可以适度发展冬季生产，发挥技术优势，走出老模式，探索新模式。

### (三)秋延迟番茄——越冬叶菜——春提早黄瓜

这是典型的一年三茬生产模式，两茬果菜一茬叶菜，叶菜属于喜冷凉的蔬菜,安排在不宜果菜生产的冬春季节。这个模式看起来很像秋冬茬番茄—冬春茬黄瓜,只是在中间加了一茬叶菜,但也有很大不同:一是多了一个茬口,二是两个果菜茬的名称变了,由秋冬茬变成了秋延迟、由冬春茬变成了早春茬。它们的区别在《如何安排设施蔬菜茬口模式?》里已经解释,这里不再详述。

(1)秋延迟番茄。一般6月中旬至8月中旬定植,12月收获结束。

(2)越冬叶菜。可选小白菜、油白菜、油麦菜、菠菜等生育期短的叶菜,在秋延迟番茄收获后种植,或者在秋延迟番茄后期套种,主要填补冬季不宜果菜生产的间隔期。一般11月至翌年1月种植,2月中旬至3月底收获结束。

(3)早春茬黄瓜。一般2月中旬至3月底定植,6月底7月初收获结束。

**【解析】**这个模式是三个短季蔬菜的搭配,短平快,灵活性强。其中两个果菜是关键,可以采取"矮密早"的方式提高产量和效益,矮一点、密一点、打顶早一点、上市早一点。这里不容忽视的是叶菜,不能过分强调温室生产就是果菜生产,叶菜也是重要的一部分。特别是近年来,叶菜的价格也是居高不下,效益也是相当可观。而且叶菜短平快,随时可以采收,更有利于调节茬口的搭配,获取全年的综合效益。

这个模式在南北疆都可以应用,冬季气温较好的南疆更不消说,特别是在北疆,冬季寒冷,就不必非要生产果菜了,叶菜更有优势。但值得一提的是,冬季叶菜生产南北疆的区别很大,南疆相对容易一些,但也不能疏于管理,应该像重视果菜一样重视叶菜生产。而在北疆,冬季生产叶菜也不是那么容易,更应该加强温度管理,尽管叶菜喜冷凉,但温度过低也能冻死,所以在北疆如果有必要的话,也需要适当加温才能完成。

### (四)越夏果菜一年一大茬

新疆地域广大,从南到北纬度的跨度很大,生态气候多样。这样的气候环境也造就了设施农业生产的多样性,在不同的区域可以实现不同的生产模式。其中,越夏果菜一年一大茬就是这样一个很独特的模式。

大家知道,新疆山地、高原、逆温带很多,这些地方夏季气候冷凉,晴多阴少,而冬天还是比较寒冷。如北疆的乌鲁木齐、塔城、阿勒泰、昌吉、伊犁、博州等地,冬季生产有困难,可夏季生产却很优越,比较适合于这一模式。其实这一种模式在塔城市已经应用多年,取得了很好的效果,可应用于番茄、辣椒、茄子、西葫芦、黄瓜等多种果菜类蔬菜。

时间安排:一般 2～3 月份育苗,3～4 月份定植,5～6 月份开始采收上市,10～11 月份收获结束,田间全生育期大约 9 个月。

**【解析】**温室蔬菜栽培,尽管都有很好的设施条件,但也受外界气候影响,因地制宜是关键。"反冬"是反季节,"反夏"也是反季节,不必一味地苛求冬季生产,因地制宜,发挥优势才是最好。气候温暖的南疆一般选择炎热的夏季休茬,而冬季寒冷的北疆不妨选择严寒的冬季休茬,避开劣势,发挥优势才能取得最后的成功。特别是有些蔬菜,如大白菜、萝卜、甘蓝、莴笋等蔬菜,夏季市场上还是很短缺,利用气候优势,会有意想不到的效果。

## 第六节　80 厘米干打垒里的阳光

南来的火车缓缓驶进阿克苏市,车窗的外面尽管没有积雪,可也是一片萧飒景象。白杨树还没有吐芽,枯黄的野草随风摇曳,阿克苏河已经开始解冻,白色的河水蜿蜒绕过阿克苏市,向人们昭示着春天的脚步不远了。透过火车的车窗，一片阳光你是躲也躲不过的，一排排干打垒的土墙，一卷卷灰白的棉被子，整齐俨然，大片的塑料薄膜像蓝色的海洋，反射着耀眼的光。这里就是阿克苏市良种场设施蔬菜生产基地，虽然还是冬季，这里却到处闪烁着春天般的阳光(图 3-22，参见彩插)。

**图 3-22 火车上看阿克苏市良种场设施农业基地**

万物生长靠太阳，蔬菜也不例外，它有一个生存环境的基本需求，也有一个生活条件的舒适要求。生长在露地的蔬菜沐浴着日月星辰、阳光雨露、风吹雨打，四季轮回，生生息息，具有极强的地域性和气候性，这是它对生存的选择，人们只能很有限度的调控它的生活。而设施栽培的蔬菜，生活在一个可控的环境之中，人们可以根据需要，有目的地为它创造环境，使它生活得更好。

80 厘米干打垒温室是阿克苏市良种场的最大特色，他们的温室都是干打垒土墙，厚度在 80～100 厘米。有人说“太薄了”，在北纬 40°～41°的高纬度地带，冬季寒冷，这样薄的温室不可能实现反季节蔬菜特别是果菜类蔬菜的生产，可是实践证明了：这世上没有最好的，只有最适合的。不是最豪华的温室才能种出最豪华的蔬菜。日光温室在我国的发展历经了二十余年，在不同的地区，因地制宜设计出了多种类型的温室，有的地方已经更替了几代，但最终的目的是有利于栽培，能够为生产创造最佳的环境。80 厘米干打垒日光温室虽然称不上现代，也不豪华，它却实现了设施与生产的恰当结合。图 3-23（参见彩插）为良种场内干打垒温室群。

图 3-23　干打垒温室群

适者生存，存在就有它的道理。我们就不要再纠缠那个 80 厘米的问题了，重要的是如何让 80 厘米干打垒里充满阳光，让种植的蔬菜生活得更好。那么蔬菜需要一个怎样的生活呢？我们又如何为它创造一个良好的生活环境呢？这就是我们常讲的温室蔬菜对环境的要求及其调控技术，这里我们选择地上空间的温、光、水、气四个环境因子作以解析。

## 一、温室蔬菜对温度的要求及调控措施

### （一）气温

不同作物都有各自要求的温度“三基点”，即最低温度、最适温度和最高温度。蔬菜作物对三基点的要求一般与其原产地关系密切。原产温带的，

生长基点温度较低，一般在10℃左右开始生长；起源于亚热带的在15～16℃时开始生长；起源于热带的要求温度更高。因此，根据对温度的要求不同，蔬菜作物可分为耐寒性、半耐寒性、喜温、耐热等5类。

①耐寒性多年生宿根蔬菜。这一类蔬菜如金针菜、芦笋、韭菜、草石蚕、辣根、牛蒡等，能耐－30～－20℃低温，冬季地上部茎叶枯死，但地下部根却冻不死，第二年春天解冻后又能重新发芽生长。在温室大棚里栽培，早春棚内温度达到5℃，新芽就会长出来。

②耐寒性蔬菜。主要有大葱、大蒜、菠菜、小白菜、香菜等，能耐长时间－2～－1℃低温，短期－12～－11℃低温也冻不死，12～18℃产量最高，叶子长得很快，品质好，但不耐高温，40℃以上高温就死了。

③半耐寒性蔬菜。这类蔬菜有萝卜、胡萝卜、芹菜、莴苣、豌豆、大白菜、蚕豆、甘蓝、花椰菜等，能耐短时期－2～－1℃低温，在17～20℃产量最高，超过20℃产量开始下降，30℃以上高温严重减产。

④喜温蔬菜。这类蔬菜有番茄、茄子、辣椒、苦瓜、黄瓜、豆角等，这类蔬菜不耐轻霜，0℃就会冻死，20～30℃温暖条件下产量最高，10～15℃以下授粉不良造成落花落果，高温达到40℃生长就会停止。

⑤耐热蔬菜。这类蔬菜有西瓜、甜瓜、冬瓜、南瓜、丝瓜、豇豆等，在25～30℃果实发育快，产量高，40℃高温仍然能正常生长，15℃以下影响开花结果，10℃以下停止生长，0～1℃就会冻死。

但是，由于各种蔬菜作物的起源和栽培驯化程度的不同，同一种类蔬菜的不同生育阶段，其“温度三基点”不尽相同。一般种子发芽阶段最适温较高；而幼苗阶段虽然适温范围广，但一般最适温度较发芽阶段低；开花结果阶段不仅要求温度较高，而且有些果菜类蔬菜对温度要求还很严格，温度过低或过高均会导致生育不良或落花或落果。

## (二)地温

地温主要通过对蔬菜作物根系的生长和活性,对土壤中微生物的活动以及对有机质的分解矿化等施加影响,进而影响根系对养分和水分的吸收。果菜类蔬菜种类间所需的适宜地温相差较小,最适地温多在15～20℃,最高温度界限多在25℃,最低温度界限多在13℃。

地温低于12℃时,多数果菜对磷的吸收明显受阻;地温低于10℃时,对钾和硝态氮的吸收也有明显影响,同时土壤中硝化细菌的活动受到抑制,铵态氮不能很快转化为硝态氮,但对铵态氮、镁和钙的吸收影响较小。

地温高于25℃时,由于根系呼吸作用加强,易造成根系衰老,同样也影响根系对水分和养分的吸收。基于上述原理,温室和大棚的采暖目的是通过一系列的技术手段和设施配置,增加人工加热量,提高设施内气温和地温,以便为作物生育提供适宜的温度。

## (三)调控措施

1. 保温措施

(1)采用多层覆盖。

(2)增大温室透光率。

(3)增大保温比。

(4)设置防寒沟,防止地中热量横向流出。

2. 加温技术

(1)火道加温。主要用于日光温室中,作为一种简单的加温方式,取热源为家用取暖铸铁火炉或砖砌的炉灶进行加温。这种加温方式管理不便,添煤频繁,而且在靠近炉体的地方可能发生烤坏作物的现象,室内污染情况较严重。

(2)热风炉加温。热风炉加温是近年发展较快的一种加温方式。根据所用能源不同，可分为燃煤热风炉、燃油热风炉及燃气热风炉等数种形式，都是依靠能量转换来加热室内空气的。

(3)电热线采暖。将电热线按一定的间距埋设在地下，依靠电热放出热量提高地温。电热线采暖方式通常是用来育苗。电加热部分主要是由电热加温线和控温仪组成。电热线铺放完毕后，将电热线的接头连在控温仪引出的电源线上，通电检查无误后，再断电，沿电热线埋一薄层土，轻轻踏实，固定好电热线，然后覆煤灰或沙土做标志层，再覆土。

## 二、温室蔬菜对光照的要求及调控措施

### (一)光照强度

不同的蔬菜对光照强度的要求差异很大，根据它们对光照强度的要求，可把蔬菜分为阳性植物、阴性植物和中性植物。

1. 阳性植物　对光照强度要求高，光饱和点在 6 万～7 万勒克斯。必须在完全的光照下生长，不能忍受长期荫蔽环境，一般原产于热带或高原阳面。如西瓜、甜瓜、茄果类等。

2. 阴性植物　多数起源于森林的下面或阴湿地带，不能忍受强烈的直射光线，多产于热带雨林或阴坡，对光照强度要求弱，光饱和点在 2.5 万～4 万勒克斯，光补偿点也很低。如多数绿叶菜、葱蒜类等。

3. 中性植物　对光照强度要求不严格，一般喜欢阳光充足，但在微阴下生长也较好，光饱和点在 4 万～5 万勒克斯。如黄瓜、辣椒、甘蓝类、白菜类、萝卜、草莓等。

### (二)光周期现象

所有的植物都有一个光周期现象，蔬菜也不例外。光周期现象是指一

天之内光照时数对作物开花结实生长发育影响的现象。如在蔬菜上，菠菜、莴笋、洋葱在长光照的条件下容易抽薹开花；日照长短不影响黄瓜开花但影响雌雄花的分化，日照短利于雌花形成。

1. 长日植物　要求光照时间在12～14小时以上才能开花结实，如多数绿叶菜、甘蓝类、豌豆、大葱、大蒜等。

2. 短日植物　要求光照时间在12～14小时以下才能开花结实，如丝瓜、豇豆、茼蒿、苋菜、蕹菜（空心菜）等。

3. 日中性植物　对光照时间长短没有严格的要求，如茄果类、菜豆、黄瓜等。

### (三)调控措施

(1)选择透光性能好的无滴膜。

(2)尽量延长见光时间。

(3)减少立柱等遮阳物。

(4)经常擦洗棚膜。

(5)张挂反光幕。

(6)摘除老叶、调整植株，改善光照条件。

(7)人工补光。生物效能灯、日光灯……

## 三、温室蔬菜对水分的要求及调控措施

### (一)空气湿度

设施园艺作物光合作用需要适宜的空气相对湿度。各种蔬菜对于空气相对湿度的要求也不相同，大体上可以分为4类。

第一类：适于85%～90%的，有白菜类、芹菜及各种绿叶菜类、水生

蔬菜。

第二类:适于70%～80%的,有马铃薯、黄瓜、根菜类(胡萝卜除外)、蚕豆、豌豆。

第三类:适于55%～65%的种类,有茄果类、豆类(蚕豆、豌豆除外)。

第四类:适于45%～55%的种类,有西瓜、南瓜以及葱蒜类。

### (二)土壤相对湿度(R)和空气相对湿度(RH)

番茄、茄子:蹲苗期,R=50%～55%,RH=45%～50%;蹲苗后,R=70%～80%,RH=55%～65%;果实膨大期,与蹲苗后土壤、空气湿度基本相同,植株每天耗水量平均为1升/株,最大可达1.5～2升/株。

辣椒:茄果类中较耐旱的蔬菜,R=60%～70%,RH=60%～80%。

黄瓜:蹲苗前,R=60%～70%,RH=60%～70%;蹲苗后,R=80%～90%,RH=80%～95%。

西葫芦:生长期间,R=70%～80%,RH=45%～55%。

菜豆:生长期间,R=60%～70%,RH=65%～80%。

### (三)空气湿度的调控

(1)通风换气,降低空气湿度。中午高温时通风。

(2)覆盖地膜,降低空气湿度。覆垄漏沟、全地面覆盖等。

(3)改进灌溉方式。膜下滴灌、膜下暗灌、膜下喷灌等。

(4)农艺措施改进。中耕、熏烟、喷粉尘等。

## 四、温室蔬菜对气体的要求及调控措施

### (一)主要气体

1. 有益气体　二氧化碳($CO_2$)、氧气($O_2$)。二氧化碳是作物进行光合

作用的必需原料，氧气则是作物有氧呼吸的前提。作物通过吸收空气中的二氧化碳，并利用光能将其和水合成有机物质并放出氧气来进行光合作用，所合成的有机物质主要是碳水化合物。氧气是地球上一切生物生存的前提和基础，不仅作物本身需要氧气来维持生存和生长发育，土壤中也必须含有足够的氧气。

2. 有害气体　氯气、氨气、亚硝酸气、二氧化硫、一氧化碳、亚硫酸、邻苯二甲酸二异丁酯、一氧化氮、二氧化氮等。

### （二）调控措施

1. 坚持“一日三放风”　结合温度调整，加大温室内空气流通，排除有毒有害气体，补充二氧化碳和氧气。

2. 人工补充二氧化碳　固体二氧化碳气肥、化学反应法、燃放沼气、液态二氧化碳、增施有机肥等。表 3-2 为温室蔬菜对环境因子的要求及调控措施。

**表 3-2 日光温室环境调控实用技术一览表**

| 环境指标 | 要求标准 | 调节技术 | |
|---|---|---|---|
| 温度的管理 | 设施蔬菜深冬管理温度是第一关键，几乎所有的果菜类蔬菜都属于喜温性蔬菜，生育温度要求在 10～35℃，最适宜温度在 25～28℃，低于 15℃不能正常开花，授粉受精不良，温度低于 10℃植株停止生长，长时间低于 5℃就会受到冷害，根系最适宜的土壤温度为 20～25℃。这是果菜类蔬菜对温度的基本要求 | 保温技术 | ①密闭保温。用于深冬生产的温室务必要能够全封闭，在进入深冬之前(室外土壤结冻之前)封闭温室前沿和四周，只留放风口调节温度和气体交换。对破损棚膜及时修补，对过于简陋的后屋面加稻草、玉米秆、麦草等轻质保温材料覆盖，对墙体较薄的温室(厚度<1 米)，在后墙外侧整体覆盖一层塑料膜防风保温，或堆放玉米秸秆等防风保温 |
| | | | ②覆盖保温。用于深冬生产的温室必须配备足够的棉被子、草帘子或复合保温被等，同时配备防寒膜一层，既能保温又能防雪、防雨、防霜，保护棉被子不被淋湿，延长使用寿命和保温性能 |
| | | | ③技术保温。技术保温主要包括科学揭盖棉被、合理调节风口，这两项技术是温室温度调节的主要措施。揭盖棉被的传统经验是：早上太阳照在棚上时就揭开棉被，下午太阳照不到棚上时就覆盖棉被，但不同天气要灵活掌握：晴暖天气早揭晚盖；晴冷天气早揭早盖；阴冷天气晚揭早盖；久阴乍晴回盖防晒。开关风口也是保温的重要措施，一般当温度升至 30℃时打开风口，低于 25℃关闭风口，避免棚内热量过度损失，开开关关也许会重复多次 |

续表 3-2

| 环境指标 | 要求标准 | 调节技术 | |
| --- | --- | --- | --- |
| 温度的管理 | 设施蔬菜深冬管理温度是第一关键，几乎所有的果菜类蔬菜都属于喜温性蔬菜，生育温度要求在 10～35℃，最适宜温度在 25～28℃，低于 15℃不能正常开花，授粉受精不良，温度低于 10℃植株停止生长，长时间低于 5℃就会受到冷害，根系最适宜的土壤温度为 20～25℃。这是果菜类蔬菜对温度的基本要求 | 增温技术 | ①起垄覆盖地膜，增温保温。起垄覆膜栽培，垄上三面见光，提温快，保温好 |
| | | | ②以光增温。擦洗棚膜提高透光率，尽量增加见光时间。但生产上做的不好，棚膜很脏，透光差，增温慢 |
| | | | ③辅助加温增温。特别是北疆地区冬季气温过低，需要临时辅助加温，以度深冬难关，一般要求温室内气温低于 10℃就要采取辅助加温，可以选择地热加温、暖气加温、热风炉加温，也可以采用火墙、火炉等临时加温，但要注意火灾和烟害 |
| | | 散热技术 | 这一技术在深冬季不算太难，室内气温达到 30℃打开风口散热降温，但不能过度散热，杜绝打开风口就不见人了 |
| 光照的管理 | 果菜类蔬菜基本都属于喜光蔬菜，其光饱和点在 3 万～7 万勒克斯，补偿点 2 000 勒克斯左右，栽培上应保证 3 万～3.5 万勒克斯为好 | ①选择透光性能好的无滴膜 | |
| | | ②尽量延长见光时间 | |
| | | ③减少立柱等遮阳物 | |
| | | ④经常擦洗棚膜 | |
| | | ⑤张挂反光幕 | |
| | | ⑥摘除老叶、调整植株，改善光照条件 | |
| | | ⑦人工补光。生物效能灯、日光灯…… | |

续表 3-2

| 环境指标 | 要求标准 | 调节技术 |
| --- | --- | --- |
| 湿度的管理 | 果菜类蔬菜属于半耐旱作物,根系发达,需水量较大,土壤湿度70%～80%较为适宜,空气湿度45%～55%较好。但是深冬季节,温室相对封闭,棚内湿度过大,病害严重,管理上要尽量降低空气湿度 | ①通风换气,降低空气湿度。中午高温时通风 |
| | | ②覆盖地膜,降低空气湿度。覆垄漏沟、全地面覆盖等 |
| | | ③改进灌溉方式。膜下滴灌、膜下暗灌、膜下喷灌等 |
| | | ④农艺措施改进。中耕、熏烟、喷粉尘等 |
| 特殊天气的管理 | 特殊天气是设施农业的最大威胁,要加强管理与防范,确保安全生产,避免或减轻灾害带来的影响,把影响降到最低 | ①连续阴、雾、霾天气。棉被晚揭早盖,但不能不揭不盖,切忌连续覆盖;擦洗棚膜提高透光率;临时加温、补光 |
| | | ②雨雪天气。深冬下雨不多,但雪较多特别是北疆不仅雪多而且很大,要求及时清扫(1～2小时一次),不管白天还是晚上,一防雪大压跨温室,二确保白天可以卷起棉被子。雨雪天一定要揭棉被,哪怕是短时的,切忌连续覆盖 |
| | | ③大风扬尘天气。风:温室选址要避风,防风林,防风网,有风时白天用棉被压住放风口,或放下一半压住棚膜,拉紧压膜线,不要让风进入棚内,晚上全部覆盖好,四周和棚上用沙袋压好(绷紧棚膜,修补破损)。扬尘:擦洗棚膜(至少一天一次);关闭风口,防尘入棚;尘若入棚,冲洗叶面 |
| | | ④久阴骤晴天气。回盖防晒,陆续见光,以防闪苗;喷洒清水,缓冲蒸腾;不要急于浇水、施肥、喷药等农事操作 |

# 第四章

# 流芳溢彩

通过“戈壁奇葩”、“香自苦寒”、“艺超群芳”三个篇章，想必读者对诞生于阿克苏市良种场的这棵“设施农业奇葩”有了较为深刻的了解，也许还沉浸在对那些川农朋友们的深深敬佩之中。不错，阿克苏市良种场的设施农业园区走出了一条不寻常的发展之路，可以说取得了巨大成功，因为结果说明了一切，农业增产了、农民增收了、管理成本降低了、菜篮子丰富了、社会和谐了，如果这还不能称为成功，那何叫成功呢？现在的问题是，阿克苏市良种场设施农业园区的做法、经验、理念有着哪些启示？今后将如何发展？在我国设施农业大盘中有着怎样的价值？在追寻“中国梦”的过程中，如何实现“川农梦”？本章试图对这些问题进行分析探讨，其目的是要让“戈壁奇葩独芬芳”发展到“流芳溢彩春满园”。

## 一、戈壁奇葩放异彩，求真务实启示多

阿克苏市良种场有 4 000 多亩日光温室，分成大小不等的 20 多个园区，每个园区都是以不远万里、跋山涉水而来的川农们为主体进行建设、生产和经营，取得了政府、菜农、菜贩、当地农民、市民消费者的多方共赢。完全可以说，阿克苏市良种场的设施农业开创了另类发展模式。我国设施农业经过 30 多年的发展，各地都在摸索发展路子、探索发展模式。在此，将阿克苏

模式和其他模式进行分析比对，找出可资借鉴的经验与理念，对于我国设施农业的健康发展无疑会起到促进作用。那么，本书所述阿克苏市良种场的设施农业到底能否成为一种“模式”，如果成立，这个模式到底是什么，又该如何表述？与之比对的“其他”模式又是什么？又该如何进行比对？等等问题确实构成了一幅说不完道不尽的设施农业大画卷，也许对这些问题进行详细研究就能够单独成书，涉及经济、经营、技术等多个层面。一是全国有多少种“模式”就是一个很大的问题，单从投资主体来说，就有政府的、公司的、个体的、内资的、外资的；二是多种成分共存的，即所谓混合的，他们各自的建设、运行、功能、收益、管理等都构成了“模式”的不同内涵。本书不准备来全面分析回答这些问题，只是尽可能明确阿克苏市良种场的设施农业模式以及可能带来的启示。

在此，将阿克苏市良种场设施农业的发展模式暂定名为“阿克苏模式”，用文字来表述阿克苏模式的话，恐怕很难用一句话或几个字来表述，因为这个模式涉及面很广，还得用一段话来表达。我们调研组经过反复思索、提炼，拟用如下一段文字来表述。所谓阿克苏模式，总体说来就是始终以科学发展、求真务实的精神以及市场经济法则来建设、管理、经营设施农业。具体说来就是政府和农民各司其职，政府负责园区的土地流转、水电路等公用基础设施建设、技术培训等公共事务，并以此为吸引条件，引进了一批具有一定生产技术，吃苦耐劳的川农；川农则负责温室建设、栽培生产、销售等经营活动；川农根据当地气候资源特点，合理选用保温节能性能优良的日光温室，并根据温室光温环境合理选择作物品种与茬口安排，构筑设施建设者、经营者、生产者、受益者的“四位一体”模式；最终实现了政府、菜农、菜贩、当地农民的多方共赢，丰富了阿克苏的菜篮子。

阿克苏模式启示一：正确处理政府、农民、市场的关系，恰到好处地发挥政府作用，最大限度地发挥农民的自主创业兴业的积极性。设施农业虽然是“菜篮子工程”的重要一环，而“菜篮子工程”又是“市长工程”，但终究是一个生产经营活动，在更高层次上说是一个商业活动，在市场经济条件下商业活动就应该无条件地遵循市场经济规律和法则。政府在市场经济环境下，如何看待商业活动、如何参与商业活动、如何推动商业活动，是检验我国市场经济发育程度的试金石，尤其是前不久召开的十八届三中全会明确提出“让市场在资源配置中发挥决定性作用”，更是表明了我国的发展方向。实际上，就是要发挥好政府、经营主体的各自所应该发挥的作用。可以说阿克苏的成功之处就是较好地遵循了市场经济原则，阿克苏市政府没有直接从事建温室、做生产、搞营销等经营性活动。为了发挥设施农业的规模效应，也为了便于集中销售，需要发展连片的设施农业园区，将分散在各个农户的小块土地通过置换、租借的方式流转出来则是政府的职责，园区里面的道路、水(打井)电(变压增容)基础设施建设靠各个农户是难以完成的，也应该由政府出面做好。阿克苏市良种场就是专心致志地做好了最要紧的这两件事情，其余的温室建设、生产、销售等商业活动都由农民们，确切地说由川农们自行进行。经过这么长时间的检验，证明阿克苏市的做法是正确的，有效的，因为有“奇葩”奇效作证。可以说，阿克苏政府、阿克苏设施农业的决策者们摆正了政府的位置，理清了政府、农民、市场的关系，各就其位，各司其职，各负其责，政府、农民都做着自己应该做的事情，政府在技术培训、专业合作社、标准园建设等方面采取了许多措施，对农民积极引导与支持。这也说明，政府不去直接从事生产经营等商业活动，不等于政府就可以放任不管，就可以无所作为，而是可以发挥政府职责，专心做政府应该做，农民又做不了的事情，如上所述的土地流转、水电路整治、技术培训等都是政府，也只有政府才能做到，如果政府在这些方面也是袖手旁观，则是政府的不作为，那样也就不可能有“奇葩”诞生。在这些川农们建功立业，取得如此好的生产、经营效益的背后，可以看到政府所发挥的重要作用。

阿克苏模式启示二：技术人才引进注重实效。如前所述，阿克苏菜篮子办亲赴喀什延揽人才，吸引那批川农加盟对阿克苏市设施农业发展起到了至关重要的作用。技术引进也是多举并重，一方面引进像川农这样的技术骨干，也重视从外地，如寿光聘请技术指导，还注重将本地技术人员外派学习。所有这些综合性的、注重实效的、因地制宜的建设技术队伍是阿克苏设施农业成功的关键所在。前文已对此做了较为详尽的分析，在此不再赘述。

阿克苏模式启示三：因地制宜，合理选择温室类型，发展节能型日光温室生产，根据温室光温性能合理安排作物茬口。温室类型多种多样，农业部统计年鉴上按大型连栋温室、塑料大棚和日光温室来进行分类统计；教科书上还有一些其他的分类方法，有单栋、连栋温室之分；按屋面形状来分，则有拱圆形、屋脊型、单屋面、双屋面；按覆盖材料来分，则有塑料薄膜、玻璃、PC（聚碳酸酯）板等；仅日光温室，又有好多分类方法，更有甚者，有好多地方就以自己的地名来命名成某某第一代、第二代、第三代，以至于到了十几代。目前学术界对温室分类也没有提出太有说服力的证据与建议，因此分类是五花八门，各行其是。对这些分类法是否合理，如何正名不是本书所要解决的问题，因此只是表明现象而已，不做深入分析。我们就以农业部统计年鉴所提的连栋温室、日光温室和塑料大棚来说如何来选择温室类型。毫无疑问，选择温室类型要根据温室的使用目的，温室的使用目的可谓是千差万别，大的方面来说，有用于生产的、科研的、展览的；从生产上来说，有用于不同季节的，有种植喜温果菜的，有种植耐寒叶菜的。阿克苏的川农们在选择温室类型和安排作物茬口方面讲求实效，干打垒土坯日光温室墙体厚度80～100 厘米，应该说作为干打垒温室来说，这个墙体厚度也是适宜的。即使如此，在阿克苏地区，这么厚墙体的日光温室在最冷的 1～2 月份温室内气温也只有 3～5℃，甚至更低，阿克苏冬季最低气温可达－20℃。因此，在冬季，川农们则不种喜温果菜，而改种耐寒叶菜，春季种辣椒、番茄、黄瓜等果菜，秋季则种芹菜等。他们将茬口安排巧妙地与温室光温环境相适应，除了育苗温室外，其他生产性温室不加温，尽量节省成本。可以说，川农们选择保温性能好的日光温室，且这样安排作物茬口完全是根据阿克苏当地气候特点以及他们的投入能力，经过实践和时间检验而做出的选择。他们之所以能够在这样的高价租地的环境下还能创出那样高的效益，与他们这种讲求实效的意识与能力是分不开的，在他们那里，没有面子工程，没有政绩工程，只有老老实实地按客观规律办事。

反观其他许多地方则不然，大片的温室，大型连栋温室也罢，日光温室也罢，有的是入不敷出，亏损经营，有的则是干脆闲置不用，造成浪费。这种现象不仅内地有，新疆也有不少，我们作为设施农业专家就应邀到新疆某县(在此还是不点名的好)去帮助当地政府解决这些问题。我们观察该园区的一千余栋日光温室中约有 400 栋是闲置的，可当地负责人说约 70%都是闲置，殊不知这个园区是由各级政府集中了各种名目的项目耗费上亿元建成的。经过我们对这些温室闲置浪费、经营亏损的园区考察，大概摸清了其中原因，也找到了一些解决办法。在此，略加阐述，以期引起有关投资者、决策者的重视，今后尽量避免类似的事情发生，将设施农业驶上健康的发展道路。

造成某些设施农业园区经营亏损和闲置浪费的原因是复杂的，但主要原因也不外乎以下这些：一是设施类型选择不合理，建造不科学；二是缺乏技术骨干和从业人员；三是开拓市场不够。技术骨干、从业人员以及开拓市场的问题形成原因和解决方法是比较明显的，在此不做赘述。在这里仅对设施选型问题稍作展开。我国西北、华北、东北，即所谓的“三北”地区冬季严寒，温室冬季生产能耗大，据我们研究，如果在这些地区的冬季利用连栋温室生产喜温果菜类蔬菜，不论是连栋玻璃温室，还是连栋塑料薄膜温室，一个冬季的采暖耗煤量在每亩 70～120 吨，至于耗资多少，则与当地煤价相乘便知。如在乌鲁木齐，耗煤量为每亩 80 吨左右，如煤价为每吨 400 元，采暖费为每亩 3 万余元。如在北京，每亩耗煤量为 70 吨左右，北京煤价这几年涨到每吨 1 000 元，则在北京的一个冬季的每亩温室采暖费用高达 7 万元左右。然而，我国大型温室果菜类蔬菜产量为每亩 1.5 万千克左右，平均菜价各地不一样，据统计也就在每千克 3 元左右。因此，在“三北”地区利用大型连栋温室生产果菜类蔬菜大都处于亏损状态，是业内人所共知的事实。那么也许有人会问，既然大多处于亏损状态，为何还要建那么多呢？这就是根据使用目的，经费来源以及经营方式不同而论了。面对亏损，自然而然是有多种方法来应对，或者是利用其他项目资金来填补亏缺，或者将其改造成餐厅等，或者是构筑其他旅游项目出售门票，总之“堤内损失堤外补”，拆东墙补西墙也得苦撑下去，如实在没有办法的话，就只能转让或者拆除，这样的事实在各地都有发生，宁波的奥利弗项目、北京的来广营项目等等都是如此。

如何认识大型连栋温室长期处于经营亏损状态以及此类温室今后的发展趋势，是设施农业学术界、产业界必须回答的问题，因为这关系到设施农业，甚至关系到整个农业现代化的问题。迄今为止，尚未见到关于该问题的令人满意的分析与回答，在此，作者试图来对这个问题进行剖析，以期破解大型连栋温室所面临的困局。在经济学上判别一种商业行为是否合理，是否能存续，有一个重要的判别原则，这就是投入产出比原则，即产出大于投入，即有正盈利就可以存在下去，反之则不能存在下去。当然这个投入产出都是有一个时间范围。那么，我们就用这个原则来把脉大型连栋温室。首先要分析在大型连栋温室项目之上的投入与产出的明细。显而易见，投入就是资金的投入，在此不考虑资金来源，也许有政府的、企业的、个人的，这些都不予考虑，只是以数量表示。产出也就是效益，效益则有必要细分，因为按目前惯例，至少有经济效益、社会效益、生态效益等等。在本案的大型连栋温室项目中，我们主要考察经济效益和社会效益。下面就逐项分析这些“效益”状况。首先，经济效益有直接经济效益和间接经济效益之分。直接经济效益就是温室里面生产出来的农产品的销售额。间接经济效益包含甚广，主要就是提供、生产这些大型温室以及销售、运输这些温室生产出来的农产品所产生的经济效益。社会效益就是提供农产品对于提升人们生活质量，研制这些大型连栋温室及其装备所带来的技术进步、教育功能、科普功能等。一是看直接经济效益，这也是大型连栋温室业主最为关心的问题，如前所述，此类温室在直接经济效益，即建设、运行温室的投入一般都会高于产品销售额，也就是说一般情况下都是亏损，亏损多少因地而异，即大型连栋温室的直接经济效益亏损居多。在此，有必要进一步客观分析与评价连栋温室的的作用与功能，正确对待这种温室类型的存在以及今后的发展前景。既然这种连栋温室不只是在“三北”高寒地区由于能耗过大难以盈利，即使在华中、华南等地也鲜有盈利，也就有人主张不应该继续兴建这样的大型连栋温室，那么，我们到底应该如何对待建设大型温室呢？前面分析了直接经济效益，下面就要再看一看大型连栋温室的发展还有哪些其他效益，二是看看这些效益对我们有何作用。毫无疑问，这几年连栋温室的发展，带动了我国温室企业的水平提升与规模扩大，20 世纪 80 年代，这种温室主要靠进口，自从 90 年代以后，尤其是进入新世纪以后，此类温室的主体骨架部分基本不用进口，诞生了诸如北京京鹏、上海都市绿色等一大批温室工程公司，现在不仅满足了国内需求，甚至还出口到许多国家，同时也增加了这个行业领域的就业，虽然农业产出没有盈利，但是间接地带动了就业、产业的进步。另一个社会效益就是连栋温室里面大都展示一些设施农业的高新技术，甚至生产一些鲜为人知的国内外珍稀品种，更有甚者“南果北种”，将原产于热带亚热带的香蕉、菠萝、火龙果等移植到北方的温室里，许多从未到过南方从未见过这些植物的人们大开眼界，增长了人们的见识，起到了一定的科普、文化和技术培训的作用。也就是当下流行的“政府购买公共服务”的又一体现，即要认识到在大型连栋温室上面的亏损，带来了上述效果、效益，而这些效果、效益不是从天而降的，而是用那些“亏损的资金”“购买”来的。认识到这一点，也就可以理性地看待大型连栋温室在我国的作用和地位了，随着市场经济的进一步完善，技术进步以及人们收入水平的提高，也许在不远的将来，大型连栋温室不仅能发挥那些间接的经济效益和社会效益，直接经济效益也许会出现正盈利。从这些方面来说，对大型连栋温室要有客观评价，在如今还没有办法使其盈利的情况下，可以有一些，但不宜太多，更不能一哄而上。

阿克苏模式启示四：诚信是推进事业的基础，也是构建和谐社会的前提，诚信提高效率，产生效益，诚信也是生产力。读者看到阿克苏市良种场的川农们有两个“奇招”是其他地方难以效仿的，这就是“先交菜，后收钱，菜农与菜贩构成产销联盟”与“谁用谁将油加满”。这个园区之所以能够实行这样的管理方式，管理效率如此奇高，不用一个专人管理而运行有条不紊，在生产与销售环节的对接上是那样的自然高效，与川农们之间、菜农与菜贩之间的彼此诚实守信是紧密相关的。可以说，这些环节的参与者，哪一方、哪一个人若不是高度诚实守信的话，“戈壁奇葩”都不可能诞生，园区的管理效率、生产效益都不会这样高。他们的诚信减少了管理人员，也就是减少了开支，换一个角度来说就是增加了收入。在这里不只是减少干部，基本上是消除了管理干部，其实这对农业生产的园区来说是极具示范意义的创举，我国成千上万的农业园区效率不高的原因之一就是管理层级多、干部多，管理效率低下，也就是在生产第一线劳作的少，相应的人均生产效益就降低了。如把眼光放远一点，移到其他国家看看，也可证明阿克苏市良种场的模式具有强大生命力，且具有国际通用性。不论是美国经营规模上万亩的农场，还是荷兰一个上百亩连栋温室的经营者，他们都是没有什么专门的、即脱产的管理干部，他们的总经理、总裁们，其实就是他们这个家庭农场的一家之主，和其他成员一样甩开膀子干活。要知道，这就是农业生产的特点之一，不论在什么地方、什么国家，农业都不是一个暴利行业，而是属于微利行业，是各国都予以保护的行业。一个微利行业，要想获得高的生产效益，就要穷尽开源节流之策，减少与生产无关人员，优化管理模式，提高成员自我管理的意识与能力。在阿克苏市良种场的这批川农门可以说是深谙此道，且付诸实施，选择最适合于他们经济能力、技术特色与当地气候的日光温室类型，取得了令人称奇的效果。

## 二、共和国特殊群体，是农民但无耕地

将阿克苏市良种场的这批川农说成是我国的一个“特殊群体”是有其充分依据的。目前大家对走出家门的农民工给予关注关心的问题是，农民工进城后如何享受市民待遇，破除市民与农民的身份限制，破除城乡二元结构等问题，从总书记总理到普通老百姓，都在关注农民工离家进城的就业、待遇、身份。各地都在探索解决方案，也取得了不少进步。但是大家都几乎忽略了还有像阿克苏市良种场的这批川农们，他们同样是走出家门，甚至是到了万里之遥的新疆，可他们并没有进城，而是继续在另一个地方从事农业生产，仍然是农民。而且他们把户口都迁到了阿克苏，老家四川的耕地和宅基地已经上交，对他们已经没有意义，但在阿克苏又没有分给他们耕地与宅基地。因此，这样就形成了我国的一个特殊群体，是农民但无耕地的特殊农民。因为，根据我国土地政策，家庭联产承包制度，耕地属于村集体所有，村集体要给每个农民每户农家分配一定数量的耕地与宅基地。他们将户口迁出后，原住地已经将他们的耕地与宅基地或收回村集体，或重新分配给了其他农民。是的，他们的迁出为原住地的农业规模扩大，土地流转做出了贡献。但是他们在新地方的耕地与宅基地将如何解决，确实是摆在这些川农面前的难点，也是摆在政府面前的难题。从全国一盘棋的角度来看，他们都是共和国的农民，而且在默默地辛勤耕耘，为社会、为当地的“菜篮子工程”做出了重要贡献。怎么来解决他们的难题确实需要统筹考虑。像阿克苏市良种场的川农这样的情况，在新疆还有很多，在我们的调查了解中得知，在新疆各地州都有内地农民，尤以四川农民居多，据不完全统计，全新疆多达五六十万川农在新疆从事设农业生产，相当于一个县的人口。因此，这种“是农民但无耕地”的情况绝不是个别人的事情，确实成了一个新的特殊的

群体。解决他们的困难，对于落实“三农”政策，稳定新疆的农业技术队伍，促进社会公平和谐都有十分重要的意义。在异地当农民从事农业生产的情况又可分为几种，一是没有迁移户口，只是在一个新的地方租地从事农业，“根”还是留在原住地，也就是说原住地的宅基地与耕地还保留着，随时都可以回去继续在原住地生产与生活，而且原住地的土地升值所带来的红利他们也可以得到；二是像阿克苏的川农们那样，已经将户口迁移到了阿克苏，原住地已经没有属于他们的耕地与宅基地，他们也将世代在新疆、在阿克苏生活，这里就成了他们永久的家。是否应该将他们当成阿克苏当地农民看待，让他们享有阿克苏当地农民同样的权利，应该引起当地政府与社会的切实关注，并想法予以破解。应该说我们历时两年，深入调研，撰写本书，有两个收获，一是挖掘整理这批川农背井离乡，不远万里来到新疆，来到阿克苏从事设施农业经营，丰富当地菜篮子的业绩；二是发现了这么一个特殊群体，是农民但无耕地的这么一群农民。其他进城务工的农民在谋求获得市民地位、身份与待遇，而这批川农连起码的农民待遇都还没有，因为农民有自己的耕地是最基本的，他们是在谋求获得“农民”待遇，这些川农可以说是一群被遗忘、被忽视的群体。我们认为不应该忽视他们，他们为我国设施农业做出了巨大贡献，不仅不能忽视，而且还要重视，帮助他们解决问题，让他们在新农村建设、设施农业发展、家庭农场兴办中发挥更大作用。

## 三、家庭农场上台阶，川农梦牵中国梦

“中国梦”的活动正在全国展开，也渗透到了阿克苏市良种场的川农们中间，尽管没有谁去特意向他们宣讲，但他们从电视、网络对这一活动也是十分清楚。作者在和他们的交流中，他们也表达了许多设想或者称为梦想—川农梦。实现“川农梦”，一方面要靠他们自己的不懈努力，另一方面也要靠政府、社会的大力支持。毕竟，他们面临的有些问题只靠他们自身努力

是难以解决的，梦想也是难以实现的。

“川农梦”之一就是提升设施农业技术与装备水平，减轻劳动强度。这不仅是川农之梦，也是我国设施农业发展到当今欲再上新台阶所要追求的目标。首先，在温室结构、环境调控、品种选育、栽培技术、病虫防治乃至销售模式等方面都有待进一步提升与改进。这需要学术界与产业界加大技术创新力度，为广大设施农业从业人员提供更多的技术、装备与优良品种。然而，摆在川农们面前的最突出问题是劳动强度太大，工作太辛苦，如前文所介绍的那样，农民们甚至用上了矿工头灯，可以说是没日没夜在温室里劳作，一天十五六个小时在高温潮湿的温室环境里，以至于他们虽然只有四五十岁，但不论男女，大多患上了腰肌劳损、风湿性关节炎等疾病。当问到子女是否愿意继承他们事业的时候，川农们都是异口同声地表示不能让孩子们再从事这个行业，一是他们自己不忍心看着后代从事如此辛苦的职业，二是孩子们也看到父母的艰辛，也不愿意再这样一代一代辛苦下去，而要去谋求更加体面的生活方式。因此，提高温室机械装备水平，减轻劳动强度，不仅是解决川农们当前的问题，也是吸引年轻人从事设施农业，解决设施农业后继乏人问题的必然要求。川农们面临的矛盾是如果引入更多的机械装备，势必会增加成本，降低收入，因此，政府可以增加机械装备的购置补贴来解决这个问题。

“川农梦”之二就是增加耕地，扩大规模，建立家庭农场。如前所述，农业不同于工业，农业适合于家庭经营，这已被国内外的无数实践所证明是一条真理。有人不信这条真理，也试验过其他的经营方式，如苏联的“集体农庄”、我国的“人民公社”等，其结果是人们出工不出力，人浮于事，连年歉收，甚至有些地方出现饿死人的现象。也有人说，美国一个农场就是上万亩，设施农业发达国家一个温室农户经营上百亩现代化大型温室，不错，在许多国家，无论露地，还是设施农业，都有较大规模，但你去实地了解他们的经营方式，还是家族制，还是一个家庭农场，只不过在漫长的发展过程中，这些小的家庭农场也许在百年前甚至更早以前也是规模甚小，如今规模扩大了以至于令人惊奇，但实质上还是家庭农场，这一本质没有因规模扩大而有任何变化。也有人说，家庭农场不适合于现代化的大生产大流通，还是要所谓的龙头企业来经营，殊不知，美国的农场、荷兰的温室不是同样以家庭农场的形式经营，生意也做到全世界了吗，他们的一个家庭农场就是一家公司，而且还是很有实力的公司。因此，我们要彻底转变对家庭农场、家庭经营的认识，既要牢牢把握“家庭经营适合于农业，农业需要家庭经营”这条农业生产的生命线，又要引进大市场大流通的现代经营理念与方式，只有这二者有机结合，农业现代化的实现才有可能。

我国于1978年开始迷途知返，解体“人民公社”，分田到户，实行家庭联产承包责任制，奇迹立即显现，地还是那样的地，人还是那样的人，可粮食增产了，农民也增收了。经过改革开放以来30多年的发展，新的问题开始显现出来，同时新的机遇也开始显露。问题是当年分配承包耕地的时候，农民户均耕地太少，甚至是一户的耕地分散于多处，显得既少又散，这样不利于规模化经营、机械化作业，再有单位面积的生产力的增加幅度已经趋于饱和，仅靠增加单位面积土地上的产出很难提高农民收入。单位面积上的产出是有其国际性的，由于市场全球化趋势加速，WTO贸易规则的实施，农产品价格形成的国际性愈来愈明显，也就是说人家在用规模化使农民致富，即一家一户是用成百上千甚至上万亩的耕地维持一户农民的生计，而你要用几亩地来维持农户的生计，其结果是你的几亩地的产出要和人家于你数十倍甚至数百倍的耕地的产出具有同样价值的话，一是单位面积的产出是人家的数十倍甚至于数百倍，再有如果产量相当的话，那么价格就应该是人家的数十倍或数百倍。单位面积的产量高低可以归结于技术投入，随着国际交往合作与信息化的加速，各国之间技术都趋于相同，差别不会有太大，且在我国经过改革开放30多年的发展，单位面积产量在国际上已处于高位，因此短期内难有突破性进步，另外在国际市场流通的加强，国际竞争日益加剧的今天，农产品价格也难以让我国一枝独秀，高出国际市场价格数十倍是根本不可能的事情。因此，我国农业发展，农业现代化，农民增收在很大程度上取决于农户经营规模的扩大。怎样扩大就是摆在我们面前的头等大事。农户经营规模扩大的机遇也在显露，这就是经过这 30 多年的发展，许多农民进入城市，有的已经在城市安居乐业，尤其是新型城镇化必将加速农民变市民的进程，如此一来，农民的人均耕地必定会有所增加，为农业的规模化经营提供了条件。因此，在这个时候，国家出台鼓励建设家庭农场，特别是 2013 年的中央一号文件就是聚焦家庭农场，为家庭农场的建设出台了许多优惠政策，给有一定规模的家庭农场的建设提供了政策保障。

建设家庭农场的耕地有了，接下来就是怎样建设的问题。目前，又有一些地方按捺不住激动的心情，纷纷组建所谓的家庭农场，甚至是抢先注册所谓的某县某市某省的首个家庭农场，可这些所谓的家庭农的经营主体根本就不是农民，更不是有技术懂经营的农民，经营团队、技术团队根本就不是一个家庭。笔者就在新疆某州遇到过这样一个家庭农场，由一个果蔬批发商在当地政府的支持下，圈地 500 余亩，注册为新疆首个家庭农场，由政府项目或政府抵押贷款，投入了数千万元，建起来的温室毫无科学性可言，塑料大棚则是东倒西歪，经营主体也就是家庭农场的注册者根本不懂农业生产技术，建起来以后尚不清楚种什么作物，也没有经过什么调研论证。像这样的家庭农场能够建设好吗，能不是浪费国家、社会的钱财吗？

家庭农场，顾名思义，是以家庭为经营主体的具有一定规模的现代化农场。首先经营主体要明确，经营主体只能是那些既懂技术又善经营的人。如果一个农民在几亩承包地里获得了成功，练就了技术，进行了成功的市场销售，取得了良好的经济效益，就可以帮他扩大规模，或者能到一二十亩，如果继续做得很好，则可进一步扩大规模成上百亩或者上千亩的现代农业。这每一步扩大规模是在扎实的技术基础、经营基础上形成的，他们在每一步台阶上都在提高技术与经营能力，同时每提升一次规模，都是理念的更新，技术的进一步提升，视野的进一步开阔，都是要在吸收许多层面的信息而成的。这也是每一个企业从小到大发展的过程，何况一个工业企业也难逃这一规律，由小到大，由弱变强，农业经营就更是如此了。这里讲到了家庭农场建设的一般规律，回到阿克苏市良种场的话，就是要正视川农们和阿克苏的现实，利用阿克苏地广人稀的有利自然禀赋，充分发挥川农们这几年摸爬滚打积累起来的技术基础、经营成果，一鼓作气，扶持鼓励这些川农们扩大规模，建立好家庭农场，让他们的技术与经营理念能够发挥更大的作用，为阿克苏的菜篮子，乃至对推进整个阿克苏的农业现代化、产业化做出更大贡献。当然，不是每一个川农都是适合成为家庭农场，要从中选拔一批技术又好，经营头脑也很灵活的典型作为试点，帮他们扩大规模，根据他们自己的话说，给他们每户上百亩地，在政府有关支持家庭农场的政策扶持下，他们有能力充分挖掘这上百亩地的生产潜力，建成现代化的家庭农场。其间肯定不是简单地扩大规模，而是要随着规模的扩大，技术要更新，装备要增加，管理方式要创新，甚至销售模式也要改进，是一个复杂的系统工程。相信由他们这些已经取得在小规模土地上成功的人来做家庭农场，其效果肯定会比前述的那些完全不懂技术的人来做家庭农场的效果要好。家庭农场的这一演变过程也是目前发达国家的农业所经历的过程，日本如此，韩国也不例外，就连设施农业最发达的荷兰亦是如此，人家就是一步一个脚印，一个一个家庭农场，其实就是一家一家农户在扎扎实实扩大规模，提升生产水平，从而很好地解决了“三农”问题。我们现在有些地方有些部门就是想一口气吃成个胖子，一蹴而就，从哪里引进一个所谓的公司，圈上成百上千甚至上万亩地，并给带上个“家庭农场”的桂冠，在这里“家庭”的痕迹何在呢，这样凭空而起，没有任何技术基础，有几个是成功的呢？

这些川农们如能将家庭农场建设好，稳步扩大规模，提高技术水平，既是对发展阿克苏设施农业现代化做出贡献，同时也是解决农业后继乏人问题的有效手段，甚至他们的后代也可能继承父辈的事业，将技术将产业继承并得以发展。陈林先的女儿陈伊梨在新疆农业职业学院毕业后就回到阿克苏,在一个县里当公务员。当问到她你是学农的,你的父亲又有这么好的基础,为何不和你父母一起继续从事农业呢?她的回答很简单,就是她的父母太辛苦,收入是可以,但确实是以生命、以健康为代价换来的。当我们给她讲,如政府帮你父母建起家庭农场,增加装备,扩大规模,成为一个现代化的农业公司的话,你可能回来继承你的父业吗?她回答说如果那时候确实规模大了,事业做得很有价值,装备增加了,劳动强度不是那么大的话,其实做农业,与绿色常年为伴倒是很幸福的事情,也许那时候就会回来从事农业。因此,如果要真正地解决农业问题,解决农业现代化的问题,解决农业后继者的问题,其实说简单也很简单,其他发达国家基本上都是这样一条路子,就是以扩大规模,当然这个规模的概念就与每个国家的国情相关,如韩国、日本都是每个农户百亩地左右,在我国内地能发展到每户五十亩就是不错的状态,在西部地广人稀的地方上百亩应该是不错的选择,同时随着规模的扩大,肯定全靠人工是不可能的,这就要加大机械化、装备化、现代化,这样年轻人也愿意从事农业了,后继乏人的问题也就迎刃而解了。

现在的问题是,如何才能使我国内地农户从目前的每户三五亩地扩大10倍到每户三五十亩地,将西部的每户20亩左右扩大到上百亩,这是摆在我们面前的难题。解决这个问题,只能慢慢来,现在的城镇化建设,破除城乡二元结构等都是方法和路子,要将几亿农民有效地转移到城镇不是短时间就能完成的,其实这个事情从改革开放开始的20世纪70年代末就已经启动了,想必随着政策的逐步明确,今后的转移速度会更快一些,经过若干年的努力,也许这个目标就会实现。因此,农业现代化,家庭农场也是急不得的事情,只能一步一步走,不能搞运动,更不能搞什么“政绩工程”、“面子工程”,那样表面上看起来,或者是统计表上面许多“家庭农场”如雨后春笋,拔地而起,但实质上是没有什么成效的,只能是浪费钱财,枉交学费。可以说农业现代化的过程也是农户的农业经营规模扩大的过程,现代化程度和规模应该是正比例关系。殊不知，要在三五亩土地上投入太多的装备和智力，实现现代化是很难的，几乎是不可能的事情。首先投入的效益就是问题，一台机器明明可以完成百亩的活儿，而将它限制在五亩地上，这不就是大材小用吗，肯定产生不了好的效益，也就没有生命力可言。

“川农梦”之三就是获得真正的“农民”与“市民”待遇，改善居住与生活条件。建设社会主义新农村、全面建成小康社会、让改革开放的成果惠及全体人民是近些年党和政府描绘的美好愿景和庄严承诺，正极大地鼓舞着全国城乡人民以时不我待之热情在各自的工作岗位上奋力拼搏，积极进取。不论是新农村建设，还是小康社会的实现，都是要让人民，不论市民，还是农民，都要过上幸福、体面和有尊严的生活，也就是耕者有其田、居者有其屋、病有所医、老有所养、学有所上。据我们调查了解，这些川农们在是否要将户口迁移到新疆，到阿克苏的问题上有过纠结。户口是否迁移，确实对他们来说是各有利弊得失，如不迁移，四川老家的耕地、宅基地还是可以保留，但是如不迁移，孩子们在新疆的上学、医保等问题还是有些障碍。他们在权衡利弊以后，还是果断决定将一家老小户口迁移过来了，这一方面他们也是为了解决眼前的现实问题，另一方面他们也想到离开四川那么多年，对新疆的气候、风土人情也已经适应，在新疆有了自己的家业，俨然新疆已经成为他们的第二故乡，因此也就有了扎根新疆的决心。

的确，阿克苏当地政府在力所能及的范围内，给了他们和当地农民一样的待遇，如小孩的义务教育，加入医保，养老保险等都和当地农民一样享受同等待遇。现在摆在他们面前的事情主要是耕地和宅基地，这也就是生产和生活两大方面。如何来解决这两大问题，不仅是阿克苏政府和川农们面临的问题，也是其他有类似川农的地方存在的共同问题。我们也了解了有关部门，就目前的农村耕地政策来说，确实没有什么好的办法来给他们分配耕地与宅基地。这也许需要政府来认真对待这个问题，来研究解决之策。在改善川农们的住宅和生活环境方面，阿克苏政府也在积极想办法，并取得了可喜的进展。阿克苏市良种场正在实施“富民安居”新村建设(图 4-1,参见彩插),将农民宅基地流转集中成片,建成比较现代化的农民住宅群,并配有超市、诊疗所、娱乐广场,还有专门的物业管理,阿克苏市良种场也将川农们纳入进来,杨康等六户川农就是首批入住的。据称,以后还有后续建设,相信这些川农们在他们自身努力与当地政府的关心帮助之下,他们的生产生活环境能够得到大力提升,实现他们的梦想,也将为新疆经济社会发展、民族团结发挥更大作用。

**图 4-1　阿克苏市良种场的富民安居新村**

# 后记(我的梦)

撰写本书缘起2012年4月的新疆设施农业考察,真正组建写作班子,构思本书的主题、结构、写作风格则是2013年4月。现在终于落笔,在即将付梓的时候,我难掩心情的不平静。因为,通过这本书,一个特殊群体——川农,跋山涉水,背井离乡,不远万里,来到祖国大西北从事设施农业的传奇经历将呈现在读者面前。我们不仅敬佩他们所做的贡献,更为他们的勤劳、智慧与百折不挠的精神所感动,甚至情不自禁地想为他们做点什么,帮助他们解决难题,帮助他们更好地发展,为我国设施农业、新农村建设、小康社会的建成增添更多“正能量”。在调研、写作以及出版过程中,得到了疆内外太多太多人的帮助,是你们的帮助与付出,甚至是慷慨解囊,才使得我们能够从乌鲁木齐到阿克苏多次调研,是你们的支持与鼓励才能使本书面世。新疆农科院农机所王晓冬所长的课题组邀请我们到南疆考察,使我们有机会发现这个典型;阿克苏地区菜篮子办张英主任、阿克苏市良种场马鸣副厂长给我们提供了生动珍贵的信息;上海鸿与智公司、北京京鹏环球公司、北京金旺农公司、新疆农业大学对我们的调研、出版提供经费支持。更要感谢的是这批川农,是你们创造了这个题材,是你们的精神鼓励我们义无反顾,尽快成书。向这些川农们致以崇高敬意!同时我也要感谢王浩、秦勇、张宏,是你们的执着与事业心、责任感成就了本书。最后,还要感谢中国农业大学出版社汪春林社长、宋俊果和王笃利编辑的努力,使得本书得以出版。

时间过得真快，转眼我的三年援疆生活即将结束，发现、撰写“戈壁奇葩”成了我整个援疆工作的重要一环。回想起来，我能够在新疆做点有益的事情，为新疆设施农业尽点心力，如创建新疆农业大学设施农业研究所、取得日光温室防风结构的专利、承担自治区科研课题、发现“戈壁奇葩”并撰写成书、援助一所小学改善办学条件、为一三七团编制设施葡萄园区规划等，都得益于许多领导与朋友们的支持。感谢中国农业大学、新疆农业大学领导的鼓励与支持，感谢中国农业大学农学院班子成员为我分担了在学院的管理工作，也感谢我所在的中国农业大学教研组的同事们为我分担了许多教学和研究生培养的工作，使得我能够全身心投入援疆工作。也感谢我的家人对我援疆工作的理解与支持。

同时，也是必须加以说明的是，由于路途遥远，每去一次阿克苏都不是那么容易的事情，加之川农们十分忙碌，因此对阿克苏市良种场设施农业的调研远未充分，书中所述难免有不到之处，甚至有错误的地方。敬请各位谅解，并请提出批评指正。另外，《戈壁奇葩》所展现的阿克苏市良种场的设施农业仅是新疆的一个“点”，一个“角落”，新疆地域辽阔，国土面积占全国的六分之一，还有许许多多地方的设施农业都很有特色，很有亮点。如果还有机会，我们将着眼于全疆，推出视野更加宽广的反映整个新疆设施农业的书籍，也能借此机会纠正本书的谬误。

本书的最后一节写了“川农梦”，“更后”的一节，也就是本后记想写点作者之一我的“梦”。“中国梦”的宣传教育活动开展以来，许多地方都有“中国梦”征文活动，甚至是有奖活动，本人一直都未能参加，至今没有片言只语的“梦”想成文。没有“梦”文并不等于没有“梦”想。其实每个人心目中都怀揣着梦想，“中国梦”活动是一件很有意义的事情，中国13亿多人都敞开心扉，放飞梦想，抒发情怀，从而汇聚成中华民族的复兴之梦，激励、鞭策每一位国人为早日实现“中国梦”而自觉奋斗。自从“中国梦”活动开展以来，我也一直在想，我的“中国梦”是什么？我的“梦”又是什么？

思来想去,逐渐形成了我的风格的“梦”。我认为,这里所说的“梦”是与每个人在社会上扮演的不同角色密不可分的。每个人在社会的不同时空都扮演着不同的角色。譬如我本人,在学校,是教师,更具体地说,是从事设施农业教学与科研的专业工作者;在社会,是一个公民,是华夏大家庭中的一分子;还有在家里,就是家长,是父亲,是丈夫。这里的每个角色所拥有的“梦”肯定是有所区别的。我想我要表述的“梦”,想成一篇短小“梦”文的是与前面两个角色有关的梦,因为这两个梦与本书的关系更为密切,至于作为一个家长,我想每位家长的梦应该是很相似的,不外乎老少平安、连年有余等等。

我作为华夏中国的一员、一分子的“梦”是什么呢?回答这个问题要从对国家对民族的认识说起。我们的国家、我们的民族经历了太多苦难,远的不说,就说这一百多年内的事情。由于清政府后期闭关锁国,不思进取,贪腐横行,对欧美诸国的科技进步所产生的工业革命毫不知情,人家乘着科技的翅膀,一日千里、日新月异,而我们的统治者、臣民们整天还沉迷于摇头晃脑,之乎者也。不仅欧美遥遥领先于我国,就连千百年来跟在我们屁股后面亦步亦趋的日本,也在倡导“脱亚入欧”的福泽谕吉(日本钞票最大面值一万日元的头像就是此人)的鼓噪之下,派出皇亲国戚、政府要员、贤士能人远赴欧美学习取经,福泽谕吉本人就三次入欧。他们的取经可不是当下的游山玩水、蜻蜓点水,而是一去就是一年半载,政治、社会、经济、法律、教育、科技统统研究得一清二楚,将真经取回。日本自1868年的明治维新后,仅用了短短的二三十年,就能与欧美平起平坐,分庭抗礼,把泱泱中国远远抛在脑后。对我不利的惨剧终于发生,中日甲午(1894年)战争,我北洋水师全军覆没,举国悲恸、举国震惊。然而我们的日子还得过下去,我们的未来还有梦,冷静下来是痛定思痛。在“师夷之长以制夷”的指引下,我们大量派遣留学生东渡,据记载,那时一年就派了上万名留日学生,比现在还要多。

接下来的几十年，多少志士仁人，多少组织党派，上下求索奋争。好不容易，中国共产党横空出世，一马当先，历经千辛万苦，终成混乱终结者。1949年以后，民族复兴可待，但“大跃进”盲干、“文革”动乱，致使经济社会不仅停滞不前，而且国民经济濒临崩溃。1978年的改革开放又重新扬起了振兴中华的风帆，尤其是当下的深化改革确实在开始进入新时代。为何近几十年，中国前进的步伐还是潮起潮落？原因是多方面的，但究其根本，还是我们人的“躯体”虽然走进了新时代，但人的“灵魂”还是停留在旧时代。你看，法制观念淡薄，组织纪律性差，遇事喜欢找关系、走后门，批条子、打招呼屡禁不止，而不是按程序、按法律、按规定规规矩矩办事；民主意识落后，家长制盛行，官本位思想根深蒂固，特权思想、特权制度依然强劲；一把手的权力无限大，以至于薄熙来之流层出不穷，他居然违反国家规定，不符合程序地免掉王立军公安局长的职务，常委会一帮人都知道他错了，但这一帮人居然拗不过他一个人，以至于一错再错，给国家给民族造成巨大损失。

当下的深化改革，“八项规定”、“反对四风”、“抑制特权”、“减少特供”等等展露出了中华民族欲脱胎换骨的磅礴气势，大有不仅“躯体”进入新时代，更有“灵魂”也要进入新时代之势。因此，在基于这些认识的基础上，我的“中国梦”就是：希望我们的国家更加法治化、民主化，不仅要懂法治、懂民主，还要会法治、会民主，要培育人们的法治观念、民主意识、守纪守法守秩序的习惯，让法治和民主真正深入人心，成为人们的行为范式；遇事不要去找关系，走后门，大大方方、正正规规、明明白白办事说话；要培养公民的主人公意识，不要总是人云亦云“一窝蜂”，要独立思考，理性行事；要特权少一些、特供少一些，最好是一点没有，官民同甘共苦，官与民同乐，官民平等，人人平等；尊重自然，保护自然，河道湖泊里没有污水，公园、道路、广场没有垃圾与痰渍，到处是山清水秀、锦绣如画、清新宜人、身心健康；要质量立国、质量兴国，“豆腐渣”工程要绝迹。也许有的朋友认为我的梦太过于“梦想”,殊不知,这种状况并非奢望,在好多国家、好多地方很早很早就是这样了。唯有这样,中华民族才能屹立于世界民族之林!

那么,我作为一个农业科技、农业教育工作者的“梦”又是什么呢?我从事的专业是设施农业,因此,对设施农业特别关心,我的梦也就聚焦在此。简言之,我的梦就是希望我国的设施农业真正做到高产优质高效,走科学发展之路,不要成为“政绩工程”、“面子工程”的摆设或牺牲品;大型温室要盈利化,日光温室也要现代化,也完全能够现代化;另外就是希望我国的家庭农场能够做好做实,要让像这些川农们这样的技术骨干真正成为家庭农场的主体,并且技术、产业要世代相传,不要再出现“面子工程”、“政绩工程”的家庭农场,一哄而起,一哄而散,造成浪费,令人心痛。

回首援疆这三年,确实感觉到这三年很充实,无怨无悔,不虚此行,收获颇丰。我不仅做了一些工作,还欣喜地收获了两首诗篇。一首是书首的“川农赞”,另一首就是下面的“南疆行”。我想就以这首“南疆行”为本书画上句号。这首“南疆行”是 2011 年 7 月我带着中国农业大学农学院的教师到塔里木大学执行联合培养博士生项目,对博士生的论文进行中期检查、学术交流与考察行程中写成的。在结束工作的喀什总结会上,我向中国农业大学和塔里木大学的同事朋友们披露了这首“南疆行”。我想对诗中的“小艾孝敬维族妈”这几句做点解释。“亚心网”在和我录制“亚心访谈”视频节目的时候,主持人问我这几年在新疆有没有遇到什么令人感动的人或事,我就讲了这个小艾和他的维族妈妈的感人故事。事情是这样的:小艾是塔里木大学的司机,经常开车陪客人到喀什参观“麻赫穆德陵”,客人进去参观了,他就在外面溜达,一位维族大妈就把他请进院子,并向他诉说一些事情。由于小艾不懂维语,不知大妈说的是什么,但小艾叫了她一声“妈妈”,这位维族大妈顿时就抱着小艾,感动地失声痛哭,因为差不多任何地方称呼母亲的发音都和“妈妈”相仿,不需要过多的语言,一声“妈妈”就是真心、真情的表白。

从那时候起，小艾每次陪客人去参观的时候，都要带着礼品去看望这位维族妈妈，可以说他们真的情同母子，民族情深。我们中国农业大学一行也去看望了小艾的维族妈妈，并向她老人家捐款相助。于是就有了诗中的一段“小艾孝敬维族妈，维汉本来是一家。民族团结这样亲，谁敢憾我大中华！”。诗中的维语词“亚克西”意为“好”已是人所共知，“霍西”、“热合卖特”对于内地人来说并不是太熟悉，分别是“再见”和“谢谢”之意。

陈青云
2014 年 4 月

# 南 疆 行

中国农大十六人，万里迢迢到南疆。曾经几度梦里行，分外兴奋今成真。
首站抵达阿拉尔，小镇建起大学城。兄弟大学塔里木，曾是荒漠沙尘滚。
王震领兵战戈壁，农垦建校伟业存。半个世纪勤耕耘，已是桃李遍全疆。
五校对口塔里木，合作项目助提升。新疆推进高层次，博士培养中农行。
中农援塔掏心窝，教授工作好快多。专项培养面对面，质量第一牢把握。
教授报告水平高，基础应用两包括。蝶翅发育机理探，棉花黄萎基因找。
玉米高产创新论，新型农药获大奖。马高李张塔大人，受聘中农博导群。
博士博导齐头进，人才强塔筑根本。长此以往对口援，中塔双赢硕果连。
祖国各方齐给力，塔大前程必似锦。二站温宿大峡谷，峰回路转景万千。
三站天山神木园，戈壁古树奇空前。四站麻赫穆德陵，突厥词典留英名。
五站艾提清真寺，日拜五次身心净。六站乾隆香妃墓，喀什北京古相连。
七站高台古民居，万人齐居千年传。八站国际大巴扎，玉石干果乐连连。
考察访问历历在，人员交往情更深。日理万机王书记，亲临会场说校情。
校办主任石长青，精心筹划总指挥。巾帼教授李志军，专项博士第一人。
母女奇登学位台，中农史上佳话传。文轩兆府两帅哥，全程陪同忙奔波。
两人爱妻美如花，儿女更是人人夸。老郑小艾技艺高，连日驾车真辛劳。
小艾孝敬维族妈，维汉本来是一家。民族团结这样亲，谁敢撼我大中华！
立杰文杰两小伙，中农一零毕业生。立志西部做贡献，扎根一师第十团。

忽闻母校老师到，师生塔大喜相逢。硕士毕业买买提，报效故乡麦盖提。

驱车一百五十里，与师相聚喀什城。有望成为公务员，母校盼你永勤廉。

中农学子扎南疆，解疆民艰有我才！四天千里跨南疆，塔大喀什阿克苏。

南疆人民多纯朴，南疆风情真醇美。南疆饮食好风味，南疆地貌令人醉。

南疆如此阔而美，几天岂能全体会。我等期待再造访，举杯共祝南疆美。

明将结束南疆行，依依不舍难霍西。道一声热合卖特，南疆真是亚克西！

南疆行，北疆也行，新疆都行！

南疆美，北疆也美，新疆都美！

陈青云

2011 年 7 月 28 日作于喀什